商行为与商主体制度研究

郭晓霞 著

中国人民公安大学出版社
·北 京·

目　录

绪　论

一、研究的缘起

（一）关于商法法理基础的困惑

自20世纪90年代以来，随着我国商事立法实践活动的发展，我国商法学科的研究也得以发展。起初我国商法学的研究对象主要是已颁布的各种商事单行法，研究方法主要是实证分析法，因此缺少对商法基本原理的价值论意义上的哲理性探索，对商法的一般性问题或根本性问题，如商主体、商行为的一般规定性，商法的价值和基本原则等缺乏统一的认识，以至于理论界至今对商法与民法、经济法的关系问题或者说商法的独立性问题仍然争论不休。这种思想或理论上的不统一，对商法实践活动的影响就是立法上缺乏统一的价值指导原则，使商事单行法的规则之间出现价值冲突，也造成商法在实施中的矛盾和混乱，如公司法鼓励创业的精神和证券法限制公开融资的精神之间的冲突，票据法中票据的商业信用功能同商业银行法关于商业银行的授信功能的冲突等。

商法基本原理研究欠缺的现象即使在具有民商分立立法传统的法国、德国也存在。法国学者伊夫·居荣在其著作《法国商法》中论述产生商法独特性的原因时指出，商法的特殊性来自实践经验的原因，法国民商分立的立法现状并非产生于逻辑的先验推理，而更多是历史发展的结果。① 他认为商法目前仍然缺乏逻辑基础和哲

① ［法］伊夫·居荣：《法国商法》第1卷，罗结珍、赵海峰译，法律出版社2004年版，第11～12页。

学基础，是一种“存在法”，其存在先于其本质。[①] 德国学者在民商法关系这一商法学研究的根本性问题上的态度也有一定的矛盾性。C. W. 卡纳里斯在其著作《德国商法》中对商法在立法和学术上的独立性依据表示怀疑，他认为特别的商法典的存在并不能为商法的独立性提供充分的依据，何况现行《德国商法典》自身内在的合理性也存在疑问，因为真正狭义的商法规范仅包括该法典的一部分，即第一编总则和第四编商行为的内容，而许多特殊商法规范却存在于该法典之外。[②] 在论及商法的特征时，他指出，尽管商法学家做了很多努力，但迄今他们仍未成功地对大量商法规范给出独特而明确的特征，除了在形式上它们都可以和商人这个概念相联系之外。他认为尽管人们总结了一些在商法规范中出现频率较高的特点，如扩大私法自治范围，对交易保护和信赖保护有较高要求，规定对商人的特别注意义务和职责以及商法经常成为法律发展的开路者等，但是这些特征仅能为一个独立的法律部门提供很微弱的依据，这是因为商法在实质性内容上和民法没有深刻的不同，商法规范区别于民法实质性的独立性并不存在。[③]

黑格尔“存在即合理”的论点自产生之时就遭到众多的质疑，因为人类理性总是不满足于对现象的感知，总要探究现实背后的永恒理性和绝对精神。对于商法这一法律现象也是如此，商法存在的正当性或价值，即商法存在的逻辑基础和法理基础已经成为长久以来商法学者的困惑。

（二）探索商行为与商主体基本原理的意义

任何一门科学理论体系的形成总是以该学科的基本概念、范畴

---

① ［法］伊夫·居荣：《法国商法》第1卷，罗结珍、赵海峰译，法律出版社2004年版，第3页。

② ［德］C. W. 卡纳里斯：《德国商法》，杨继译，法律出版社2006年版，第7页。

③ ［德］C. W. 卡纳里斯：《德国商法》，杨继译，法律出版社2006年版，第8～11页。

的形成为前提的。科学成熟的标志，也总是表现为将已经取得的理性知识的成果——概念、范畴、定律和原理系统化，构成一个科学的理论体系。① 而法学中的任何一个重要概念或命题都可以说是一个理解系统。② 无论是采用主观主义的立法体例还是采用客观主义的立法体例，在大陆法系国家商法的理论和实践中，商主体和商行为都是两个核心概念，这两个概念的界定及其相互关系的定性，决定了商法的规范范围，也界定了商法学的研究领域。科学界定商主体和商行为的概念、性质，统一对商法这两个核心概念的认识，才能为商法学的研究者提供对话的共同的语言，不至于自说自话，各自为政，才能形成商法学研究的科学共同体，构筑学术合力，实现商法学研究的深入和发展。

商法学研究的任务在于探究商法的价值及其发展规律，阐明商法的基本原理和原则，为创制和发展商法规则体系以及商法规范的实施提供理论支持。其中关于商法价值和基本原理的探讨具有基础性意义，如果基础没有打好，商法学理论体系就无法构建或者说就不规则、不科学、不稳定。商法是规范商主体和商事活动的法律，探究商法的价值及其规律，必须从商法所规范的商主体和商行为着手，而商主体的存在目的和存在形式，又通过商行为实现或表现，所以对商法价值及其规律的探讨就可以通过对商行为规范价值及其基本原理的探讨集中实现。

商法是一门实践性极强的法律，它起源于商事习惯，其具体规范紧随商事实践的发展而频繁变动，即使某些原则性规范也随着时代的变迁而受到置疑和改变，商法的变动有时甚至令人无法预测，

① 于宁：《当代法哲学研究范式的转换——从阶级斗争范式到权利本位范式》，载张文显主编：《新视野 新思维 新概念——法学理论前沿论坛》，吉林大学出版社 2001 年版，第 11 页。

② 于宁：《当代法哲学研究范式的转换——从阶级斗争范式到权利本位范式》，载张文显主编：《新视野 新思维 新概念——法学理论前沿论坛》，吉林大学出版社 2001 年版，第 12 页。

所以研究商法的基本原理，探究隐藏在变化莫测的商法具体规则之后的逻辑基础和法理基础，才能够使商事立法活动既迅捷灵活又有章可循，也才能够为商事实践者提供商法规则演变的预见性。

二、国内外相关研究现状综述

（一）关于商行为制度的研究

商行为是大陆法系国家商法中的法定概念，国外对商行为理论进行研究的人员也主要是法、德、日等传统大陆法系国家的学者，受外语能力的限制，国内引进国外相关研究成果的数量非常有限，而且主要表现为翻译外国学者的商法学教程和对外国商法的研究，其中涉及商行为的研究也不是很深刻、全面。例如，法律出版社2004年出版的、由罗结珍和赵海峰翻译、法国商法学家伊夫·居荣所著的《法国商法》；法律出版社2006年出版的、由杨继翻译、德国商法学家C. W. 卡纳里斯所著的《德国商法》；人民出版社2003年出版的、吴建斌所著的《现代日本商法研究》；由中国政法大学出版社2003年出版的、由美国弗吉尼亚大学法律教授Jody S. Kraus和Steven D. Walt共同主编的《公司法和商法的法理基础》的影印本，为我们展示了英美法系的商法学者关于商法价值的思索成果。

伊夫·居荣所著的《法国商法》，撇开对商法“昙花一现的技术细节”和“条文细节”的讲解，而重在对法律的推理解析，重在探究制定商法基本规则的理由。该书分为两部分：商务结构和商事活动，遵循了商法是关于商主体和商行为的法的基本逻辑。第一部分讨论了私人，财产，公共组织、行业组织与司法组织三个问题，主要是关于商人身份和商事组织的探讨。第二部分包括“商业手段”和“限制”两编。“商业手段”一编里讨论了商事助理人员和一体化经营合同，涉及商事活动的特殊规则；“限制”一编则探讨商事自由原则、竞争自由原则与竞争的公平性、正当性之间的平衡问题，涉及商事活动的基本原则。尽管伊夫·居荣所著的《法国商法》对商行为的研究仅仅涉及某些特殊规则或基本规则，但是其在书中对于商法与民法关系的阐述以及贯穿于全书的对商人及商行为的独特理念对我们研究商行为的基本原理仍具有重要的价值。

德国商法学家C. W. 卡纳里斯所著的《德国商法》，既以现行《德国商法典》条文为论述主干，通过法律教义学分析和法解释学的诸多方法详细介绍了实然法的状况，又较多地从价值判断的角度对现行法进行批评，并在法社会学和法经济学分析的基础上提出了很多应然法的架构建议。在德国，“商法”这一概念，如无特别说明，仅指《德国商法典》的第一编“总则”、第三编“商事账簿”和第四编“商行为”的内容，类似于我国商法学界通常使用的“商法总论”概念，卡纳里斯的《德国商法》一书也遵循了这一传统界定，内容涉及商人概念和身份、商事登记、企业的转让和继承、商号、商事账簿、商事代理、销售媒介商和业务媒介商、商行为的一般问题以及法律行为制度、物权和债权制度在商行为中的特别表现等内容。值得注意的是，作者并没有局限于《德国商法典》的条文，而是对近年来商事交易中新出现的交易行为和方式予以特别关注，如企业转让和继承、行纪代理、特许经营等，并对相关法律关系进行了探讨，另外该书还对商法中的善意取得、商人留置权等问题进行了清晰、全面的介绍和评述。

吴建斌所著的《现代日本商法研究》基本依据《日本商法典》以及有限公司法、汇票本票法和支票法等商事特别法的体例，对日本商法总则、商行为法、公司法和票据法进行了研究和介绍，其中的商行为法部分涉及商行为通则、商行为分论和商行为专论三个部分，以介绍日本商行为法的内容为主，较少涉及深层次的探讨。

美国法律教授Jody S. Kraus和Steven D. Walt共同主编的《公司法和商法的法理基础》汇入了六篇当今在商法理论著述方面有杰出成就的一些学者对于合同法、公司法、买卖法等领域中居于主导地位的效率分析规范方式的历史和道德基础的探索成果，为我们提供了一个新的思路——商法的效率价值与公平、正义等一般道德价值的关系。

关于商行为制度的研究现有资料显示，国内学者关于商法基本理论研究的最早的成果是吉林人民出版社出版的，由董安生、王文钦、王艳萍共同编著的《中国商法总论》，该书第四章“商行为”对商行为的概念、性质、特征和分类等基本问题作了简明分析，并设专节分别探讨商法对于双方商行为和单方商行为的不同规制方法。以后出版的商法总论或商法的专著或教材中都有关于商行为理论的介绍或探讨。

2005 年以后关于商行为基本理论的专题研究成果不断涌现，成果颇丰。任尔昕、石旭文在其著作《商法理论探索与制度创新》的“我国商行为制度研究”一章中对商行为基本理论作了比较系统的研究，涉及商行为基本理论、商行为独立性论证和我国商行为制度的架构三个方面的内容，对抽象商行为作了界定，分析了商行为的特征、性质、范围、内容，以大陆法系商法理论为基础对抽象商行为作了分类，并从经济本质、价值取向、主体的特殊性、法律规范的特点四个方面对商行为相对于民事行为的独立性进行了论证，主张建立包括抽象商行为在内的完整的商行为制度体系。①

李平《关于商行为的实践意义与理论价值的初步思考》一文指出我国现实的经济领域和实在的法律制度已经造就了客观存在的商人，正视商行为概念，并非对商人特殊利益的保护，而是按照商事交易的安全、便捷和高效的特殊需求，对商人予以必要的规范和约束，从而有利于建立符合商事交易的正常秩序和安全保障机制，该文还认为商行为概念的确定有助于对各种商行为的一般共性加以总体把握，对于我国商法学科的建设和发展乃至商事法律制度的完善有不可替代的理论价值。②

---

① 任尔昕、石旭文:《商法理论探索与制度创新》，法律出版社 2005 年版，第 117~153 页。

② 李平:《关于商行为的实践意义与理论价值的初步思考》，载李平主编:《商法基本理论问题研究》，四川大学出版社 2007 年版，第 389~395 页。

陈醇在其专著《商行为程序研究》[①] 为我们提供了一个研究商行为的新视角，他认为过程是行为的客观存在，法律对行为的规制必须落实于对行为过程的规制，法定程序就是法律所规定的行为过程，程序规范应当是私法行为规范的基本内容，因此应当以程序为中心参数重建商行为理论。私法行为具有程序性，为了保障交易的便捷、安全，商行为的程序性更强，陈醇关注商行为的程序性，认为商行为的程序理论具有实用性，而传统的以意思表示为中心的法律行为理论，缺乏程序理论，不能体现行为的客观存在，无法表达私法对行为过程的要求，且与商行为程序规范的立法实践脱节。笔者认为陈醇的观点有一定的合理性，但是抛开传统的法律行为理论，以程序为中心重建商行为理论，也有失偏颇。因为，过程只是行为的存在形式，主体的意志、主体的意思表示才构成行为的内容，私法自治是交易主体的意思自治，商行为程序规范也是为了更好地确定或实现商主体的意思自治。

清华大学出版社 2007 年底出版了王保树教授的专著《商法总论》，该书第三编“商行为”可以说是当前我国商行为研究成果的一个总结。他指出我国学者在揭示商行为的内涵时，虽然都确认它的营利性，但在具体内容的表述和对商行为特征的分析上存在六种不同的学术见解，[②] 而关于商行为的性质学者们也有不同的认识，主要分为两类观点，一类坚持商行为仅指商事法律行为；另一类则主张商行为不限于法律行为，凡以营利为目的的商品交换行为以及与商品交换有关的活动，甚至一些单纯以营利为目的的活动都可以称为商行为。[③] 这种观点林立、论说纷争的情况说明，我国商法学界关于商行为基本理论的研究尚不成熟，但是这一阶段却是我国商法基本理论研究的必经阶段，因为只有经过各种学说的争论、碰撞，才能大浪淘沙，揭示真谛。

---

① 陈醇：《商行为程序研究》，中国法制出版社 2006 年版。

② 王保树：《商法总论》，清华大学出版社 2007 年版，第 229 ~ 232 页。

③ 王保树：《商法总论》，清华大学出版社 2007 年版，第 233 ~ 236 页。

（二）关于商主体制度的研究

商主体是传统大陆法系如法国、德国、日本等国商法典的立法概念。基于立法模式的不同，各国对商主体的定义各不相同。

《法国商法典》第1条规定，实施商事行为并以其作为经常性职业者是商人。法国学者认为该条对商人的定义并不完整，因为体现商人特征并使之区别于普通个人的因素有三项而不是条文提出的两项，即：完成商行为，本人以独立方式和以经常性职业的名义。[①] 原则上，要成为商人应当完成商事行为，“我们本来期待从法典的第2条即可以看到有关商事行为的定义，然而，实际上一直到最后，也就是一直到法典的第632条及随后条款，才能看到有关的规定，而且这些规定还不是什么定义，只是对一些主要商事行为的列举”。[②] 由于条文对于商行为类型的列举并不完整，又没有统一的标准，所以学理上对于商事行为内涵的揭示存在不同观点。[③] 商行为的不确定性必然导致商主体的不确定，“所幸的是，有两项规则在很大程度上可以减缓在认定商人资格方面所遇到的困难：其一是，只要某一个人在《商事与公司登记簿》上进行了登记注册，那么就可以推定他具有商人资格，有相反证据时除外；其二是，就公司而言，法律有意运用了仅仅依据公司的形式就可以确定其是否属于商事性质的标准”。[④] 商事立法和商法理论上关于商主体的界定的混乱状态，并没有影响各类商主体实践的发展，顺应实践的需要，公司立法日益成熟，理论研究日益丰富，对公司法的研究成了商主体法甚至是商法研究的主要内容。

---

① ［法］伊夫·居荣：《法国商法》第1卷，罗结珍、赵海峰译，法律出版社2004年版，第45页。

② ［法］伊夫·居荣：《法国商法》第1卷，罗结珍、赵海峰译，法律出版社2004年版，第45页。

③ ［法］伊夫·居荣：《法国商法》第1卷，罗结珍、赵海峰译，法律出版社2004年版，第47~51页。

④ ［法］伊夫·居荣：《法国商法》第1卷，罗结珍、赵海峰译，法律出版社2004年版，第67页。

在德国，传统上民法和商法截然分立使德国公众甚至一些法律专业人士认为商法与民法的分野不可逾越，而不对这种分野的合理性进行自觉而深入的探讨。不过已经有一些学者开始从法律理性出发论证商法作为特别私法，是一般私法制度的延伸，其独立性虽不可磨灭，但其概念体系、权利义务体系和研究方法绝不可与民法分离。德国学者 C. W. 卡纳里斯在其著作《德国商法》中，一方面毫无保留地继承了传统上的主观主义商法定义，认为商法系“有关商人的特别私法”[①]，另一方面又认为商法的独立性并不充分，[②]因此以商法为私法的特别法为立论基础，论证商主体资格制度和商事登记制度系一般私法中民事主体制度的特殊表现，商号制度系特殊的人身权制度。在《德国商法》中，也暴露出德国学者对商人概念认识的局限性，将商人仅限于《德国商法典》第 1 ~ 6 条的范围，却不能顺应商事实践的发展，将商人外延扩展至一切经营营业的主体，如 C. W. 卡纳里斯认为真正的商法规范指适用范围仅限于《德国商法典》第 1 ~ 6 条所规定的商人的规范，若将其扩展至未进行登记的小营业者和农林业者以及自由职业者就不再属于真正的商法规范，从而认为真正的商法正在衰落。[③]

英美法系国家的商法大多表现为判例法、习惯法以及一些属于现代商法的单行商事制定法，没有关于商主体的立法定义，学者们倾向于对公司、合伙等特殊商主体制度进行务实性研究，而不注重对商主体一般概念进行概括，所以国内商法学界关于商主体基本理论的构建仅能直接借鉴大陆法系的商主体理论。

国内商法学界对商主体理论研究的热情已经持续了十余年，至

---

① ［德］C. W. 卡纳里斯：《德国商法》，杨继译，法律出版社 2006 年版，第 2 页。

② ［德］C. W. 卡纳里斯：《德国商法》，杨继译，法律出版社 2006 年版，第 11 页。

③ ［德］C. W. 卡纳里斯：《德国商法》，杨继译，法律出版社 2006 年版，第 15 ~ 24 页。

今仍不减当年，著名学者、在校学生都加入了研究的行列，一系列颇有价值的成果涌现出来。赵万一、叶艳在论文《论商主体的存在价值及其法律规制》中，在充分比较商主体与一般民事主体之差异的前提下，论证了商主体独立存在的价值，在此基础上阐释了对商主体进行特别立法的必要性，并通过对传统大陆法国家商主体立法例进行考察，得出传统商主体在确立方法上存在缺陷，已不能适应现代经济发展要求的结论，进一步提出在我国的商事立法上确立商主体的基本原则应当是营利性原则与经营组织体原则相结合。[①] 曹兴权在论文《商主体制度的逻辑理路与规范展开》中，指出商主体是交易与组织的混合机制，认为商主体规范应当立足于不同主体的交易性与组织性特征的不同表现而展开。[②] 上述两篇论文在对商主体本质属性即营利性和组织性的揭示上可谓英雄所见略同。范健、王建文在其著作《商法的价值、源流及本体》中，阐述了这样的思想，以商自然人为商法体系基础的传统认识与制度设计，已经让位于已具有集合体性质的企业为体系构建基础的现代认识了。[③] 蒋大兴则反对“以企业概念替代商人概念”的观点，认为：“商人”是一个嵌入宪政结构内的概念，不是单纯的立法技术所能否认的；“企业”的概念在现实中有一方面扩张商法调整范围的可能，另外又会不当遗漏重要的商事主体；“商人”概念的局限性可通过改造“商行为”的概念克服。[④] 田小穹则在其论文《商主体与相关概念比较》中，对商主体、商人、企业进行了比较，认为学术界对商主体概念内涵的揭示是含混的，甚至是自相矛盾的，

① 赵万一、叶艳：《论商主体的存在价值及其法律规制》，载《河南省政法管理干部学院学报》2004 年第 6 期。

② 曹兴权：《商主体制度的逻辑理路与规范展开》，载《北方法学》2008 年第 2 期。

③ 范健、王建文：《商法的价值、源流及本体》，中国人民大学出版社 2007 年版，第 210 ~ 215 页。

④ 蒋大兴：《商人，抑或企业？——制定〈商法通则〉的前提性疑问》，载《清华法学》2008 年第 4 期。

应淡化商主体概念。

关于商主体的人格要素及人格权，郑永宽在其著作《人格权的价值与体系研究》中，基于对法人人格的无伦理性剖析，得出法人不享有人格权的结论，① 由于商主体也是法律拟制主体，具有组织性，其人格也不具有伦理性，所以能推出商主体不具有人格权的结论。程合红在其著作《商事人格权论——人格权的经济利益内涵及其实现与保护》中，观点完全不同，提出商事人格权的概念，认为商事人格权是公民、法人为维护其人格中包含的经济利益内涵在内的，具有商业价值的特定人格利益——商事人格利益而享有的一种民（商）事权利。商事人格权保留了普通民事人格权的基本属性，仍是主体基于特定人格自身所产生的权利，但是又兼有财产权属性，可以转让、继承、适用损害赔偿救济方式等。②

尽管国内商法学界对商主体的概念、类型、登记，商主体的规制原则等问题的探讨进行了不懈的努力，但是关于商主体的一些基本问题在学界仍无法达成共识，如对商主体与商事法律关系主体、商人等相关概念的关系，商主体与民事主体的关系，商主体与企业的关系，商主体的构成要素，商主体是否享有人格权，商誉的法律属性，商主体的组织形式类型，商个人的存在形态等问题仍然存在争议。

三、本书内容上的创新

本书在商行为制度的研究方面尊重商行为实践发展的历史，追溯商行为的内涵、外延的演变过程，深层次探讨商行为的本质和特性，厘清民事行为和商行为的界限，系统研究商行为规制体系的不同层次规范，试图建立自商行为终极价值、本质分析、外延界定至

---

① 郑永宽：《人格权的价值与体系研究》，知识产权出版社 2008 年版，第 80 ~ 90 页。

② 程合红：《商事人格权论——人格权的经济利益内涵及其实现与保护》，中国人民大学出版社 2002 年版，第 13 页。

商行为规范的基本原则、一般规则乃至特殊规则的和谐的理论体系，希望能够对商行为理论研究的发展和成熟有促进作用。

本书在商主体制度研究方面的理论创新则主要体现在以下三个方面：第一，在商主体资格的确认方面，论证了商主体以商行为为基础并结合商业登记核准制度的观点。第二，关于商主体的人格要素，提出商主体的人格要素包括实质性要素——营业资产、营业组织和营业名义，形式要素——商业登记。商誉不是商主体的人格要素，而是商主体在经营活动中积累的无形资产，商誉权属于财产权，商誉的载体为商主体的营业，商誉与商主体的营业不可分离。第三，关于企业的社会责任，提出在破产程序中一方面企业要承担资产维持责任；另一方面当企业陷入财务危机时，企业的内部成员和外部力量应努力与企业达成谅解，实现企业重整，使企业继续实现其社会价值。

第一章　商行为基本原理研究

第一节　商行为概念研究

无论是采用主观主义的立法体例还是采用客观主义的立法体例，在大陆法系国家商法的理论和实践中，商主体和商行为都是两个核心概念，这两个概念的界定及其相互关系的定性，决定了商法的规范范围，也界定了商法学的研究领域。科学界定商主体和商行为的概念、性质，统一对商法这两个核心概念的认识，才能为商法学的研究者提供对话的共同语言，不至于自说自话，各自为政，才能形成商法学研究的科学共同体，构筑学术合力，实现商法学研究的深入和发展。商法是规范商主体和商事活动的法律，探究商法的价值及其规律，必须从商法所规范的商主体和商行为着手，而商主体的存在目的和存在形式，又通过商行为得以实现或表现，所以明确商行为的概念和其基本特性，对于商法的研究具有基础性意义。

一、商行为概念的内涵及外延的历史演变

商法在中世纪起源阶段表现为商人的自治法和商事习惯法，适用于商人，即适用于商人实施的商事行为，但是这一阶段的商法规范中尚不存在商行为概念。欧洲早期的商事立法主要是对中世纪以来长期形成的商人习惯法予以确认[①]，商人身份是立法的逻辑起点，商法本身仍然是商人属人法，也没有提出商行为的概念。

受法国大革命影响于1807年制定的《法国商法典》被认为开

① 覃有土：《商法学》，中国政法大学出版社2007年版，第47页。

创了商法行为主义立法的先河，废除商人在立法上的特权，提倡工商业自由原则，主张对取得商人资格不加以任何限制，只要行为本身具有商的属性，行为人就是商人，其行为就是商行为，就适用商法。《法国商法典》第1条规定："实施商行为并以其作为经常职业者是商人。"第一次在立法中提出商行为概念，但未规定有关商行为的定义，只是对一些主要商行为进行了列举，这些列举可以看做是《法国商法典》中商行为的外延：购进产品并将其再卖出的行为，加工制作行为，提供服务的行为，形式的商行为如票据行为。由于法典未对其核心概念商行为定义，学理上为探讨商行为的内涵作了许多努力，形成三种主要观点：（1）商行为是流通行为；（2）商行为是投机行为；（3）商行为是企业实施的行为。① 而按照伊夫·居荣的定义，商行为是在带有实现金钱利润之意图而进行的财富流通中实现某种中介的行为②，商行为的内涵应当包括：营利目的、交易行为、中介行为三方面。

颁布于1897年的《德国商法典》被认为是迄今为止最完备、最先进的商法典。该法典摒弃商行为主义立场，而改采有别于中世纪的新的商人法主义。《德国商法典》第343条第1款对商行为规定为"为经营商事营业的商人的行为"。就此商行为有两个重要的构成要件，可以将这两个要件理解为商行为的内涵要素：商人身份和有关行为属于经营商事营业。商行为概念以商人身份为基础，人们将其称为主观主义体系。至于经营商事营业，对于商自然人或商事组织具有不同的意义。对于自然人商人要区分个人行为和商行为，不过通过《商法典》第344条的推定将其简化：由某商人所从事的法律行为视作系经营商事营业。这一概念外延很广，属于经营商事营业的不仅有对此典型和通常的行为，而且包括所有"仅

① ［法］伊夫·居荣：《法国商法》第1卷，罗结珍、赵海峰译，法律出版社2004年版，第51页。

② ［法］伊夫·居荣：《法国商法》第1卷，罗结珍、赵海峰译，法律出版社2004年版，第51页。

仅和商事营业有间接联系，即和它有着疏远的、松散的联系”的行为，附属行为、辅助行为、准备行为和清算行为都属于经营商事营业。[①] 对于商事组织而言，因为它们不具有“私人生活”，所以它们所进行的法律行为应视作商行为。

于1899年通过并施行的《日本商法典》深受德国商法的影响。在形式上采取商行为主义立场为主而兼顾商人主义的折中主义立场，在实质内容上却更多地体现出商人主义的立场。《日本商法典》中对商行为的认定采用两项标准：法律明文列举和法律推定。法律明文列举的商行为包括绝对商行为和营业的商行为。《日本商法典》第501条、第502条分别列举了5种绝对商行为和12种营业的商行为，再以第4条第1款规定，以这些商行为为业者就是商人，体现出商行为主义。绝对的商行为和营业的商行为是构成商人概念的基础。[②] 法律推定的商行为包括两种情况：一是1938年《日本商法典》修改时在第4条第2款中明确规定，采取企业经营方式或者利用一定设施开展不属于商行为的营业者，也视为商人，即拟制商人，因而商人概念又可与商行为相分离而独立存在，由商人概念又引出新的商行为类型，如采矿业、农、林、水产、制盐等营业。二是商人为了营业而附带进行的行为，不过这种商行为被称为附属的商行为或补助的商行为[③]。法律推定的商行为是由主体的商人身份得以确定的。日本商法中的绝对商行为强调行为本身的营利属性，营业的商行为强调营利行为的持续性、稳定性，而拟制商人所实施的商行为又体现出对商人经营形式的关注。所以提炼日本商法中商行为概念，不能实现统一其内涵的目标，不过有一点是可

---

① ［德］C. W. 卡纳里斯：《德国商法》，杨继译，法律出版社2006年版，第535页。

② ［日］龙田节：《商法略说》，谢次昌译，甘肃人民出版社1985年版，第15页。

③ ［日］龙田节：《商法略说》，谢次昌译，甘肃人民出版社1985年版，第16页。

以统一的，那就是营利性。

二、商行为与商主体的辩证关系

从上述商行为概念的历史演变可以看出，商行为概念的内涵和外延的发展始终伴随着商行为与商主体辩证关系的发展。依商事立法的客观主义，商主体的概念需要由商行为引出，而依主观主义，商行为的概念又需要由商主体引出，由此可见商主体与商行为之间的依赖关系，只是在不同立法模式下的表现不同，前者表现为实施商行为的主体是商主体，而后者表现为商主体实施的行为是商行为。

商主体与商行为的依赖关系并不是绝对的，这种依赖关系对营业商人的适用是不存在疑问的，因为营业商人的商人身份取决于其所进行的商事营业，但是这种依赖关系对于形式商人却不适用，而且对于绝对商行为与商主体之间的关系也存在疑问。

在法国商法、德国商法和日本商法上都存在形式商人，形式商人的商人身份取决于自身的组织形式而不是其实施行为的性质。依《法国商法典》的规定，体现商人特征并使之区别于普通民事主体的因素包括三项：完成商行为、本人以独立方式、以经常性职业的名义。[①] 但是除商法典以商行为为标准确定商人身份的规定以外，根据《1867 年法国股份公司法》、《1925 年法国有限公司法》和《法国合伙法》的规定，凡是股份公司、有限公司、两合公司、个人合伙和有限合伙均属于商人，而不问其营业行为的性质是否属于商行为，[②] 这些规定说明法国商法在商主体的确定上，开始注重主体的形式标准，这些商人也因此成为形式商人。《德国商法典》第 1 条第 1 款规定“本法典意义上的商人是指从事商事经营的人”，根据这一规定，德国商法中的商人是从事商事经营活动的法律人

① ［法］伊夫·居荣：《法国商法》第 1 卷，罗结珍、赵海峰译，法律出版社 2004 年版，第 45 页。

② 赵中孚：《商法总论》，中国人民大学出版社 2003 年版，第 112 页。

格，商人资格的认定必须以法律所确认的商事经营活动的存在为前提，但是依据《股份法》第 3 条、第 278 条第 3 款和《有限责任公司法》第 13 条第 3 款的规定，股份公司、股份两合公司和有限责任公司不依赖于其是否进行商事营业，从其本身法律形式出发即为商人。日本商法中的商人有三类：固有的商人、拟制的商人和小商人。固有的商人是指用自己的名义，以实施商行为为业者。它是日本商法中本来意义上的商人。[①] 拟制的商人包括依《日本商法典》第 4 条第 2 款和第 52 条第 2 款规定的店铺、采矿企业和民事公司三种。拟制的商人并不从事《日本商法典》第 501 条、第 502 条所列举的绝对商行为和营业的商行为，它们商人身份的确定取决于其店铺形式、企业形式或公司形式。法国商法和德国商法规定形式商人的原因暂无资料可查，我们认为可能基于形式商人采用了通常商人采用的组织形式，而关于这些组织形式的规范又规定于商法典，所以对于形式商人来讲，只要不是针对业务活动的内容，这些规范应当是适用的，只是这些商人完全不必照搬具有商事目的的商人的章程。而日本商法中关于形式商人的规定纯粹是为了解决商法典关于商行为类型列举的局限性与商事活动发展之间矛盾的一种手段。

绝对商行为又被称为客观商行为，是当然的商行为，而不以行为主体是商人和行为采用营业形式为要件。[②] 绝对商行为常被作为商行为与商主体相分离的例证。例如，我国有学者认为，在现代市场经济条件下，无论是我国还是其他国家和地区，从没有出现过商行为成为商人专属行为的现实。相反，商人以外的人也可以依法实施商行为，譬如一般公民可以依证券法买卖股票。[③] 笔者认为绝对商行为与商人也是不可分离的，因为通常所指的绝对商行为，如证券交易、票据行为等无一不与商人相关，证券法的规则主要涉及发

---

① 吴建斌：《现代日本商法研究》，人民出版社 2003 年版，第 63 页。

② 王保树：《商法总论》，清华大学出版社 2007 年版，第 238 页。

③ 王保树：《商法总论》，清华大学出版社 2007 年版，第 233 页。

行者与投资者之间的关系，如信息披露规则、内幕交易禁止规则，而证券发行者具有商人身份。至于规范投资者之间证券交易的规则如股权转让的限制规则，禁止操纵市场规则性质上应属于公司法规则或者反垄断规则。票据行为商行为属性的确定主要是由于历史的原因，因为在很长时间里只有商人才使用汇票。①

三、商行为内涵揭示

如上所述，商行为概念的内涵和外延的演变是一个历史的过程，且在不同的国家具有不同的规定方式。尽管某些商行为的确定是基于其本身通常的营利目的属性，如证券交易行为，而另一些商行为的确定纯粹是由于商法的传统，如票据行为，但是一般意义上商行为的确定标准应是行为的经营本质。经营是以营利为目的的，独立的、持续的、不间断的职业性经济活动。② 营利目的、独立实施、持续进行、合法正当且具有公开性是商行为的应有内涵。

第一，商行为目的的营利性。“商”的本质在于追求营利，即实现利润最大化。商行为主体的营利目的只能通过交易实现，而交易的法律形式就是本质上为双方或多方法律行为的合同，③ 所以商行为性质上应是法律行为。

有观点认为商行为不仅应包括商事法律行为，还必须包括商业性事实行为，因为从大陆法系各国的商法内容来看，其大部分规则是为控制营利性事实行为而设置的，如商业账簿与报表设置规则、商事交易管理规则等。④ 笔者认为这个理由是不可靠的，就像不能

---

① ［法］伊夫·居荣：《法国商法》第1卷，罗结珍、赵海峰译，法律出版社2004年版，第46页。

② ［德］托马斯·莱塞尔：《德国商法典的最新变革》，载《法学家》1998年第4期。

③ 王利明、崔建远：《合同法新论·总则》，中国政法大学出版社1996年版，第127页。

④ 董安生、王文钦、王艳萍：《中国商法总论》，吉林人民出版社1994年版，第126页。

因为民法也规范无因管理行为、侵权行为等事实行为就认为民事行为应当包括事实行为的道理一样简单。商主体为了进行经营活动，有必要在内部进行各种生产经营、组织管理等活动，但是生产活动仅导致民法上的所有权产生，不会导致商事法律关系的产生；而商主体本身的组织管理活动如商业账簿与报表的设置等目的在于维持商主体作为有机体存在所必需的内部机制的运行，同样不会引起商事法律关系的发生，不会使商主体从中营利，所以均不是商行为。商法对商主体内部组织机构运作的规范属于商主体规范而不是商行为规范。至于商事交易管理活动是公法上的管理行为，也不是商行为。

第二，商行为主体的独立性。商行为是主体独立实施的行为，是意思自治的结果，主体因而应独立承担行为后果，作为该行为所引起的商事法律关系的当事人享有权利和承担义务。因此在计划经济条件下企业为执行国家计划所进行的商品购销行为不具有商行为的性质，雇员、代理人所实施的行为也不具有商行为的性质。

第三，商行为的持续性。商行为的持续性是指商行为表现为有计划地、反复地、持续稳定地从事一类或几类交易活动，是一种职业性营利行为。如果仅仅偶然从事独立的营利行为，则不属于商行为。将商行为区别于偶然的营利行为，目的在于将其纳入商法的专门规范之下，赋予商主体特别的注意义务和职责。

商行为的计划性和目的性表明在商主体内部应具备科学的运作机制或决策机制，有会计体系科学地核算企业经营的效益，有专门的组织机构制定企业的经营计划，有协调企业内部各类人力资源的科学机制，这就决定了商主体只有采用企业这种自我管理、自我约束的有机体组织形式，才能够保障经营活动的理性和持续性，才能够更好地实现企业的营利目的。

第四，商行为的正当性。商行为的正当性涉及主体资格和行为内容两个方面。主体资格是指行为主体应当具备商主体资格，具备相应的商事权利能力和商事行为能力。商行为只能是取得经营资格的主体所实施的经营行为，商主体资格的取得需要具备实施以营利性营业为目的的行为这一实质要件，还需要具备核准登记的形式要件。行为内容的正当性是指商行为所涉及的交易客体、交易条件不仅应符合法律的强制性规定，还不能违反公序良俗。另外，基于交易便捷和安全的考虑，商行为的形式对商行为的效力具有决定性的作用，所以具体的商行为还应符合法定的形式要件，才能产生主体预期的法律效果。

第五，商行为的公开性。商行为的公开性是指商行为的方式和内容能够为公众了解，而不是隐秘地进行。[①] 商行为是持续性的经营行为，为了保障经营市场的秩序和安全，商事登记法要求商主体在设立时就要登记经营范围，公示商行为的内容和方式，商主体原则上应在登记的经营范围内实施商行为。商行为的公开性是以其合法、正当性为基础的，非法行为为了逃避社会的监督，才会隐秘地进行，而合法的经营活动需要在公开的场合下进行，增加透明度，促使商行为的内容和方式更加合理、高效，吸引交易相对人，提高主体的商业信誉，从而提高经营效益。

四、商行为外延界定

第一，商行为的主体范围。前文论述了商行为与商主体的辩证关系，将商行为的主体直接界定为商主体似乎顺理成章，但是仍然有争议，争议的问题主要有两个：商主体是指商行为的主体还是商事法律关系的主体？商行为的主体是否一定为商人？这两个问题实际牵涉到商主体、商人、商行为主体和商事法律关系主体四个概念之间的关系。

在大陆法系国家，从法律部门划分的意义上，主体被分为公法上的主体和私法上的主体，私法上的主体是指调整平权关系的法律所形成的法律关系中，作为特定法律关系参与者的个人和组织。私法上的主体，在广义上被统称为民事主体，商主体是民事主体的一

① 赵中孚：《商法总论》（第二版），中国人民大学出版社 2003 年版，第 124 页。

种特殊形式。[①] 所以商主体这一概念是在商事法律关系主体意义上使用的。

我国有学者将商主体等同于商人，认为商主体在传统商法中又称为商人。[②] 而另有学者认为商主体与商人在外延上并不一致，商人的范围较商主体为小，商人是商主体的主要组成部分，但不能认为商主体都是商人。商主体是商事法律关系主体，法律仅要求商主体以自己名义参与商事法律关系，享有权利、承担义务，并不要求所有的商主体从事商行为，更不要求其必须以商为业，而商人则必须具有营业资格，且以商为业。除了商人以外，商主体还包括从事商行为的非商人，非从事商行为而参与商事法律关系者，前者如参与证券交易的自然人，后者如保险法律关系中的投保人。[③] 将商人与商主体区别开来是有一定依据的。虽然大陆法系典型的商法典在商主体的规定上只使用商人概念，但是法典对于商人的定义都包含了以从事商行为为职业的含义，那些从事证券交易又没有营业资产的人，以及那些偶尔参与保险关系的投保人并不能当然包含在商人的范围中。对此，法国商法实践中的处理方法是，通过判例将习惯上从事证券交易的人看成是商人[④]，日本商法则认为绝对商行为本身就可以导出商人概念[⑤]，所以实施绝对商行为的商人不需要营业要件。

当交易行为的双方当事人一方是商人，另一方不具有商人身份时，依主观主义立法模式该交易行为就被称为单方商行为，《德国

① 范健：《商法》（第二版），高等教育出版社、北京大学出版社 2002 年版，第 28 页。

② 董安生、王文钦、王艳萍：《中国商法总论》，吉林人民出版社 1994 年版，第 85 页；赵中孚：《商法总论》（第二版），中国人民大学出版社 2003 年版，第 121 页。

③ 王保树：《商法总论》，清华大学出版社 2007 年版，第 95 ~ 96 页。

④ ［法］伊夫·居荣：《法国商法》第 1 卷，罗结珍、赵海峰译，法律出版社 2004 年版，第 65 页。

⑤ 吴建斌：《现代日本商法研究》，人民出版社 2003 年版，第 64 页。

商法典》第 345 条规定，如果法律行为中双方的一方系商行为，有关商行为的条款对于双方都同样适用，只要法律对此没有其他规定。不过，我们认为将商行为区分为单方商行为和双方商行为，从而将商行为主体与商事法律关系主体即商主体区分开来存在逻辑上的问题且没有多大的实际意义。法律关系是法律行为引起的后果，如果因为主体一方非商人，从而该行为被界定为单方商行为的话，那么这种法律关系也应该界定为单方商事法律关系，从而该法律关系中只存在单方商主体，商行为主体与商主体不会发生分离，也没有必要将商行为主体与商主体区分开来。实际上对于一方非商人的交易行为，没有必要因为主体双方的商人身份不同而将一个行为进行不同的定性，就一方来讲定性为商行为，就另一方来讲又定性为非商行为。因为商法要统一规范商人的营业行为，所以交易对方非商人的营业行为也要纳入商法的规范范围内，只是需要对这种营业行为设计特殊的交易规则，使商人一方承担特殊的注意义务，给非商人一方利益予以特别关注，不妨碍将这种交易行为统一定性为商行为。

我们将商主体、商人、商行为主体和商事法律关系主体这四个概念之间的关系概括为：商主体就是商行为主体和商事法律关系主体，商人是商主体的主要组成部分。因此商行为的主体范围既包括商人，也包括非商人。

第二，商行为的时间和内容范围。界定商行为，将反映商行为本质的行为统一纳入商行为规范的范围，将有助于揭示商行为规范的价值、基本原则，并有助于提炼商行为规范的一般规则。

商行为的时间范围问题提出的基础在于一般商行为的经营属性。除特殊的商行为如票据行为、证券交易行为具有偶然性外，一般商行为的经营属性本身要求行为的持续性，所以就需要判断商行为的起止时间以及商行为的时间范围与营业时间范围的关系。商行为的内容范围关注的是某一商主体在经营的过程中所实施的行为是否都属于商行为。

采用客观主义立法模式的法国商法，对于商行为的判断着眼于行为本身的营利本质，不要求商行为必须构成经营活动，但是也有人从现实主义角度出发，提出商事行为要以“行为的重复，有某种组织”为前提条件，说到底要以企业为基础。① 《法国商法典》第632条列举了性质上属于商行为的主要行为，包括购进商品并将其卖出、加工制作、提供服务、票据行为等，依该法第1条规定，可以用从事商行为对商人下定义，但是商法理论和司法实践又发展出具有主观主义性质的从属理论，将虽然未经《法国商法典》第632条明文规定，但为了商人的商业事务的需要并且是在从事商事活动之时实施的行为推定为商行为，将其纳入商法的轨道，从而扩张商法的适用范围。依照从属理论，某种行为之所以成为商行为，实施行为的人应当具有商人身份，这种“从属商事性”可以扩张到当前还不是商人但准备成为商人并且因此实施商行为的人，扩张的结果是，购买商业营业资产等营业前的准备行为，虽然不是“性质上的商行为”，却可以看成是商行为，因为它是由“未来的商人”为其将来的商事需要而实施的行为。② 另外依照从属理论，从属性商行为必须是为了商事需要而实施的行为，这样某一性质上属于民事行为的行为将会因其最终目的而成为商行为。某一特定行为是否与商事有关的问题，在司法实践中，法院是通过对《法国商法典》第632条第2款推定的扩张来解决的。《法国商法典》第632条第2款确定了特定情况下的推定制度，即由商人签署的期票被认定是为其商事需要，法院认为，这一推定具有普遍价值，商人所完成的任何性质的行为都推定是为其商事的需要而实施：借贷、保险、广告、委托、购买设备，总而言之，由商人所订立的所有合同均推定具有商事性质。即使像赠与这样的无偿行为，如公司向顾客分发礼品、向员工发放奖金等表面上与商法相对立的行为，实际

---

① ［法］伊夫·居荣：《法国商法》第1卷，罗结珍、赵海峰译，法律出版社2004年版，第50页。

② ［法］伊夫·居荣：《法国商法》第1卷，罗结珍、赵海峰译，法律出版社2004年版，第80～81页。

上仍然是一种从属的商行为，因为任何一家公司都不是受赠与意图所推动，而是受发展商务的愿望所推动。①

依照采用主观主义立法模式的德国商法，商行为应该有两个重要的构成要件：商人身份和有关行为属于经营商事营业。德国商法对商个人和商事组织的商行为认定采用了不同的方法。对于自然人，要求区分个人行为和商行为，不过通过《德国商法典》第344条的推定将其简化，即由某商人所从事的法律行为视作系经营其商事营业。对于商事组织，依据《德国商法典》第6条的规定，商事组织所为的法律行为立即可以视作商行为，因为商事组织不具有私人生活，对他们不存在区分个人行为和商行为的问题。所以在德国商法上，属于经营商事营业的不仅有典型的经营行为，而且包括所有仅仅和商事营业有间接关系的行为，附属行为、辅助行为、准备行为和清算行为，比如为企业租赁场地、接受贷款、对人员的雇用和解聘以及对企业的受让、出让和用益租赁，都属于经营商事营业。②

采用折中主义立法模式的《日本商法典》将商行为区分为绝对商行为、营业的商行为和附属商行为三类，并且通过附属商行为的界定，将营业准备行为纳入商法的调整范围。依照日本商法的规定，绝对的商行为与行为人的身份以及行为的目的没有关系，一旦发生就具有商行为的性质；营业的商行为虽然与行为人的身份无关，即非商人也能实施，但必须是具有营利目的的营业行为，非商人在实施了营业的商行为之后取得商人资格；附属的商行为则不但要求具体实施，而且还限定为了营业而实施才成为商行为。③ 附属商行为是商人为了营业的目的而实施的行为。附属商行为的要件有

---

① ［法］伊夫·居荣：《法国商法》第1卷，罗结珍、赵海峰译，法律出版社2004年版，第83页。

② ［德］C. W. 卡纳里斯：《德国商法》，杨继译，法律出版社2006年版，第535页。

③ 吴建斌：《现代日本商法研究》，人民出版社2003年版，第80页。

两个：其一是商人的行为，以商人概念为前提。换言之，商人的存在是这种商行为的前提。其二是行为的目的为了营业。[①] 但是，并非在所有的情况下都一定要先取得商人资格，然后再为了营业的目的而实施附属的商行为，为实施营业而进行的准备行为也属于附属的商行为。日本商法理论关于自然人商事主体资格取得时间的主流观点认为，自然人的商事主体资格应自行为人基于基本营业活动的目的实施开业准备行为时取得，该观点已经受到日本最高裁判所判例的支持。[②] 因此营业前的准备行为应属于附属商行为。企业在进行设立登记正式成为法人之前，往往要预先选定商号、寻找和确定场地、建造厂房、租用和装饰办公楼、购买办公用品、建立账簿、招聘员工、委托他人制作广告、借入资金等，这些营业前的准备行为也属于附属商行为。[③]

从商法的实践来看，各国商法都尽可能将与商人及其营业相关的活动界定为商行为并接受商法的规范，从而将商行为的时间范围以商人的营业活动的进行为基础，延伸至营业前的准备行为，并将商行为的内容范围以构成商人主营业的基本交易行为为中心，扩展至各种为基本交易行为提供服务的附属交易行为。商行为在时间上作如此延伸的根据在于商人营利目的实现的过程性，无论设立中的商人于营业前进行的准备行为，还是商人于营业中进行的各种交易行为都具有共同的营利目的；商行为在内容上作如此扩展的依据在于基本交易行为和附属交易行为的联结点除了共同的营利目的之外，还包括行为主体均具有共同的商人属性。

我国目前还没有关于商行为的一般规定，从《公司法》、《证券法》等商事单行法的规定来看，立法者也有意将法律规范的范围向商人营业前的准备行为延伸。我国《公司法》第 91 条规定创立大会行使对公司的设立费用进行审核的权利，那么经创立大会审

① 王保树：《商法总论》，清华大学出版社 2007 年版，第 240 页。
② 覃有土：《商法学》，中国政法大学出版社 2007 年修订版，第 23 页。
③ 吴建斌：《现代日本商法研究》，人民出版社 2003 年版，第 80 页。

核通过的设立费用就应由成立后的公司承担，设立行为就视为成立后公司的行为；我国《证券法》规定设立股份有限公司公开发行股票时，发行人也要遵守与已成立公司相同的信息披露规则。

五、结语

对商行为概念进行探讨绝不限于理论意义，其对商事立法和商事实践活动的指导价值才具有目的性。界定商行为的概念，揭示商行为的内涵，明确商行为的范围，把营利性经营活动统一纳入商行为规范的范围，将有助于发现商行为的内在规律和商主体的内在需求，从而为商事立法活动提供价值指导，并为商事实践者提供商法规则演变的预见依据。

第二节　商行为与民事法律行为的共通性与分离性

一、私法的自治品质

将法二分为私法和公法的观念是大陆法系关于法的一种分类方式，在这种分类方式下，民法和商法被认为是私法。美浓部达吉认为区别私法与公法的现实必要性在于，“现代的国法，是以区别其全部为公法或私法为当然的前提的，对于国家得一切制定法规，若不究明该规定为属于公法或私法，而欲明了其所生的效果和内容，盖不可能”。[①] 私法所调整的社会关系主体地位的平等性、内容的私益性，决定了私法将以意思自治作为主要的调整手段，私法自治精神被认为是私法与生俱有的基本属性。美浓部达吉从现实必要性出发将国家法分为直接的国家法以及间接的国家法。公法为本来的国家法——直接的第一次的国家法；私法为本属于其他社会、因国

① ［日］美浓部达吉：《公法与私法》，黄冯明译，中国政法大学出版社2003年版，第3页。

家担当其保护监督之任而为第二次的国家法。① “私法的全部，在某种意义之下可说是国家之司法作用的准则。”私法“在第一次的是关于其他社会——特别是个人相互间的意思和利益之交涉的法，原则上由那社会本身的力量维持，只当那社会的力量不足以资维持时，才第二次的由国家去担当其适用维持之任”。因此，尽管私法“有的依国家的意思而规定”，但“国家制定私法的规定，并不是课于义务而系规定关于私人相互间的交涉及公司或其他团体的法所应守的准则”。“从私法所发生的，不是对国家的遵守义务，而是私人相互间或公司与股东间的权利义务。即使违反那私法，亦不是违反对国家的义务，因而国家不但不加之以处罚，且不直接干预其事。”“只当私人相互间或公司本身的力量不能维持那法时，国家得着当事人或关系人的要求，才出而负维持那法的责任。”② 美国学者梅里曼指出：德国民法学者区分私法与公法界限的直接动机就在于确定私法自治的范围；因为“私法上权利的创立以及私法义务的设定，仅需要当事人之间的合意。他们力图找出私法关系的最终渊源，最后在个人意志中求得了答案”。③ 个人意志需要表示出来，才能为相对人所知，才能对一定的社会关系产生影响。民事法律行为作为旨在引起一定的民事法律关系发生、变更和终止的意思表示行为，成为实现私法意思自治的手段。意思自治原则成为民事法律行为的效力来源。

二、民事法律行为的意义

法律行为是大陆法系传统民法理论中的一个重要概念，在大陆

---

① ［日］美浓部达吉：《公法与私法》，黄冯明译，中国政法大学出版社 2003 年版，第 20～21 页。

② ［日］美浓部达吉：《公法与私法》，黄冯明译，中国政法大学出版社 2003 年版，第 34～35 页。

③ ［美］约翰·亨利·梅里曼：《大陆法系》，顾培东等译，知识出版社 1984 年版，第 83 页。

法系各国的民法理论和实践中，法律行为就是意思表示行为。《德国民法典》的起草者之一温德希特认为：“法律行为视之在法律效力之创立的私的意思宣告。”① 我国台湾地区学者郑玉波指出：“法律行为者，乃意欲发生私法上效果之意思表示为要素之一种法律事实也。”② 我国民法中的民事法律行为概念与传统民法有些不同，依我国《民法通则》第54条的立法定义，民事法律行为是公民或者法人设立、变更、终止民事权利和民事义务的合法行为，其内涵包括了合法、有效的因素，因此将内容或形式上有瑕疵的意思表示行为排除出法律行为的外延。在本课题研究中，我们采纳法律行为的传统含义，也接受董安生老师对这一观点的论证。③

依意思自治原则，私法上的主体能够依其意思形成法律上的权利义务关系，法律一般不直接规定主体之间私法上的权利义务关系，而是通过权利能力制度和行为能力制度授予主体依自由意志创设民事权利和义务关系的资格，这种情况同时决定了私法规范的权利本位属性。私法确认和保护主体享有的私权利即民商事权利，财产权、人身权以及由这两类私权派生的众多具体权利构成最低限度的基本人权。私法倡导“权利本位”且奉行“法不禁止即自由”的规则，“权利推定”就是“不禁则许”，法律没有明文禁止的行为就是私法主体通常可以自由实施的。社会越发展，文明程度越高，人们获得自由的机会就越多，权利推定的范围就越大。私法确认和保护的民商事权利的范围日益扩大，规定在法条中的客观权利需要通过主体实施民事法律行为落实为主观权利，而主体依照私法自治原则实施法律行为的过程也是导致民商事法律关系类型多样化、民事权利推定范围扩大化的过程。

---

① 王利明、郭明瑞、方流芳：《民法新论》（上），中国政法大学出版社1988年版，第360页。

② 郑玉波：《民法总则》，三民书局1987年版，第217页。

③ 董安生：《民事法律行为》，中国人民大学出版社2002年版，第73～78页。

当然，意思自治原则并不是绝对的，这一原则受到适用范围、私法其他原则、私法强制性规范的限制。意思自治原则并不适用于私法调整的整个领域，私法对于社会关系的调整方法也并非仅依赖意思自治，意思自治原则实际上只适用于民事法律行为领域，因为私法对于事实行为和事件引起的法律后果均采用法定主义调整方式，没有意思自治的适用余地。意思自治原则也不具有凌驾于私法的其他原则之上的地位，要受到私法其他原则如公平原则、诚实信用原则等的限制，这些原则对于意思自治原则的贯彻能够起到矫正的作用。另外，意思自治原则也不具有超越私法强制性规范的效力，一方面，意思自治原则赋予主体的意思自由受到强制性规范的限制，只有在法律允许的范围内才存在意思自由问题；另一方面，意思自治原则所认可的意思表示效力也受到强制性规范的限制，法律行为只有在符合法定的效力性规范的条件时才具有法律效力。①民事法律行为是实现意思自治的手段，是私法的特殊调整方式，与法定主义调整方式一起共同完成由民事法律行为、民事事实行为、事件等法律事实引起的私法关系。

三、商行为与民事法律行为的共通性与分离性

尽管有观点认为现代商法中大量的强制性规范表明了商法公法化倾向，但是我们认为，强制性规范并非公法的特有规范，私法存在法定调整方式，就存在强制性规范，如民事法律行为制度中的效力性规范、商主体制度、商事登记制度等。商法的属性是私法，商法的这一属性是由其调整对象商事关系的私法属性决定的，因为商事关系的主体是不享有公权力的、地位平等的个人或组织，商事关系的内容是不涉及公权力的、具有对等性的权利义务关系，而商事关系的私法属性同时也决定了商法的调整方法仍然要以意思自治为主，法定调整为辅，商法中的强制性规范主要是关于商主体的规

① 董安生：《民事法律行为》，中国人民大学出版社 2002 年版，第 46 页。

范，这些规范能够保障商主体独立意志的形成、表达和实现，能够保障意思自治原则的贯彻。

既然商法的基本属性是私法，商法对商事关系的调整手段以意思自治为主，那么法律行为制度在商法中就有适用的空间。商行为作为以营利为目的、独立实施、持续进行、合法正当且具有公开性的经营活动，是商主体之间自主建立商事关系的方式，也是商法实现意思自治的手段，所以商行为具有法律行为的本质，商行为与民事法律行为是特殊与一般的关系，商行为与民事法律行为既具有共通性，也具有分离性。

商行为与民事法律行为的共通性表现在以下几个方面：

第一，两者都是意思表示行为，都是实现主体意思自治的手段。商行为与民事法律行为都是主体有目的而实施的行为，主体的目的在于设立、变更或终止一定的民商事法律关系，而主体的这一主观目的必须通过一定的方式表达出来才可能发生预期的法律效果，因此商行为与民事法律行为均以意思表示为构成要素，都是实现主体意思自治的手段。那种认为商行为也包括事实行为的观点，使商行为缺少确定的性质、稳定的内涵，也会导致法律对商行为的调整混合采用意思自治和法定主义两种不同性质的手段，不利于建立内在协调统一的商行为规范体系。

第二，两者都需要遵守法定的效力性要件，并遵守私法的其他原则。商行为与民事法律行为都是主体依据自己的意志设立民商事财产关系和人身关系的行为，这种财产关系和人身关系的建立，虽然直接与个人利益相关，并不直接关乎社会公共利益，但是民商事关系是整个社会关系的一部分，应符合社会整体的价值判断标准，所以法律规定效力性要件对商行为和民事法律行为加以价值评价，使符合社会整体价值取向的行为如意志自由、表示真实、内容公平合理的行为发生主体预期的效果，使不符合社会整体价值取向的行为如受欺诈、胁迫而实施的行为，权利义务的安排显失公平的行为、违反法律的强制性规定的行为、违反平等原则或诚信原则的行为不发生主体预期的效果。

第三，两者行为主体的资格均由法定，均须遵守法定的权利能力和行为能力规范。“人权主体的确定，直接关系到人权的适用范围。”[①] 胜雅律关于人权主体的确定意义的论述对于其他权利主体具有普遍意义，民事权利主体资格的确定也直接关系到民事权利和义务的适用范围。“人权正是人权主体在道德上所要求的权利，主体的确定性是人权确定性的必要条件。”[②] 正如人权，民事权利主体也是先于权利而存在的，并不是先确定了民事权利，然后再去寻找有资格享有民事权利的主体。民事权利是民事法律关系的内容，所以民事权利主体必然是民事法律关系的主体，又称民事主体，是指法律规定能够参与民事法律关系，享有民事权利和承担民事义务的人。人格独立是民事主体的充分必要条件。[③] 人格独立意味着意志独立，即在法律范围内独立自主地进行各项民事活动，不受他人干涉和限制的地位。我国《民法通则》采用民事权利能力的概念表达民事主体资格。民事权利能力是国家通过法律确认的享有民事权利和承担民事义务的资格，它是一个人享有权利和承担义务的基础。[④] 权利能力是主体以自己的名义参与民事法律关系的前提条件，民事法律行为和商行为主体当然要具备权利能力。

行为是以权利主体的意志为转移，能够引起法律后果的法律事实。[⑤] 民事法律行为和商行为均是主体的意思表示行为，旨在引起一定法律关系的发生、变更和消灭，所以需要主体具备认识这种行

---

① ［瑞士］胜雅律：《从有限的人权概念到普遍的人权概念——人权的两个阶段》，王长斌译，载沈宗灵、黄楠森主编：《西方人权学说》（下），四川人民出版社 1994 年版，第 252 页。

② 曲相霏：《人权主体论》，载徐显明主编：《人权研究》，山东人民出版社 2001 年版，第 1 页。

③ 王利明、郭明瑞、方流芳：《民法新论》（上），中国政法大学出版社 1988 年版，第 141 页。

④ 王利明、郭明瑞、方流芳：《民法新论》（上），中国政法大学出版社 1988 年版，第 141 页。

⑤ 孙国华：《法理学》，中国人民大学出版社 1994 年版，第 492 页。

为的能力，能够对自己的行为后果作出正确的判断和自由的选择，这样法律赋予该行为以法律效果并由行为人承担就是公平的，符合意思自治原则。如果行为人缺乏这种认识能力，或者其意志受到外界因素限制从而不能对行为作出自由选择，那么由行为人承担该行为的后果就是不公平的，也违背了意思自治原则。民法用民事行为能力这一概念来表述行为主体认识、判断自身行为性质和后果的能力。民事行为能力的有无关系到某一主体是否能够独立进行民事活动，所以需要法律赋予，并且除法律规定的情况和依法定程序外，任何人不得限制和剥夺他人的民事行为能力。民事行为能力虽然与主体个人的认识能力有关，但是行为能力的有无却不是依据特定主体的认识能力个案判断的，为了保障形式上的精确、统一以及实际应用中的方便，各国立法往往根据一般人的智力发育状况，以一定的年龄界限作为划定行为能力的一般标准；同时在特殊情况下，由法院对虽满一定年龄，但智力发育有缺陷的特定主体的行为能力作出个案宣告。

商行为与民事法律行为的分离性表现在以下几个方面：

第一，商行为的目的具有鲜明的营利性。尽管商行为与民事法律行为都是有目的的行为，都以设立、变更、终止平等主体之间的人身关系或财产关系为目的，但是商行为的最终目的在于营利，营利目的决定了商行为的交易本质，也决定了商行为内容的财产权属性，商主体总是将自身在交易中支付的对价作为资本以换取超出资本的利润。这一点与以满足人类基本生活为最终目的并负载基本伦理要求的民事法律行为是不同的。以营利为目的的商行为从经济本质上讲是以商品流通为手段的资本增值行为，商主体的交易目的不是对交易标的物的实际利用，而是转卖营利，交易过程表现为为卖而买，从而延伸了交易链条，扩大了交易的范围，同时也促使主体产生了对于交易安全的追求。

第二，商主体的商事权利能力和商事行为能力具有统一性。商之所以为商在于其营利的本质，商行为以营利为目的，商主体以实施营利性行为为业，商主体即经营主体。经营活动的持续性、反复性和交易相对人的广泛性、不特定性决定了商行为对交易秩序和社会安全的影响要远远超过偶然性的民事交易行为，因此法律对于商主体需要采用市场准入的规则，针对不同种类商事主体，商法设定不同的准入条件，如公司法对有限责任公司、股份有限公司设立条件和设立程序的规定，合伙企业法、个人独资企业法对合伙企业、个人独资企业设立条件和设立程序的规定等，其中设立条件往往涉及投资人条件、投资规模、现实的经营条件等，法律对这些条件的规定在于确保商主体具有商事能力。

通说认为商事能力是商主体在商法上的商事权利能力与商事行为能力的统称。[①] 它是指商主体依据商业登记所核定的经营范围，独立地从事核定的商行为，享有商法上的权利并承担相应义务的资格和能力。关于商事能力的本质，一般认为是在民事能力基础上由商事特别法附加于商主体的特殊权利能力和行为能力。[②]

民事权利能力和行为能力具有不同的含义和性质，民事主体的权利能力和行为能力在存续时间以及内容方面均具有分离性，商事权利能力和商事行为能力在存续时间、内容范围方面则相统一，其统一的基础在于商主体的法律拟制本性。商主体是一种法律拟制的主体[③]，其主体资格不是由法律普遍授予的，而是要经过法定的特别授权程序，如商事登记程序。

商主体是指依照法律规定以自己的名义从事商行为，参与商事法律关系，享有权利和承担义务的人。商主体资格的取得需要具备实施以营利性营业为目的的行为这一实质要件，还需要具备核准登记的形式要件。商主体资格即商事权利能力的取得，不是由法律普遍确认的，而是当商主体的设立者经过一系列的准备行为，在具备了法定的进行经营活动的资本、人员、场地等各项条件以后，基于

① 覃有土：《商法学》，中国政法大学出版社 2006 年版，第 28 页。

② 范健：《商法》，高等教育出版社、北京大学出版社 2002 年版，第 30 页。

③ 覃有土：《商法学》，中国政法大学出版社 2006 年版，第 17 页。

设立者的申请，由登记机关依法个别授予的。商主体的法律拟制性就体现在商主体是依照法定的条件和程序经核准登记而成立的。所以商事权利能力的一个重要特点便是个别取得性，而不是一般民事权利能力所具有的法定性和普遍性，这一特点构成商事权利能力与商事行为能力相统一的基础原因。

经营范围是商主体成立时必须核准登记的事项，商主体成立后从事经营活动的范围以核准的经营范围为限。这一范围既是法律对商主体商事活动范围的可能性限制，也是现实性限制，所以既规定了商主体的商事权利能力，也规定了其商事行为能力，商主体的权利能力和行为能力统一于其核准登记的经营范围。虽然经营范围的确定必须符合法律的规定，并且在商主体成立时要经过登记机关核准登记，但是毕竟经营范围的选择和确定是由商主体的设立者根据自身的条件自主决定的，所以经营范围的确定本质上还属于意思自治的范畴，会因为设立者的意志不同而具有差异性，各商主体的权利能力和行为能力也呈现出差异性，而不是一般民事权利能力的平等性。这一特点构成商事权利能力和商事行为能力相统一的根本原因。

商主体作为法律拟制的主体，其成立条件已经包括形成和执行商主体意志的完善机制，所以商主体的成立就意味着获得了独立进行经营活动的资格，意味着同时获得了商事行为能力，而不存在基于自然人的意思能力的欠缺而产生的无行为能力或限制行为能力的状况。商主体资格的消灭同样意味着商事行为能力的消灭。商事权利能力和行为能力同时产生，同时消灭，产生与消灭的时间分别以商主体成立登记和注销登记的时间来确定。

第三，商行为的效力解释适用外观主义规则。外观主义就是指交易行为的效果以交易当事人的意思表示或其公示的交易条件为准，即如交易相对人对一定之外观事实作出善意且合理的信赖，法律将确认其有效，从而予以保护的规则。与其相对的是意思主义，所谓意思主义就是指解释意思表示的效果，必须探求主体的真实意思，不得拘泥于表示的言辞或文字，在特定情况下，意思瑕疵可作为撤销该行为的正当理由。①

意思主义是解释民事法律行为意思表示含义的传统方法。意思主义产生的理论基础是德国19世纪的理性法学派，依据意思主义，意思表示解释的目的在于探究主体的真意，因此当意思表示与主体的真实意思不符时，法律行为的内容应以主体的真意为准，而不应以表示的外观确定行为内容。但是在实际操作中，由于主体的内心真意往往无据可查，所以必须借助外观主义依据主体的表示行为来确定行为内容，但是意思主义仍是民事法律行为意思表示的主要解释原则。

商行为表现为大量的、集团化的、连续性的、反复的交易体系，因此维护动态的交易安全显得尤为重要，若交易链条中某一商行为因主体意思表示不真实而否定其效力或变更其内容，将会导致整体交易链条的混乱，影响交易秩序的稳定。另外，商主体追求交易便捷化导致的大量集中竞价交易的发生，使交易双方往往无法获取对方的全部信息，无从得知对方是否具备交易的真意。如果要求每一交易主体去考察对方的真意将大大增加交易的成本，从而也违背了商主体对于效率价值的追求，所以出于对交易安全和效率的维护，商法对商行为的解释规则采用外观主义，为商主体提供对商业信用合理信赖的保护。依外观主义，在解释商行为意思表示的内容时，要侧重于商行为的表征，侧重于相对人合理理解的客观表示，而不去探究行为人的真实意图。外观主义解释规则在商法各个领域皆有体现，如票据的文义解释规则、公司的不实登记责任、字号借用责任、表见董事责任、参与执行合伙事务的有限合伙人承担与普通合伙人同样的责任等。

① 任尔昕、石旭文：《商法理论探索与制度创新》，法律出版社2005年版，第146页。

第三节 商行为的类型化

一、类型化研究方法的意义

类型是具有共同性质、特点的事物所形成的类别。[①] 类型是归纳或具体化的结果。类型化研究方法一方面将作为研究对象的事物进行分析和归纳，将具有共同性质和特点的事物分门别类，揭示事物之间的联系与区别，总结事务的共同规律和特殊规律；另一方面将抽象的概念表现为类型化的具体事物。类型化研究方法在理论体系的形成上，既可以使具体事物抽象化，也可以使抽象概念具体化，兼具抽象化及具体化双重作用。这种研究方法对于法学研究具有特殊的意义。

法学是一切专门以法律现象为研究对象的学科的总称。[②] 法律现象的表现形式是复杂多样的，法学的研究方法必须包括类型化研究方法，将纷繁复杂的法律现象分门别类，抽象出类型化的概念如法律意识、法律规范、法律关系、法律行为等，揭示不同类型法律现象的特殊规律及其相互间的作用机制，以保证法律调整的实际需要。可以说，类型化研究方法是实现法律资料的体系化和法律体系的应用的最常见和最有效的方法。法律是调整社会关系的手段之一，法律规范的设计必须符合特定类型社会关系内在的发展规律，说到底法律规范根源于复杂多样的社会物质生活，将具体的社会关系抽象并类型化以揭示其特定发展规律是法的创制过程中的重要工作。而在法的适用过程中，由于法律规范是一种一般性规定，而立法者不可能事先预见到一切实际案件的具体情况，所以要求法的适用者必须创造性地将法律规范的一般规定运用到具体事或具体人的

① 新华词典编纂组：《新华词典》（1988 年修订版），商务印书馆 1989 年版，第 532 页。

② 孙国华：《法理学教程》，中国人民大学出版社 1994 年版，第 1 页。

活动。类型化方法是将一般的法律概念表现为具体的法律现实的一种重要方法。例如，民法中的不当得利规范在我国《民法通则》中仅表现为一个具有高度概括性的法条①，只有将不当得利概念还原为各种类型的不当得利事实，才能在法的实施中对法律事实的性质作出正确的判断，从而保障法律规范的正确实施。

二、商行为的类型化

无论是民商分立的立法体例还是民商合一的立法体例，明确商行为概念的外延对于确定商法规范的适用范围均具有现实的法律意义。从大陆法系各国商法的内容来看，为使商行为概念具有准确性和完整性，法律不仅要对商行为内涵加以概括，还需对商行为的范围加以具体的类型列举。由于社会关系的复杂性以及特定商法典的历史局限性，大陆法系商法对商行为有不尽相同的分类，尽管如此，对商行为进行分类仍然是有助于法律适用的立法技术，对我国商行为立法具有借鉴意义。对于商行为进行类型化理论研究将有助于揭示各类商行为的内涵和特殊规律，从而为商行为规范的创制和适用提供理论支持，并为建立商行为理论体系和规范体系奠定基础。

本书对商行为的分类借鉴了大陆法系商法典关于商行为的立法分类，参考了国内外商法学界对于商行为的理论分类，在此基础上提出商行为如下分类方式：

第一，抽象商行为与具体商行为。抽象商行为是大陆法系商法的特有概念，是形式理性的产物。② 抽象商行为是对商行为本质特性的抽象和概括，大陆法系立法基于不同的理念对抽象商行为的界定有三种立法例。以《德国商法典》为代表的主观主义立法体例

① 我国《民法通则》第92条规定，没有合法根据，取得不当利益，造成他人损失的，应当将取得的不当利益返还受损失的人。

② 任尔昕、石旭文：《商法理论探索与制度创新》，法律出版社2005年版，第117页。

将抽象商行为界定为属于经营商人的营业的一切行为，行为主体的商人身份和行为的经营属性构成商行为概念的基本要素；由《法国商法典》首创的客观主义立法体例对于抽象商行为的界定只注重行为本身的营利属性，并不要求主体具有商人身份；以《日本商法典》为代表的折中主义立法体例对于绝对商行为的界定着眼于行为本身的营利属性，对于营业的商行为着眼于营利性行为的持续性或职业性，绝对商行为和营业的商行为概念的构成均不要求主体具有商人身份，而附属商行为是商人为其营业所实施的行为，其概念构成强调主体的商人身份，行为本身的营利属性却是推定得出的。商法对于抽象商行为的界定揭示了商行为相对于民事法律行为的独特内涵，将符合商行为特征的交易行为从一般交易行为中区别开来，对于创制符合商行为内在规定性的商事交易规范具有基础性作用。

具体商行为是商行为的具体表现形态，即特定形态的商事交易。随着商品经济的发展和科学技术的进步，商事实践不断创新，交易主体经历了由个人到企业的发展，交易客体经历了从有形商品到服务、有价证券的变化，交易方式则由主体面对面的、现货的交易方式发展为交易所集中竞价交易和期货交易，商法所界定的具体商行为形态不断变化，类型日益复杂，范围不断扩大，具体商行为已经深入到人类社会生活的方方面面。

抽象商行为与具体商行为存在概念上的位阶关系，一方面，抽象商行为统率具体商行为，为不同类型具体商行为的发展提供可能性，商法关于抽象商行为的一般规则对于具体商行为规则的设计具有指导作用；另一方面，具体商行为在实践中的发展为进一步揭示商行为的内涵提供了无尽的资料，使抽象商行为概念能够顺应时代发展而不断完善，具体商行为在商事实践中发展起来的特殊具体规则对于商行为一般规则的总结和发展也具有促进作用。

第二，基本商行为和附属商行为。基本商行为和附属商行为是抽象商行为意义上的分类，分类的标准是商主体营业中所实施的商行为的不同内容和意义。

基本商行为是商主体所实施的基本营业行为，最能体现抽象商行为的内涵特征——营利目的、独立实施、持续进行、合法正当且具有公开性。在客观主义立法体例下，实施基本商行为能够决定主体的商人身份。基本商行为构成商人的基本商事营业内容，具有直接的营利性目的和内容。基本商行为和附属商行为本是《韩国商法典》的一种分类，相当于《日本商法典》中的绝对商行为和营业商行为。[①] 有日本学者就认为，绝对的商行为和营业的商行为，是构成商人概念的基础，把这些合并起来就称为基本的商行为。[②] 从《日本商法典》对绝对商行为和营业的商行为的列举来看，这两种商行为在现代社会的商事实践中并无本质的区别，所谓绝对商行为在商事实践中也都是由商人经营的，因此划分绝对商行为和营业的商行为已经不具有现实意义。

附属商行为是指商人为了营业而实施的行为。[③] 附属商行为是商人在开展营业过程中所实施的基本商行为之外的，虽不具有直接营利性内容，但却能够辅助基本商行为实现的行为，如生产商购买和运输原材料的行为，买卖上的货物运输和仓储行为等。附属商行为不具有直接的营利目的，也缺乏持续性等经营属性，其“商”的性格来源于主体的商人属性。附属商行为的认定要考察两个要素：行为人的商人身份和行为的目的在于实现商人营业。各国对于商人实施的基本商行为之外的行为的营业目的的判断往往采用推定的方式，如《日本商法典》第 503 条第 2 款规定，商人的行为推定为为其营业而实施。《德国商法典》第 344 条也规定，由某商人所从事的法律行为视作系经营其商事营业。

基本商行为的认定能够明确商主体的经营范围和行业属性，有

---

① 任尔昕、石旭文：《商法理论探索与制度创新》，法律出版社 2005 年版，第 133 页。

② ［日］龙田节主编：《商法略说》，谢次昌译，甘肃人民出版社 1985 年版，第 15 页。

③ 王保树：《商法总论》，清华大学出版社 2007 年版，第 240 页。

助于商主体根据所属行业的发展规律开展经营活动，附属商行为的认定能够扩大商行为规则的适用范围，使商主体为其营业所实施的一切行为服从统一的营利性调整机制，既符合商主体的营利性本质，也保障了对商主体营业行为的统一规制。

第三，双方商行为和单方商行为。双方商行为和单方商行为也是抽象商行为意义上的分类，分类的标准是商行为双方当事人的身份。双方商行为是指交易双方均为商人的商行为，单方商行为是指交易一方为商人，另一方为非商人的商行为。区分单方商行为和双方商行为的意义在于法律适用。双方商行为适用商人标准和商行为规则调整自然没有疑问，但是对于单方商行为来讲就有疑问了，如果对于单方商行为双方按照抽象平等的理念，适用统一的商行为规则，就会导致处于交易信息劣势或经济实力劣势的非商人一方承担实质上不平等的义务，如果对于单方商行为双方适用商行为和民事法律行为两种不同的规则，就不能确保商法规定适用的统一，同一类型的交易，可能会因为交易对方身份的不同而承担不同的注意义务或责任。单方商行为的法律适用问题涉及价值判断，因此各国的规定不一。《日本商法典》第 3 条规定："当事人一方实施商行为时，本法适用于双方。""当事人一方有数人，其中一人实施商行为时，本法适用于其全体当事人。"采用了单方商行为双方统一适用商法规则的做法。而法国和英美等国的法律则认为：单方商行为本质上是商行为与一般民事行为的结合，因此商法中的诸多统制性规定仅应适用于商人一方当事人而不适用于非商人一方当事人。(《英国 1977 年不公平合同条款法》第 1 条)[①]《德国商法典》的规定有所不同，该法第 345 条规定："在双方交往中仅一方法律行为是商行为时，如果法律不另有规定，关于双方商行为之法律规定则同样适用于该法律行为。"依据该条规定，在通常情况下单方商行为与双方商行为适用统一的商法规则，只在特殊情况下，为了避

① 董安生、王文钦、王艳萍：《中国商法总论》，吉林人民出版社 1994 年版，第 130 页。

免给非商人带来不利效果，商法另行规定商行为中参与人的资格和义务。如有的条款规定，某类商行为必须双方都是商人，有的条款则规定同一商行为中商人和非商人的权利义务可以存在差异。[①] 德国商法的这种做法既能够保障一般情况下商法规则适用的统一性，又照顾到特殊情况下对于非商人利益的特别关注，所以值得借鉴。我国《合同法》具有统一适用性，《保险法》、《证券法》、《消费者权益保护法》中都有关于单方商行为的特殊规则，规定商人一方更多的诚信义务、注意义务、信息披露义务。

第四，商品交易、服务交易、证券交易、风险交易和信用交易。商品交易、服务交易、证券交易、风险交易和信用交易是根据交易客体的类型对具体商行为所作的分类，此种分类的意义在于交易客体的不同决定交易的规则也不同。

商品交易是最传统的具体商行为，交易的客体是各种有形的、看得见的商品。作为商行为的商品交易，除了要遵守买卖合同的规则外，由于交易主体双方是商人或至少一方是商人，交易的职业性较强，商事习惯在商事交易中受到重视[②]，产品责任规则、消费者权益保护规则、反垄断和反不正当竞争规则也对其适用。

服务交易与商品交易构成现代商事交易的主体部分，而且随着人们对服务产品消费需求的增长，服务交易的类型日益增多，规模也日益扩大。服务交易的客体是无形的服务，表现为劳务尤其是技术性劳务的提供，与商品交易相比：首先，服务交易的客体是无形的，具有不可触摸、不可储存和不易运输性；其次，服务的生产与消费往往是同时发生的。服务交易客体的特殊性，使服务交易采用与商品交易不同的质量规则，瑕疵担保规则，服务质量违约的补救

① 任尔昕、石旭文：《商法理论探索与制度创新》，法律出版社 2005 年版，第 136 页。

② 《韩国商法典》和《日本商法典》在第 1 条都明确规定，在商事法律关系中，如果商法没有明确规定，可直接适用商事习惯，在没有商事习惯的情形下，可适用民法。

措施也不能采用“退货”的形式，只能采用完善服务或赔偿损失的方式补救。服务交易可以分为很多类型，日内瓦 WTO 统计和信息系统局按服务的部门（行业）划分，将服务贸易分为十二大类：商业服务，通信服务，建筑及相关工程服务，分销服务，教育服务，环境服务，金融服务，健康与社会服务，旅游及与旅游相关的服务，娱乐、文化与体育服务，运输服务，其他服务。

证券交易以证券作为交易客体。证券交易行为包括证券发行与交易两种行为。证券发行是指符合法定条件的证券发行人，为了筹集资金，依照法定的程序和条件，向投资人发行有价证券的行为。证券交易是指证券持有人依照特定的方式买卖已经发行的有价证券的行为。证券交易依赖证券的发行。有学者认为证券实质上是具有财产属性的民事权利，证券交易本质上是民事权利的交易，只是实现了权利的量化和标准化，因而更便于流通。[①] 证券交易的客体主要是公司发行的股票和债券，性质上属于投资工具或投资产品。证券发行就是发行人向投资者出售投资产品，该产品的质量取决于发行人的经营效果，取决于发行人的商业信用，而同为投资者的交易双方，谁也无法对证券的质量负责，所以发行人对于证券持有者应当承担类似生产者的产品责任，当然由于投资产品质量本身就具有不确定性，不能要求发行人保证证券的确定价值，只能要求发行人依据诚实信用原则充分、及时地披露影响证券价值的经营信息，将投资者的风险控制在合理的范围内。证券交易行为采用合同的形式完成，所以应该遵守合同法的规则，除此之外还应遵守证券交易的特别规则，如信息披露规则、内幕交易禁止规则、操纵市场禁止规则等。

风险交易是指以一定的风险作为交易客体的商事交易。商业保险是典型的风险交易。保险是指投保人根据合同约定向保险人支付保险费，保险人对于合同约定的可能发生的事故因其发生所造成的

① 任尔昕、石旭文：《商法理论探索与制度创新》，法律出版社 2005 年版，第 127 页。

财产损失承担赔偿保险金责任，或者当被保险人死亡、伤残、疾病或者达到合同约定的年龄、期限时承担给付保险金责任的商业保险行为。保险交易的客体与保险标的不同，保险标的是指作为保险对象的财产及其有关利益或者人的寿命和身体，但保险交易的客体即保险合同权利义务指向的对象并不是保险标的本身，而是保险危险发生给保险标的造成的损失，即被保险人所面临的保险标的损失的风险。投保人以支付保险费为对价，将自己面临的财产损失风险转移给保险人。

信用交易是指以商业信用作为交易客体的商事交易，典型的信用交易行为包括票据行为、商业银行开展的存款和贷款业务。票据是指当事人签发的、承诺自己或委托他人于到期日无条件按票载金额付款的有价证券。[①] 现代商品交易多采信用交易的形式，一方在向对方提供商品或服务后并不同时获得对方的现金支付，而是约定将来的付款期限，取得请求支付一定金额的债权，债权就是一种可以期待的信用，票据就是这一信用的载体。商业银行的主要职能是向社会提供各种资金融通服务，信用中介职能是其实现金融职能的基础。信用中介是指商业银行通过其负债业务集中社会公众的闲散货币资金，再通过资产业务把这些资金贷给各个经济部门。[②] 商业银行在存款业务中提供信用，在贷款业务中接受信用，通过信用中介职能将短期资本转化为长期资本，并在利润原则的支配下把货币资本从低效益的部门转移到高效益的部门，以提高资金的使用效益，促进经济结构和产业结构的调整。

---

① 覃有土：《商法学》，中国政法大学出版社 2007 年版，第 257 页。

② 施天涛：《商法学》（第三版），法律出版社 2006 年版，第 502 ~ 503 页。

第二章　商行为一般规则研究

第一节　和谐的商法基本原则体系

部门法的基本原则之于该部门法的意义在于将抽象的、理念中的、具有目的意义的部门法的价值表现为规范化的、现实的、具有工具性或手段性意义的该部门法的实践活动的基本准则，从而成为设计和实施该部门法各项具体规则的基础。商法作为一个独立的法律部门，其独立的基础在于其特有的基本价值，这些基本价值作为立法者的抽象的理念蕴涵于商法规范之中，那些直接或集中彰显商法价值的原则性规范就成为商法的基本原则。从功能来看，商法的基本原则是在商法体系中起凝聚和统率作用，在商事立法中起依据和准则作用，在商事司法中起指导和制约作用的根本规则。科学确定商法的基本原则对于明确商法的价值，并使其在商法实践中得以实现是至关重要的。为适应商品经济关系的发展，商法总是处于变革中，商法的价值取向带有强烈的时代性。本文将以对商法时代价值的探讨为基点，论证当代和谐的商法基本原则体系的构造、内容及形式。

一、商法的时代价值

（一）法价值的时效性

法价值是法律的内在机制在实践中对人的法律需要的某种适

合、接近或一致。[①] 这一概念具有以下三层含义：一是法律的内在机制，即法作为一种社会调整手段所具有的高度的规范性、相对的稳定性、形式的合理性和公开性等特性和功能是法价值形成的客观基础，又被称为法本身的价值。二是人们对法律的需要是法价值形成的主体要件。人们制定法律的目的在于借助法律反映并实现其政治、经济各方面的利益需求，如果没有人对法律的需要，就不会存在法律，不会存在法的价值。这个意义上的法的价值被称为法的目的性价值。三是实现法的价值的途径是人们的法律实践，人们通过立法活动，将各方面的利益需求法律化，然后再通过法的实施活动在社会生活中实现这些利益安排。

法价值的时效性是指，每一种具体的法价值都具有主体的时间性，随着主体的每一变化和发展，一定法律对主体的价值或者在性质和方向上，或者在程度上，都会随之变化。[②] 这里法价值的时效性，实际上就是法价值的时代性，而法价值的时代性，针对的是法的目的性价值。法的目的性价值的内容取决于人们对于法律的要求，或人们寄托在法律之上的目标和愿望，而人们的愿望和要求产生于客观的实践活动中，直接反映了一定的社会生产条件下人们关于生存和发展的必然要求。由于人们的实践活动是一个客观的历史过程，所以人们寄托于法律之上的愿望和要求也是不断发展的，法的价值内容就具有时代性。

（二）商法的时代价值

商法是调整商事关系的法律规范的总称。[③] 商事关系是商主体基于营利目的而建立的各种交易关系。商事交易关系的发展促成了

① 吕世伦、文正邦：《法哲学论》，中国人民大学出版社 1999 年版，第 363 页。

② 吕世伦、文正邦：《法哲学论》，中国人民大学出版社 1999 年版，第 374 页。

③ 赵中孚、邢海宝：《商法总论》（第二版），中国人民大学出版社 2003 年版，第 9 页。

商法的萌生和发展。近代商法起源于中世纪地中海沿岸的商业城市和海上贸易。[①] 11世纪后，欧洲的农本经济进入发展时期，十字军东征的胜利使得欧洲通向东方的商路相继开通，东西方贸易的发展促进了海上贸易的发达和地中海沿岸一些新兴城市的商业繁荣。商业发达带来的社会成果之一是商人阶层的形成。[②] 商事活动的营利性为商人带来巨大财富的同时，也使他们产生了一种用法律来保护自身营利的需求，但是由于当时的教会法和世俗法不能代表和反映这种需求，商人们便利用自己在经济上的优越地位，迫使教会和世俗政权承认商人同业行会的自治性。商人行会组织形成的最初意义在于通过行会自治和习惯规则协调商人之间的关系，处理商人之间的纠纷。随着成员的增加，势力的壮大，商人行会组织逐渐担负起制定和编纂规约或习惯规则，组织商事法庭行使商事裁判权等职能，商人行会规约、商事惯例、商事判例共同构成商人习惯法的主要内容。商人习惯法自主地产生于商事实践，是商人们在竞相获利的商品交易中不断总结的能够便于交易，又能够实现交易双方互惠的一般规则。"在社会发展某个很早的阶段，产生了这样的一种需要，把每天重复着的生产、分配和交换产品的行为用一个共同规则概括起来，设法使个人服从生产交换的一般条件。这个规则首先表现为习惯，后来变成了法律。"[③] 恩格斯的这段话很适合用来说明早期商法的产生和内容。这一时期商法价值的内容除保护商人营利、保障交易互惠外，还包含维护商人自治的精神。

自19世纪初到第一次世界大战，是近现代商事法的形成与发

---

① 范健：《商法》，高等教育出版社、北京大学出版社2002年版，第21页。

② 刘凯湘：《论商法的性质、依据与特征》，载《现代法学》1997第5期。

③ ［德］马克思、恩格斯：《马克思恩格斯选集》（第2卷），人民出版社1974年版，第538页。

展时期，也是商法在体系上建立和完成的时期。[①] 由于这一时期处于资产阶级大革命后，是自由商品经济高度发展的时期，所以商法以法典化或制定法为主要形式，商法的内容也反映出掌握了政权的资产阶级在经济领域要求私法自治、自由竞争、平等交换和市场机会均等的思想，商法的价值以确认工商业活动自由、商业竞争自由促进商主体营利为主要内容。

在自由竞争资本主义阶段，商法一味鼓励竞争，鼓励商主体营利，导致商事领域各行业垄断的形成，经济力量上的强势和弱势群体的分野日益明显，自由竞争、平等交换或市场机会均等理念在实践中已经变了味，形势公平掩盖下的实质不公平现象越来越引起人们的重视，同时商主体盲目追逐私利的思想，使其漠视劳动者、消费者、债权人的利益，漠视环境利益，造成商主体的利益与劳动者的利益、消费者的利益、债权人的利益、弱小竞争者的利益、环境的利益以及整个社会的利益之间的矛盾冲突，工会运动、消费者运动和环保运动频频发生。于是自 19 世纪末开始，人们开始质疑传统商法的价值，认为商法不应仅具有商人属性，不应只反映商人的需求，还应该具有社会性，需要反映社会对商法赋予的期望，那就是在实现商主体的营利及互惠需求的前提下，维持商主体与其他社会利益相关者的利益平衡，促进社会的整体效益。可以说，当代商法的价值取向为：促进商主体营利、保障互惠与增进社会总体效益三方面的和谐共存，体现商法价值的多元性。在当代商法的多元价值体系中，商主体的营利和互惠价值为基础性价值，社会总体效益价值对其具有补充和协调的意义。

二、商法基本原则体系的构造

科学的当代商法的基本原则体系应当符合三个标准：一是能够正确反映商法的多元价值关系，达到基本原则与商法价值的和谐；

① 范健：《商法》，高等教育出版社、北京大学出版社 2002 年版，第 22 页。

二是反映商法不同价值的各项原则能够按照商法的价值序列构成有机统一的体系，达到各项原则之间的和谐；三是商法的基本原则体系应当具有开放性，能够适应商法价值的发展，指导商法的改革，指导国内商法国际化的运动，达到基本原则与商法发展的和谐。我们可以将这样的商法基本原则体系称为和谐的体系。

（一）反映商法营利价值的各项原则构成商法基本原则体系的基础

商法是规范商主体和调整商行为的法。商主体是以营利性活动为营业的主体。[①] 商行为是商主体从事的营利性营业活动。商的本质就在于营利性和营业性。[②] 所以，商法始终以促进和保护商主体营利为其基本价值。反映商法营利价值的各项原则即构成商法基本原则体系的主体。商主体追求营利即追求超出其成本的利润，这一目的只能通过一笔笔交易的完成来实现，所以促进交易便捷、保障交易安全便成为商法的基本原则。

（二）反映商法互惠价值的各项原则构成商法基本原则体系的重要分支

商事关系是商主体为了营利目的而建立的相互之间的交易关系，互惠是商事关系的本质要求。由于“商品是天生的平等派”，商品交易中“互相对立的仅仅是权利平等的商品所有者，占有别人商品的手段只能是让渡自己的商品”[③]，既然是交易，那么双方必然互为给付，所以商事关系均为有偿的关系。另外，由于参与商事关系的均为善于精打细算、权衡利弊、趋利避害、以从事商活动为专门职业的商人，交易条件只能是双方平等谈判、相互博弈的、

① 董安生、王文钦、王艳萍：《中国商法总论》，吉林人民出版社 1994 年版，第 87 页。

② 段威、叶林：《从“商”的本质看商法的特征及基本原则》，载 http://management.mainone.com/law/2006-07/35114.htm。

③ ［德］马克思：《资本论》（第一卷），人民出版社 1975 年版，第 640 页。

互惠的、体现交易理性的结果，任何人不能希望利用对方的无知来获得超出自己应得的利益，所以公平原则、诚信原则便成为指导交易行为、协调交易双方利益的准则，成为商法基本原则体系中的重要分支，并构成对商法纯粹营利性价值非理性追求的制衡。

（三）反映商法社会效益价值的各项原则是商法基本原则体系的必要组成部分

当代商法在追求商主体营利价值的同时，注重保护相关者的利益，进而提高社会的总体效益。商主体作为一种社会存在，其所实施的营利活动除涉及交易双方的利益之外，还与雇员、债权人、商主体所在社区乃至整个社会发生普遍联系。商法必须营造一种使商主体与其他利害相关者和谐共存的环境，才能更好地促进商主体营利；而商主体的普遍营利，无疑会增加就业机会，改善劳动条件，提升商业信用度，改善环境资源条件，增加社会财富，从而提高社会的整体效益。保护相关者利益，就要增加使商主体承担社会责任的原则。

（四）三类原则相辅相成，有机统一

营利需求自发地产生于商主体的商事实践活动中，营利性是商法固有的属性，因此在商人习惯法时代就已经确立了交易迅捷、交易安全等促进商主体营利的商法原则。互惠是商事关系的本质要求，公平交易和诚信交易是商主体在商事活动中自主发展起来的道德原则，这些道德准则得到商人们的普遍认可和遵守，便成为商人习惯法的内容。基于营利和互惠是商法的固有原则，它们如同商主体共同制定的关于交易的游戏规则，遵守这些规则游戏才能顺利进行，大家才能同享游戏的乐趣。“从实质上看，商法是，或者至少应该是有理智的商人们的共同意识。这个法律部门相对来说不受政治和其他感情方面的压力的影响。”① 商法的两类固有原则，着眼于交易关系的规范，其贯彻实施也较多地体现自主性。而社会效益

① ［英］施米托夫：《国际贸易法文选》，中国大百科全书出版社 1993 年版，第 97 页。

需求主要产生于交易范围之外的势力如雇员、其他债权人、国家和社会等对商主体施加的影响，商主体承担社会责任原则关注的则是与交易相关但处于交易范围之外的商主体与其他利害相关者的关系，协调商主体与其他社会相关者之间的利益平衡，对于构建商主体内、外部和谐的劳动关系或营业环境具有积极的作用。由于该类原则是对商主体自身营利和互惠需求的一种修正，所以往往需要强制性的商法规则来贯彻。商法的三类原则相辅相成，共同实现对商主体商事活动的调整，共同营造和谐、安全的交易环境。

（五）高度概括性和包容性是商法基本原则具有开放性的前提

商法的基本原则是对商法的基本原理、内在规律和特有价值的高度概括和抽象，正是这种高度概括性才使其具有包容性，能够适应商法的发展，指导新的商法规则的产生。另外，尽管商法具有国内法的属性，但是由于商法规范产生于商品交易关系、其作用的对象也为商品交易关系，而商品交易关系是不分国界或意识形态，总有一些共同的基本价值或基本规则，所以商法自起源时就具有国际性，沟通各国商法规则的正是对商法的价值进行高度概括或抽象的商法的基本原则。

三、商法基本原则的内容

如上所述，当代商法基本原则体系包括促进商主体营利的原则、互惠的原则和促进社会总体效益的原则三大部分。第一部分原则包括：促进交易便捷原则、保障交易安全原则；第二部分包括公平原则、诚信原则；第三部分为商主体承担社会责任原则。其中，公平原则和诚信原则为共同调整商品交换关系的民法、商法所共有，但是在调整以营利为目的的交易关系的商法中，却具有不同的内涵。

（一）促进交易便捷原则

商法并不能保证商人获利，但可以通过制度的设计，促使商活动低成本、简便地开展并完成，商事纠纷快速、高效地处理解决。[①] 促进交易便捷原则是商法的营利性价值的集中体现，其具有两方面含义：

1. 简化商事交易的形式和程序。商法通过交易定型化来简化交易的形式和程序。交易定型化，包括交易形态定型化和交易客体定型化两方面。所谓交易形态定型化，是指商法预先设计若干类型的典型交易方式，使得任何个人或组织，无论何时从事该类交易行为，均可以获得同样的法律效果。[②] 例如，拍卖法、投标招标法对以拍卖和招标投标的方式订立合同的交易方式的规定。所谓交易客体定型化，是指交易客体的商品化和交易内容上的权利证券化。[③] 前者是指当交易客体为有形物时，商法规定统一的规格或特定的标记，如质量认证标志、原产地标志、商标等，使交易主体易于识别商品，从而实现交易快捷。后者是指当交易的客体为无形的权利时，则通过一定的方式将权利证券化，通过证券的流通实现权利的转让，从而简化了权利转让的程序。

2. 快速高效解决商事纠纷。商主体以商事为营业，商事交往频繁，因此需要迅速了结每一笔交易，以加速资金流转，同时及时确定上一笔交易的结果，为下一笔交易奠定基础。如果因为上一笔交易发生了纠纷，而纠纷又不能快速解决，势必阻滞交易的进行。因此商法设计多种解决商事纠纷的途径，既包括自力救济的和解、社会救济的仲裁、还包括公力救济的诉讼。而民事纠纷中涉及的婚姻、家庭关系则不能适用仲裁的解决方式。商法还通过规定商事请求权的短期时效制度，尽快了结纠纷，确定财产归属，促进商品流通。

---

① 段威、叶林：《从“商”的本质看商法的特征及基本原则》，载 http://management.mainone.com/law/2006-07/35114.htm。

② 覃有土：《商法学》，中国政法大学出版社 2007 年版，第 14 页。

③ 覃有土：《商法学》，中国政法大学出版社 2007 年版，第 14 页。

（二）保障交易安全原则

从宏观上来讲，商主体营利多少依赖于交易的快捷或交易的量，但是从微观上来讲，只有保障每一笔交易的安全落实，才能实现商主体的营利目的，所以交易安全是交易快捷的前提。商法通过市场准入和企业维持规则、公示规则、外观主义、要式规则、严格责任规则等确定交易主体的资格、明确交易的条件，来保障交易安全，维护市场秩序。

1. 商主体市场准入和维持规则。对于商事主体而言，他们进入市场将以从事确定的某一种或几种交易行为为营业，交易范围广，交易量大，对整个特定的市场甚至社会都可能产生很大的影响，因此商法对商事主体的市场准入加以限制，以维护交易安全和市场秩序。针对不同种类的商事主体，商法设定不同的准入条件，如公司法对有限责任公司、股份有限公司设立条件和设立程序的规定，合伙企业法、个人独资企业法对合伙企业、个人独资企业设立条件和设立程序的规定。设立条件往往涉及投资人条件、投资规模、现实的经营条件，法律对这些条件的规定体现了商法强化商主体，维护交易安全的原则。另外，在商主体存续过程中，商法还通过资本维持规则确保维持商主体存在的物质基础、通过有限责任规则限定投资者的风险，稳定商主体的资本来源。

2. 公示规则。在商事活动中，商主体需要了解交易相对人的基本情况、资信能力，才能做出理性的交易决定。商法通过公示规则要求商主体采用法定的公示方式公开交易中公众所必须知道的重要事项。① 公示规则增加了商主体资信能力的透明度，有助于维护交易安全，同时也简化了商主体调查交易相对人资信能力的方式，能够起到促进交易便捷的作用。

3. 外观主义。外观主义就是指交易行为的效果以交易当事人的意思表示或其公示的交易条件为准，即如交易相对人对一定之外观事实作出善意且合理的信赖，法律将确认其有效，从而予以保护

① 参见王保树：《中国商事法》，人民法院出版社2001年版，第25页。

的规则。外观主义在票据法上表现为票据行为的外观解释规则，另外各国商法关于不实登记、字号借用的责任，表见经理人、表见代表董事，自称股东和类似股东者的责任等都体现了外观主义的要求。外观主义避免了因追求真意或真实给交易安全带来的破坏，还能够避免交易当事人探究公示外观背后的真实的麻烦，因此一定程度上也起到促进交易便捷的作用。

4. 要式规则。要式规则是指商法规定某些商行为必须采用法定的书面形式，某些商事文书必须记载法定的事项，明确交易的条件，巩固交易基础，确保交易安全，如票据法对票据行为要实行的规定，公司法对公司章程应记载事项的规定等。

5. 严格责任规则。商事活动营利目的的实现依赖于交易链条的通畅，单个交易的失败不仅影响到交易双方的利益，更重要的是造成交易链条的阻滞，从而影响到整体交易市场的秩序。所以商法重在维持整个交易链条的通畅，而不在于细究单个交易失败的原因。所以商事责任以无过错责任为原则且存在众多事实上的连带责任，如票据责任、公司发起人对设立行为承担连带责任等。

（三）交易公平原则

交易公平，体现了交易活动互惠互利的品质，是商品交易的固有的道德规则，它要求以伦理道德上的公平观念作为判断商事活动是否公允、衡平的标准。

由于商事活动的参与者为善于精打细算、权衡利弊、趋利避害、以从事商活动为专门职业的商人，商事活动以追求营利为其本性，交易双方都希望从对方获得商品的价值大于自己所付出的对价，如此讨价还价的结果便使交易条件趋向于双方心目观念中共认的公平条件。在商事活动中，公平并不是以客观上的等价有偿为准，而是在确立交易双方平等对话、充分协商的基础上，以双方观念中共认的公平条件为准。所以交易公平实质上是精于营利的商人们在商事交往中，相互博弈而达成的互惠规则。交易公平原则作为原则性交易规范在商事活动中多为交易双方主动适用和遵守，仅于特殊情况下，如一方提出对方利用优势或以欺诈、胁迫方式导致交易条件显失公平时，才需要利用国家强制力贯彻公平原则，矫正不公平的交易条件，维护公正的交易秩序。

（四）诚实信用原则

诚实信用原则是以善意真诚、守信不欺、公平合理为内容的强制性法律原则。[①] 诚实信用是商品交换的必然要求，商品经济本身就是信用经济，商品经济的发展为诚信原则在民商事领域的地位的确立提供了经济基础。从法制史上看，商法中关于交易平等和诚实信用的规则最初主要表现为商人习惯法中的交易习惯；近代以后的各国民商法多强调其原则性规范或概括性规范的功能，并试图通过扩大司法裁量权赋予其具有弹性的调整作用。[②] 商法上的诚信原则与民法上的诚信原则尽管在法理和内容上有相同之处，但是其区别也是明显的：

1．信用基础不同。民事关系主要以人的信用为基础，而商事关系主要以资本的信用为基础。民事主体以单个的自然人为主，在民事活动中主要以个人的信用作为基础，如婚姻家庭关系中的配偶相互忠实关系、亲属间的相互辅助关系等。商事关系是商主体实施营利性、营业性行为所引起的交易关系，为了扩大营业资本规模，人们往往实行资本联合，商主体往往以组织形式存在，如商事合伙、公司等。他们从事商事交往的信用基础主要是资本，所以商法为加强商业信用的基础，往往对商主体规定严格的资本制度，如公司法的资本确定、资本维持和资本不变规则。即使商事合伙的合伙人承担无限连带责任带有一定的人身信用性质，但是各国商法均规定合伙财产的独立性、合伙责任先以合伙财产承担等，说明商事合伙首先以资本作为信用基础。

2．信用程度不同。民法着眼于主体民事能力的抽象平等，所

① 徐学鹿、梁鹏：《商法中之诚实信用原则研究》，载《法学评论》2002年第3期。

② 董安生、王文钦、王艳萍：《中国商法总论》，吉林人民出版社1994年版，第60页。

以民事关系中要求的主体之间具备最基本的信用，即不隐瞒、不欺诈、不弄虚作假，并没有提醒对方注意的积极义务的要求。而商法注意到商事关系中交易双方在信息获得能力、谈判能力等方面的实质不平等，所以要求在信息方面或谈判能力方面处于相对优势的一方不仅要做到不隐瞒、不欺诈、不弄虚作假，还要尽到积极义务，与交易相对人主动分享自己拥有的与交易有关的重要信息，提醒交易相对人注意对其不利的交易条件。例如，证券法规定的上市公司信息公开规则，保险法规定的保险人对于保险合同条款的说明义务等。

商法的诚信原则要求商主体从事商行为，应当本着诚实、善意的内心状态进行，不得有欺诈、胁迫、滥用权利之举，并需对法律或约定未作规定之必要义务进行履行，指导商主体正确行使权利和履行义务，从而具有平衡交易双方利益、保障交易安全和交易秩序的功能。

（五）商主体承担社会责任原则

商主体承担社会责任原则的基础是商主体在营利性之外还具有社会性。商主体从事商事活动所获得的利润，并不仅仅是其个人经营的结果，而是来自于雇员的劳动、公众的消费、对公有的自然资源的利用等。商主体承担社会责任是指商主体在创造利润最大化的同时，还要承担对雇员、对消费者、对社区和环境的社会责任。当代社会，无论国内还是国外，各类商主体从自身长远利益出发，越来越重视承担社会责任，社会责任的内容也呈扩大趋势。可以将商主体所承担的社会责任分为八类：（1）在制造产品上的责任：制造安全、可信赖及高品质的产品；（2）在行销活动中的责任：如做诚实的广告等；（3）员工的教育训练的责任：在新技术发展完成时，以对员工的再训练来代替解雇员工；（4）环境保护的责任：研发新技术以减少环境污染；（5）良好的员工关系与福利，让员工有工作满足感等；（6）提供平等雇用的机会：雇用员工没有性别歧视或种族歧视；（7）员工之安全与健康：如提供员工舒适安全的工作环境等；（8）慈善活动：如赞助教育、艺术、文化活动，或弱势族群、社区发展计划等。[①]

使商主体承担社会责任，对于改善商事活动环境，建立商主体与社会的和谐发展关系至关重要。商法适应社会和商主体的需求，在商法规范中明确规定了某些具体的社会责任，如我国《公司法》第5条明确规定，公司从事经营活动，必须遵守法律、行政法规，遵守社会公德、商业道德，诚实守信，接受政府和社会公众的监督，承担社会责任。除此之外，我国《公司法》中还有关于保护职工合法权益的规定，在公司分立、合并、减少资本或清算时通知或公告债权人的规定等方面都体现了商主体社会责任在公司法中的贯彻。在社会责任原则的指导下，商主体的具体的社会责任将会更多地在商法规范中得到确定。

四、商法基本原则的表现形式

商法基本原则的表现形式涉及两个方面的问题：一是商法基本原则体系是以成文法的形式明确规定，还是以非成文的形式作为一种理念来指导人们的商事活动实践或商事司法实践；二是统一规定于一部法律文件中，还是分散规定于各商事单行法中。

无论是民商分立国家的形式商法中，还是在民商合一国家的实质商法中，都存在着统辖商法具体规范的某些基本法律原则，这些基本法律原则或者由法律加以明文规定，如诚实信用原则；或者隐含于具体规则之中，如交易便捷原则和交易安全原则。

我国正处于市场经济快速发展的时期，而长期的自然经济和计划经济使广大人民缺乏市场经济条件下所需要的公平、诚信等商事理念，对于商法的营利、互惠以及社会效益的价值也不理解，所以我国在商事立法中应明确规定商法的基本原则，彰显商法的时代价值，培养现代商事理念，指导商事立法活动和商事司法实践。商法基本原则是商法的有关商事立法、司法和商事活动的基本准则，属

① 陈光荣：《企业的社会责任与伦理》，载 http://lab.phnvs.cy.edu.tw/work5/work5 -3/work5 -3。

于商法的基本问题，所以应集中规定在一部统一的商法通则性质的规范性文件中。目前我国已经制定了大量的商事单行法，但是还缺乏一部规定商法的一般性问题、在商法领域起到基本法作用的通则性规范。虽然许多学者反对我国单独制定商法典，但是制定一部商法通则性规范还是必要的，因为有许多问题比如商事登记制度和商号制度不适宜单独制定商事单行法，而且由于缺乏明确的统领性原则规范，也导致各商事单行法的规则冲突或体系混乱。

第二节　商行为的一般规则

一、信用维护规则

信用是多义的，商法理念的信用是商事关系的当事人履行义务的诚实态度和履行义务的能力。① 在市场经济条件下，大量的交易都是信用交易，一方以信用换取对方的履行，一旦信用丧失、交易失败，商主体的营利目的不能实现，还会导致交易秩序的破坏。信用是商事交易安全的基础，信用维护是商行为的一般规则。信用维护规则一方面要求商主体具备履行义务的能力；另一方面要求商主体诚实经营，信守合同。

商主体履行义务的能力表现为商主体的营业能力，商法通过商主体市场准入和资本维持制度来保障只有具备营业能力的人才能进入市场进行经营活动。对于商事主体而言，他们进入市场将以从事确定的某一种或几种交易行为为营业，交易范围广，交易量大，对整个特定的市场甚至社会都可能产生很大的影响，因此商法对商事主体的市场准入加以限制，以维护交易安全和市场秩序。针对不同种类的商事主体，商法设定不同的准入条件，如公司法对有限责任公司、股份有限公司设立条件和设立程序的规定，合伙企业法、个

① 王保树：《商法的改革与变动的经济法》，法律出版社 2003 年版，第 60 页。

人独资企业法对合伙企业、个人独资企业设立条件和设立程序的规定等。其中，设立条件往往涉及投资人条件、投资规模、现实的经营条件等，法律对这些条件的规定体现了确保商主体营业能力，维护交易安全的原则。另外，在商主体存续过程中，商法还通过资本维持规则确保维持商主体存在的物质基础、通过有限责任规则限定投资者的风险，稳定商主体的资本来源。

诚实经营、信守合同是商品经济的本质要求，也是一项基本的市场伦理道德准则，一般情况下由市场主体自觉遵守，但是也需要必要的法律制度保障该项规则在实践中的贯彻，商行为的严格责任规范对于信用维护就具有重要的作用。商行为的严格责任规范包括普遍连带责任和广泛无过错责任。①

二、信息充分规则

商人营利目的的实现有赖于理性的交易，理性交易的基础在于“知己知彼”，这里就涉及交易信息的获取问题。传统的货物买卖，交易双方一般当面交涉，因而各方当事人对于交易信息的掌握基本对称，但是日益激烈的市场竞争，导致商人之间、大企业与一般公众投资者经营规模、经济实力相差悬殊，也导致现代市场交易的主体双方信息获取能力相差悬殊，双方对交易信息的掌握严重不对称，使交易非理性化，增加了交易的风险。为了纠正信息不对称现象，商行为规范确立了信息充分规则。信息充分规则的内容是：每一个从事公平交易的人都有权获得所需的信息；当他人行为可能给自身造成严重的或不利的影响时每个人都有权了解有关情况。②

信息充分规则要求信息的充分披露。信息披露主要有两种途径：自我披露和强制披露。自我披露是商主体将有关商业信息主动

① 覃有土：《商法学》（2007 年修订版），中国政法大学出版社 2007 年版，第 12 页。

② ［美］理查德·T. 德·乔治：《经济伦理学》（第五版），北京大学出版社 2002 年中文版，第 361 页。

进行披露。一个正当经营的商人会主动地、充分有效地披露自己的商业信息，以形成交易相对人对其信用的良好评价，提高商业信誉，增加交易机会。强制披露即商法规则要求商主体承担信息披露义务，由商主体依法定程序和形式将其商业信息披露在外，有关主管机构负有职责征集商业信息予以公示。商事登记规则是一种强制信息披露规则。商事登记规则要求商主体在设立、变更、终止时要依法进行商事登记，商事登记事项涉及商主体的组织状况和营业状况。交易相对人可以通过商事登记公告或查阅获取某一商主体的交易信息，从而作出理性的交易判断。强制信息披露规则在证券交易中尤为重要。证券投资虽然是风险投资，但是应该将投资者的风险控制在合理的范围内，否则将会打击投资热情，动摇资本市场，影响经济的发展。合理的投资风险首先意味着投资者是在充分掌握与证券价值相关的信息后作出投资决定。证券法上的披露规则包括信息的初期披露规则和持续信息披露规则。初期披露规则，是指证券发行人在首次发行证券时，应向投资者披露与证券发行人及所发行证券有关的所有重要信息，证券发行人应保证所公开信息的真实、准确和完整，不得存在虚假陈述、重大误导和遗漏，证券发行人所聘请的中介机构也应承担保证相关信息真实、准确和完整的责任。[①] 持续信息披露规则是指证券发行人以及相关机构和人员在证券发行完毕后，依法将其经营和财务信息予以充分、完整、准确、及时地披露，以供投资者作投资价值判断的规则。[②]

三、交易定型化规则

商行为规范通过交易定型化规则来简化交易的形式和程序，节约交易成本，提高交易效率。交易定型化，包括交易形态程序化、交易客体定型化、交易条件定型化三个方面。

所谓交易形态程序化，是指商行为规范为各种典型交易行为设

① 叶林：《证券法》，中国人民大学出版社 2000 年版，第 36 页。

② 吴弘：《证券法论》，世界图书出版公司 1998 年版，第 98 页。

计固定的程序，指引和统一人们交易行为的步骤、方式和次序，适用相同的程序将会产生相同的交易效果。程序化的优点在于：第一，程序能被反复运用，避免了人们反复设计程序的成本；第二，程序相同，有利于人们的合作；第三，程序固定，有助于形成确定的预期；第四，程序有利于控制人们的恣意行为，保持行为的基本品质。[①] 商行为与程序有着本质上的契合性。商行为的经营属性表明商行为是一种职业性的营利，职业性活动往往易于程式化。而商主体的自治性使其在长期的商事实践中形成了大量的商事惯例和自治规则，这些惯例和自治规则是商事实践的发展历史积淀下来的固定的交易步骤、方式和次序。另外，商行为多是专业性、技术性很强的行为，这些行为本身就具有一套专业性、技术性的程式，如拍卖行为、招标投标行为等。商行为的程序性规范很多，如合同行为程序、公司治理行为的程序、证券交易程序、票据行为、保险行为的程序等，这些程序性的规范都是相应交易形态定型化的表现。

所谓交易客体定型化是指交易客体的商品化和交易客体证券化。[②] 前者是指当交易客体为有形物时，商法规定其统一的规格或特定的标记，如质量认证标志、原产地标志、商标等，使交易主体易于识别商品，从而实现交易快捷。后者是指当交易的客体为无形的权利时，则通过一定的方式将权利证券化，通过证券的流通实现权利的转让，从而简化了权利转让的程序，如证券交易、票据行为、保单的转让、提单的转让等。

所谓交易条件定型化，是指某类商事交易中双方的权利义务的内容固定化。交易条件的定型化，往往表现为格式条款的制定。格式条款是当事人为了重复使用而预先拟定，并在订立合同时未与对方协商的条款。格式条款固定了双方的交易条件，提供格式条款一方的交易相对人只能表示接受该条款，否则交易不能成立，如保险法上的保单条款。格式条款的应用，方便了交易，有利于提高交易

---

① 陈醇：《商行为程序研究》，中国法制出版社 2006 年版，第 12 页。

② 施天涛：《商法学》（第三版），法律出版社 2006 年版，第 28 页。

效率。格式条款所固定的交易条件一般是某类商事交易长期以来形成的交易习惯，因而也易于被接受，但是商法对格式条款的内容也要加以规制，使提供格式条款的一方遵循公平原则确定当事人之间的权利和义务，并采取合理的方式提请对方注意免除或限制其责任的条款，按照对方要求，对该条款予以说明，以平衡交易双方的利益。

四、受托人义务规则

委托合同是委托人和受托人约定，由受托人处理委托人事务的合同。委托关系是一种古老的合同关系，据说在古巴比伦《汉谟拉比法典》中，就有关于委托关系的规定。① 委托关系的意义在于委托人借助受托人的时间、精力、经验和知识，完成自身不能完成或不能较好完成的事务。在商事领域，委托关系更是广泛存在，如信托关系、商事代理关系、执行合伙人与其他合伙人之间的关系、公司管理者与公司之间的关系均以委托关系为基础。商主体通过信托关系的受托人代为理财，通过商事代理人开拓市场，通过专业的企业管理人员实现企业的所有权与经营权分离，改善企业经营管理，提高经济效益。

在委托关系中，一旦授权行为完成，委托人就退出对自己事务的管理，委托合同目的能否实现，受托人能否如委托人所愿完成委托事务，就依赖于受托人能否适当履行委托关系中的受托人义务。在商行为规则中，受托人义务规则具有普遍适用性。受托人义务本质上是一种受信义务，因为委托合同成立的基础在于委托人对于受托人的信任。委托人对受托人的信任的内容具有复合性，既包括对受托人处理事物能力的信任，也包括对受托人能够诚实尽心完成委托事务的品质的信任，受托人的受信义务内容也具有复合性：一是注意义务；二是忠实义务。

注意义务是指受托人在处理委托事务时，承担像一个理性的谨

① 崔建远：《合同法》（修订本），法律出版社2000年第2版，第498页。

慎人在同等情况下行为一样的义务。注意义务的一般标准包括三个方面：(1) 善意；(2) 应当像处于相似位置的普通谨慎人那样在类似情况下应尽到的注意；(3) 须合理地相信其行为是为了委托人的利益。[①] 善意是对受托人处理委托事务时诚实而无恶意的主观心理状态的评价，即受托人对其行为的性质和后果尽到了适当的注意，不能预见其行为会产生对委托人不利的后果。尽到像处于相似位置的普通谨慎人在类似情况下应尽到的注意，是指受托人应当勤勉尽责，像一个理性的谨慎人管理自己事务一样处理委托事务。合理地相信其行为是为了委托人的利益，是指受托人在处理委托人的商业事务，进行商业决策时应当进行必要的了解和调查，在掌握和分析必要的信息后，理性地作出符合委托人利益的判断。

忠实义务是指受托人在处理委托事务时，应当忠实于委托人的利益，不得利用受托人地位为自己谋取私利，不得使自己的利益与委托人的利益相冲突。忠实义务规则包括：(1) 依委托人的指示或授权处理委托事务。如果情势发生了订立委托合同时没有预料到的情况，需要变更委托人指示时，应当向委托人协商变更，紧急情况下，不能取得委托人变更指示的，受托人才可以依推定的委托人的变更意思，妥善处理委托事务。(2) 亲自处理委托事务。委托关系的建立是基于委托人对受托人能力和品质的信任，所以受托人应亲自处理委托事务才符合委托人的利益。转委托的只能发生在经委托人同意或紧急情况下。在紧急情况下，受托人自己处理委托事务受阻，而委托人将会因该事务不能得到及时处理而蒙受损害，且时间紧迫或无法通知委托人时，受托人可以为了委托人的利益而转委托。(3) 报告义务。在委托事务的处理过程中，如果委托人要求受托人告诉事务处理的情况，受托人应当报告。委托人没有要求受托人报告情况，但有报告的必要时，如事务处理遇到障碍、情势变更等，受托人也应随时报告。(4) 财产转交义务。受托人因处理委托事务所取得的财产，应当转交给委托人，不论这些财产是以

---

① 施天涛：《商法学》(第三版)，法律出版社 2006 年版，第 472 页。

委托人的名义取得，还是以受托人或次受托人的名义取得。

五、和谐经营规则

商主体营利目的的实现，固然是其投资和经营的结果，但是经营活动的完成需要众多利益相关者参与，商主体的债权人、职工、客户、所在社区对商主体财富的增长都有所贡献，商主体如果不能处理好与这些利益相关者的关系，不诚实履行债务，侵害职工合法权益、欺诈客户，破坏社区环境，将面临商誉降低、劳动力匮乏、社区抵制的局面，在这种情况下开展经营活动还想实现营利是不可能的，所以和谐经营应是商行为的一般规则。和谐经营意味着，商主体在进行经营活动时，必须营造与其他利益相关者和谐共处的经营环境。和谐关系的基础在于互不侵犯，各得其所；和谐关系的促进在于相互谅解，相互提携；和谐关系的目标在于共同发展，整体进步。

守法经营是和谐经营的基础规则，商主体在经营活动中必须遵守各项相关法律，如合同法、劳动法、破产法、税法、环境保护法、产品质量法、消费者权益保护法、反不正当竞争法、反垄断法等。法律是对社会关系最低限度的调整，违反法律规定，就会侵犯其他主体的权利，就要对其他主体承担私法上的责任，如果侵犯了国家和社会利益，还应承担行政或刑事责任，可能导致营业资格的丧失。所以理性的商人总是依赖合法经营，正当营利，而不是贪图短期暴利，违法经营。

诚信经营是和谐经营的重要规则。诚实信用本是市场经济的道德准则，诚信经营要求商主体进行经营活动时，严于律己、宽以待人、诚实厚道。商事经营是商主体的职业或事业，不是一朝一夕的事情，商主体必须眼光长远、厚道经商，对交易相对人以诚相待、不瞒不欺、善待职工，并尽量为其谋福利。所谓“厚德载物”，诚信经营将会为商主体赢得良好的商业信誉，良好的商业信誉又是一笔无形的财富，反过来会给商主体带来无限的商机。

第三节　商人的信用理性及商法的信用维护规则

一、商事信用的维护对社会信用体系建设具有主导意义

“信用”通常在经济学意义上使用，指信用交易，即因价值交换的滞后而产生的赊销活动，是以协议或契约为保障的不同时间间隔下的经济交易关系。信用交易的顺利实现，依赖于交易当事人对信用协议或契约的遵守。人们对于遵守契约的行为人予以肯定评价，称其“讲信用”或“有信用”，对于不遵守契约的人予以否定评价，称其“不讲信用”或“没有信用”。道德行为规范鼓励“讲信用”的行为，法律规范则追究“不讲信用”的人的法律责任，从而保障信用交易的实现。

现代市场经济本质上是信用经济。一方面，在市场经济活动中，每一个部门、每一个环节都渗透着信用关系，信用关系已成为联结所有经济活动主体和一切经济环节的纽带。由于各部门、各企业生产不同商品的周期长短不一，资金周转情况也各不相同，客观上产生了商品赊购、赊销以及资金借贷的要求。由于生产力的提高，商品日益丰富，住宅等不动产以及耐用消费品的销售，客观上也要求消费信用的出台。在这种条件下，信用关系便逐渐成为现代经济生活中一种最普遍的经济关系。另一方面，市场运行机制本身就蕴涵着对市场主体的信用要求。“商品是天生的平等派”，商品交易只能在地位平等的主体之间进行，由于民事行为能力制度已经限制或排除了限制行为能力人和无行为能力人进行交易谈判的资格，所以交易一方将对方假定为缺乏理性判断能力并企图利用欺诈或其他不诚实手段达成对己有利的交易条件，或违反双方达成的协议，将是缺乏理性的，最终必自食其果。市场主体只有讲信用才可能获得牢固的交易伙伴、稳定的交易机会，才有可能实现长远营利。

由于现代市场经济是信用经济，经济体系的良好运转依赖信用

关系链条的安全，依赖市场主体讲信用，遵守信用协议。不讲信用，破坏信用关系，将会影响市场主体的交易信心，从而影响市场经济的发展。随着我国市场经济的发展，信用形式和信用工具逐渐丰富起来，但目前我国社会上还存在着不少不守信用的现象，“信用危机”曾一度成为社会关注的焦点。党的十六届三中全会指出：要增强全社会的信用意识，形成以道德为支撑、产权为基础、法律为保障的社会信用制度。社会信用制度是建设现代市场体系的必要条件，也是规范市场经济秩序的治本之策。增强全社会的信用意识，政府、企事业单位和个人都要把诚实守信作为基本行为准则。

社会信用体系的建设包括软件和硬件两大系统的建设。软件系统建设指社会主体信用理念的培养、形成和巩固，硬件系统建设指保障信用关系实现的法制建设，前者处于社会信用体系建设的基础性地位，目的在于使“讲信用”成为市场主体的普遍品质，使遵守契约成为市场主体的自觉行为；而后者则承担对于社会信用体系建设的保障作用，一方面通过信用信息披露、信用征集、信用评价等活动的制度化、法律化，使市场主体的信用品质透明化，从而有助于建立理性的信用交易关系；另一方面通过完善破坏信用关系的法律责任制度，强制保护信用关系，并形成巩固市场主体内心信用理念的外部约束力量。

尽管社会信用体系建设也包括国家政治生活领域，但是社会经济领域属于社会主体生活的基本领域，该领域的信用状况决定着社会整体信用水平。商人及其营业行为在社会经济生活领域起主导作用，商人的信用理念必将对其他社会主体产生积极影响，商法作为规范商人及其营业行为的法律规范，必将以商人的信用理念为其价值导向。商法关于维护信用的规则，不仅对于社会经济生活领域信用体系建设具有重要的保障作用，其所包含的信用理念也将随着商法的实践活动深入人心，从而促进社会主体信用理念的培养、形成和巩固。

二、维护商事信用是商品经济发展的现实需求

信用交易及维护信用的规则均是商品交换发展到一定阶段的产物，是商品经济发展的现实需求和商人理性的反映。

古代埃及在古王国时期还没有借贷、债务或担保等交易形式，到后王国时期，私人之间商事交往已大量使用契约，虽然保存下来的商业往来文据多是通过古埃及的行政官员管理和登记注册而存档，并不是商人们处于交易与信用的需求而刻意保留的，但是这些文献却真实记载了当时存在买卖、借贷等交易形式。这些交易形式尤其是高利贷交易形式的出现促成了为履行借贷义务而设定的担保关系的出现，并因此推动了信用交易的发展。古巴比伦时期，大部分的买卖活动均为即时清结，只有诸如土地、房屋等重要财产才采用“契据泥板书”这样的书面形式完成。不过古巴比伦时期的借贷活动很频繁，商人们是重要的金银或谷物出借者，他们通过借贷活动谋取收益，借贷契约一般也写在泥板上，并同时载明抵押财产如房屋、土地或奴隶。到了新巴比伦时期，商业交易更强调商人彼此之间的信任和各自的信用，在双方订立的买卖契约泥板书中，印章的文义性得到进一步肯定和落实。新巴比伦时期抵押债权担保形式得到进一步发展，抵押权一般是不转移抵押财产占有的抵押权，债权人享有对该抵押财产的优先受偿权，接近于现代的抵押制度。在罗马法上契约制度已经很发达，并明确订立契约即建立债的关系，契约应当按照订约时规定的方式履行，契约双方当事人均承担应对方请求交付货物或支付价款的权利，逾期将支付迟延利息。罗马帝国时期，由于工商业的兴旺和积聚于城市的地主人数的增加，越来越需要更多的现金以满足商品生产和贸易发展的需要，这一需要导致了商业资本和高利贷资本的出现，建立了客户在银行开设存款账户往来的契约制度。依此契约，客户将钱款存入银行，银行为客户支付垫款，银行因此以其强大的资信担保当事人的未来清偿能

力，推进了交换的顺利进行和商业的发展。①

近现代商品经济的快速发展极大丰富了信用交易的种类，不但商业信用、银行信用日益普遍，而且国家信用、消费信用等也发展很快。商业信用交易通过交易主体双方赊销（购）、预收或预付等付款方式，彼此提供信用，加强了企业之间的经济联系，加速了资金的循环与周转，使商人们得以用较少的资本获得较多的营利。银行信用则是银行对各类生产者与经营者提供货币资金，满足其资金不足的需要，从而加速资金周转，提高资金利用率。消费信用是企业、银行和其他金融机构向消费者个人提供的、直接用于生活消费的信用。在现代经济生活中，消费信用在一定条件下可以促进消费商品的生产和销售，并从而促进经济的增长。国家信用是指国家按照信用原则以发行债券等方式，从国内外货币持有者手中借入货币资金，以弥补财政赤字的一种手段。总体来讲，信用交易的作用在于满足商人、消费者、国家等主体对于资金的需求。

信用交易在帮助交易主体缓解资金短缺的困难的同时，也为交易双方带来风险或使风险扩大。对于信用提供者来讲，其预期利益将面临信用接受者主、客观两个方面信用危机的威胁，因为信用接受者可能主观上缺乏遵守信用契约的能动性，也可能客观上缺乏偿债能力。对于信用接受者来说，信用资本可能给其带来超额利润，也可能给其带来超出其负债能力的风险。信用交易的风险性要求信用提供者谨慎选择交易相对方，不仅要考察其主观上是否具有“讲信用”的品质，更主要的是考察其客观上责任财产的多寡，即偿债能力的有无。而信用接受者为了获得长期而稳定的信用，也需根据对自身风险承受能力的理性判断，接受信用提供者提供的信用，并自觉遵守信用契约，保障信用交易的顺利实现，从而实现信用提供者和接受者双方共赢。信用交易的风险性同时也内在要求防范风险、维护信用的规则，这些规则随着信用交易的出现而产生，

① 何勤华、魏琼：《西方商法史》，北京大学出版社 2007 年版，第 1～231 页。

并随着信用交易种类的丰富而丰富，自古埃及、古巴比伦时期的担保规则，到现代完善的资本制度、担保制度、债的保全制度、违约责任制度以及信用权的确认和保护制度等。

三、信用是商人的固有理性

商人以营利为其终极目标，信用是商人固有的理性。商人的营利目的只能通过交易行为实现，只有持续而稳定的交易行为才能保障商人持续营利，任何试图在一次交易中牟取暴利的行为都是短期的、非理性的。在信用交易中，信用的接受者或提供者均具有遵守信用关系的主观能动性。信用提供者希望信用交易是安全的，因为只有这样它提供的信用才能得到价值补偿，并实现营利目的；而信用接受者作为资金需求者或信用需求者，其对信用的需求是长期的，他也不希望因一次“不讲信用”的行为而丧失长远获得信用的机会。可见，追求营利的本性决定了商人们对于信用交易和信用安全的固有需求。

商人以实施持续、稳定的营业行为为其事业，营业行为面对的交易相对方是不特定的多数人，交易的规模也很大，交易量越大，商人们的营利越多。商人在营业之初，必须预备能基本满足其营业需要的资金，并以此作为获得信用的物质基础，从而在客观上为信用交易的安全提供物质保障。另外，商人多以企业为组织形式，具有保障其决策和表意行为理性化的组织机制，也为避免商人追求短期效益、恶意违约的非理性行为提供了体制保障。企业的决策机制本身包含了理性化设计，其决策机构包括多个成员，决策程序采用民主集中制，能够有效防止个别人的肆意或武断行为。企业内部的组织机构之间还存在分工和制衡机制，如在公司股东会、董事会和监事会之间，董事会有权制定公司的经营计划和投资方案，但必须遵守股东会关于公司经营方针和投资计划的决议，监事会则负责监督董事会对股东会决议的执行情况。企业内部各机构之间的职能分工和制衡机制，为避免其代表机关表意行为的任意性提供了必要的保障。

正如自然人珍爱自己的名誉一样，商人们也珍爱自己的商誉，良好的商誉对商人来讲便意味着更多的交易伙伴、交易机会，更和谐的营业环境和更多的营利。商誉集中体现为社会对商人的信用评价。信用评价包括信用能力和信用品质两个方面。信用能力的评价，涉及对商人的资金实力、管理水平、发展前景等客观方面的评价；信用品质即守信品质的评价，则涉及对商人信用交易的历史考察，一贯自觉遵守信用协议的，将获得“讲信用”的积极评价；违约概率高，或者具有故意破坏信用关系的不良行径的，将获得“不讲信用”的消极评价。商人们总是愿意将自身的客观信用能力向公众披露，以期获得良好的信用评价和更多的信用。客观信用能力和主观信用品质往往是相辅相成的，一个拥有雄厚资金实力的大企业违约概率相对较少，而一个资金短缺、濒临破产的企业，其违约的风险会更高。但是客观信用能力和主观信用品质的评价并不总是一致的，一个暂时资金短缺的企业，有可能在过去的商业往来中一贯诚实守信，形成信用积累，信用积累也会成为信用交易的基础，有时会比物质基础更稳固、更可贵。信用提供者为一个资金短缺但具备良好信用品质的企业提供信用，往往能取得双赢的局面，一方获得了急需的资金，另一方开拓了业务，并得到更多的信用回报。孟加拉国格莱珉银行的创立向那些认为穷人缺少信用的人提出了有力的质疑。作为小额信贷业务的先驱者，格莱珉银行成功改变了向穷人发放贷款的方式，设计了灵活的贷款产品，不仅证明了以金融服务的方式给予穷人援助是最重要和有效的方式，证明了穷人一贯是守信且拥有资金管理能力的，而且有效地开拓了业务，创建了崭新的信贷体系，取得了重要的社会成就。①

四、商法确立信用维护规则

商法是关于商人及其营业行为的法律规范，商人对于信用交易

---

① ［孟加拉］阿西夫·道拉、迪帕尔·巴鲁阿著，朱民等译：《穷人的诚信》，中信出版社 2007 年版，第 1 ~ 60 页。

和信用安全的需求必然体现在商法的价值体系中。在信用价值的指引下，商法确立了维护交易安全的原则，并设计了一系列信用维护的规则。商法关于信用维护的规则主要分为四类：企业资金确保规则、信息披露规则、受托人义务规则和严格责任规则。

企业资金确保规则是指商法要求企业在成立时以及存续中确保企业拥有与其经营规模相应的资金作为履行信用交易物质保障的规则，包括：注册资本最低限额规则，资本确定、资本维持和资本不变规则，破产规则。注册资本最低限额规则要求企业成立时，其成员的出资总额应达到法定的最低限额，以满足企业生产经营活动的基本需要，成员的出资总额还应于成立时进行登记和公示，向潜在的交易相对人披露企业的责任财产数额或者信用交易的财产基础。资本确定规则要求企业成立时，不仅其成员的出资总额应予登记公示，而且应当被确实认足或缴足，或至少应认足或缴足出资总额的一定份额。此项规则的目的在于确保企业在设立时拥有真实而可靠的资金来源，防止设立皮包公司等欺诈行为。资本维持规则要求在企业存续中，应始终维持与其资本额价值相当的资产，以满足企业正常营业所需，维持企业进行信用交易的财产基础。依此规则，企业在经营活动中，应诚实守信，不抽逃资金，企业的管理者应勤勉谨慎，以使企业资本保值增值为宗旨。资本不变规则要求企业在存续过程中，非依法定程序不得变更已登记公示的企业资本总额，对注册资本总额的增加或减少应履行企业内部的决策程序和外部的公示程序，尤其在减少注册资本时，应为债权人提供特别保护程序，通知债权人或者向债权人发出公告，并赋予债权人要求企业偿债或提供相应担保的权利。企业破产规则要求在企业经营过程中，若出现不能清偿到期债务或资产不足以清偿债务的情形时，企业自身或债权人可以申请法院对该企业进行破产清算，使该企业停止清算活动外的其他民事活动，以保全企业的财产，保障债权人利益的最大实现。

信息披露规则要求交易主体彼此间进行信息的充分披露。信息披露主要有两种途径：自我披露和强制披露。自我披露是指交易主体将有关商业信息主动进行披露。一个正当经营的商人会主动地、充分有效地披露自己的商业信息，以形成交易相对人对其信用的良好评价，提高商业信誉，增加交易机会。强制披露即商法规则要求商人承担信息披露义务，由商人依法定程序和形式将其商业信息披露在外，有关主管机构负有职责征集商业信息予以公示。商事登记规则是一种强制信息披露规则。商事登记规则要求商人在设立、变更、终止时依法进行商事登记，商事登记事项涉及商人的组织状况和营业状况。交易相对人可以通过商事登记公告或查阅获取某一商人的交易信息，从而作出理性的交易判断。由于信息披露义务的履行，也依赖于商人自身的信用品质，所以为了防止商人选择性地进行信息披露，信息披露不充分、不真实，从而使信息披露流于形式或沦为欺诈手段，商法规定违反信息披露义务，将承担欺诈行为的法律责任。另外，商法在规定商人承担信息披露义务的同时，规定商人的商誉权受法律保护，以鼓励商人诚实守信，维护交易安全。商人享有获得与其自身客观信用能力和主观信用品质相符的商誉评价的权利，并享有利用其良好的信誉开展经营活动，取得合法利益的权利；通过捏造、散布虚伪事实，损害特定商人的商业信誉，给其造成损害的，应当停止侵害、消除影响、恢复名誉，并依法承担损害赔偿责任。

强制信息披露规则在证券交易中尤为重要。证券投资虽然是风险投资，但是应该将投资者的风险控制在合理的范围内，否则将会打击投资热情，动摇资本市场，影响经济的发展。合理的投资风险首先意味着投资者是在充分掌握与证券价值相关的信息后作出投资的决定。证券法上的披露规则包括信息的初期披露规则和持续信息披露规则。初期披露规则，是指证券发行人在首次发行证券时，应向投资者披露与证券发行人及所发行证券有关的所有重要信息，证券发行人应保证所公开信息的真实、准确和完整，不得存在虚假陈述、重大误导和遗漏，证券发行人所聘请的中介机构也应承担保证相关信息真实、准确和完整的责任。① 持续信息披露规则是指证券发行人以及相关机构和人员在证券发行完毕后，依法将其经营和财务信息予以充分、完整、准确、及时地披露，以供投资者作投资价值判断的规则。②

在商事领域，委托关系广泛存在，如信托关系、商事代理关系、执行合伙人与其他合伙人之间的关系，公司管理者与公司之间的关系均以委托关系为基础。商人通过信托关系的受托人代为理财，通过商事代理人开拓市场，通过专业的企业管理人员实现企业的所有权与经营权分离，改善企业经营管理，提高经济效益。在委托关系中，一旦授权行为完成，委托人就退出对自己事务的管理，委托合同目的能否实现，受托人能否如委托人所愿完成委托事务，就依赖于受托人能否适当履行委托关系中的受托人义务。在商事领域，受托人义务规则具有普遍适用性。受托人义务本质上是一种受信义务，因为委托合同成立的基础在于委托人对于受托人的信任。委托人对受托人信任的内容具有复合性，既包括对受托人处理事物能力的信任，也包括对受托人能够诚实尽心完成委托事务的品质的信任，受托人的受信义务内容也具有复合性：一是注意义务；二是忠实义务。注意义务是指受托人在处理委托事务时，承担像一个理性的谨慎人在同等情况下行为一样的义务。③ 忠实义务是指受托人在处理委托事务时，应当忠实于委托人的利益，不得利用受托人地位为自己谋取私利，不得使自己的利益与委托人的利益相冲突。

商法的严格责任规则包括普遍连带责任和广泛无过错责任。④ 在商法中连带责任的适用范围几乎是普遍的。一方面是因为商法中多团体行为，另一方面也是商业信用维护的特别需要。公司法上无

① 叶林：《证券法》，中国人民大学出版社 2000 年版，第 36 页。

② 吴弘：《证券法论》，世界图书出版公司 1998 年版，第 98 页。

③ 施天涛：《商法学》（第三版），法律出版社 2006 年版，第 472 页。

④ 覃有土：《商法学》（2007 年修订版），中国政法大学出版社 2007 年版，第 12 页。

限责任股东之间承担连带责任，公司不能成立时发起人对公司设立行为的后果承担连带责任，公司成立后发现作为设立公司出资的非货币财产的实际价额明显低于公司章程所定价额的，公司设立时的股东承担连带责任，公司股东滥用公司法人独立地位和股东有限责任，逃避债务，严重损害债权人利益的，该股东对公司债务承担连带责任。票据法上更依赖债务人的连带责任维护票据信用，保障票据的流通性，不仅两人以上共同签名须对票据债务承担连带责任，即使独立为票据行为的出票人、背书人、承兑人、保证人对持票人也要承担连带债务。另外，民事责任以过错责任为原则，无过错责任是例外，而在商法上无过错责任却是广泛存在的。因为商事交易的复杂性和规模化，需要安全稳定的交易秩序，承担无过错责任对于单个的行为人来讲可能是不合理的，但是对于市场整体利益来讲却是正义的，任何人不能以自身无过错为由破坏交易的链条，因为由交易链条上的其他人承担交易失败的不利后果是更加不公平的。

五、结语

市场经济的充分发展将导致商人及其营业活动的无处不在，商人的信用理念也将渗透社会经济生活甚至国家政治生活的各个领域。商法作为商人及其营业活动的法律规范，以维护商事信用作为其价值导向，并以维护交易安全为其原则。商法所倡导的信用理念，符合市场经济发展的价值观念，商法关于维护信用的规则也必将得到商人们以及其他商事活动主体的理解、尊重并自觉遵守，商法也将通过自身规则的不断完善和切实实施，保障社会信用体系的建设并促进社会主体信用理念的培养、形成和巩固。

第四节 连带责任规则探讨

连带责任制度作为处理多个主体不履行连带债务或实施共同侵权行为或依照法律的特别规定共同承担民事责任的制度，具有特殊的激励机制和保障机制，通过责任连带一方面促使多个义务主体相互督促履行义务，另一方面能够避免个别义务人信誉缺失和偿债能力不足给权利实现带来的风险，保障权利主体所受的损害得到充分补救。连带责任制度的优势是明显的，但是其违反责任自负原则的缺陷也是不容忽视的。无论是英美法系国家还是大陆法系国家都已经出现了限制甚至摒弃连带责任制度的动向，我们不能盲目跟进，也不能置若罔闻，对连带责任制度这把双刃剑的存与废，应该建立在对这一制度充分的、理性的认识基础上。

一、连带责任概念解析

概念是对事物本质的揭示，所以要解析连带责任概念也需要一层一层揭示连带责任的本质。

（一）连带责任是因违法行为而引起的法律责任

严格意义的法律责任是指主体违反法律义务，实施违法行为所应承担的不利后果，不包括主体依法应履行的义务本身。连带责任就是多个主体不履行连带债务或实施了共同侵权行为后所应共同承担的不利后果，不同于债务或其他法定不侵害他人权利的法律义务。关于债务与责任的关系，学者们论述颇多。比较一致的观点包括以下几个方面：（1）作为民法鼻祖的罗马法并不区分债务与责任，“债务与责任合而成为债务的观念，责任常随债务而生，二者有不可分离的关系。”① （2）债务与责任的区分源于古日耳曼法。在古日耳曼法中，债务的含义是“法的当为”，即债务人应当履行其给付的义务；责任是指“替代”关系，即债务人应当为给付而未为给付或不完全给付时，应服从债权人的强制取得的关系。正是由于这种强制取得的责任关系附加于债务关系，债务关系才有拘束力。因而为实现债的目的，责任具有担保作用。②（3）责任是与诉

① 史尚宽：《债法总论》，中国政法大学出版社 2000 年版，第 3 页。

② 孔祥俊：《民商法新问题与判解研究》，人民法院出版社 1997 年版，第 115 ~ 116 页。王利明：《民法总则研究》，中国人民大学出版社 2003 年版，第 268 ~ 269 页。

权联系在一起的。债权本身并没有赋予债权人对债务人的人身、给付行为及给付标的享有直接的支配权，只有通过诉权作为中介，才能利用国家公权力强制债务人履行债务或承担其他后果，才能将债务与法律责任联系起来。① 以上关于债务与责任的关系的论点对于其他法律义务与法律责任的关系是同样适用的。

（二）连带责任是民事责任

罗马法中已有了连带之债以及共同侵权行为人应负连带责任的规定。② 但是古代法诸法合体、刑民不分，连带责任在刑事领域也很盛行，典型的如我国古代的“缘坐”制度。“缘坐之制，起于秦之参夷及收司连坐法。”“《唐律》唯反叛、恶逆、不道律有缘坐，他无有也。今律则奸党、交结近侍逐项俱缘坐矣，反狱、邪教诸项亦缘坐矣。一案株连，动辄数十人。夫以一人之故而波及全家，以无罪之人而科以重罪……”③ 可见，我国古代的“缘坐”制度只适用于严重危害封建统治秩序的行为，应属于刑事责任制度范畴，该制度经过清末的变法运动，已经被革除。现代各国在刑事领域普遍贯彻个人责任、罪责自负的原则，连带责任在刑事责任领域已经消亡，但是在民事领域，为了督促债务人履行债务，为了使权利人所遭受的损害得到充分救济仍然需要适用连带责任，所以现在我们说到的连带责任只能是民事责任。

（三）连带责任是一种共同责任

共同责任是相对于单独责任而言的。单独责任是指责任人只有一人的民事责任。而共同责任则是指责任人为两人或者两人以上的民事责任。④ 连带责任是两个以上民事主体因不履行连带债务或实

---

① 王利明：《民法总则研究》，中国人民大学出版社 2003 年版，第 271 页。

② 周枏：《罗马法原论》（下册），商务印书馆 2001 年版，第 699 页、第 877～881 页。

③ （清）沈家本：《历代刑法考（附寄簃文存）》（四），中华书局 1985 年版，第 2025 页。

④ 王利明：《民法》，中国人民大学出版社 2000 年版，第 534 页。

施共同侵权行为而共同承担相应民事责任的方式，所以连带责任一定是一种共同责任，责任主体有多个，他们共同承担确定范围的民事责任。

（四）连带责任的责任主体之间具有连带关系

在共同责任中，若各个责任主体对于确定的责任范围只按照一定的份额来承担，承担了其责任份额的主体其责任消灭，而无论其余责任份额是否得到承担，这种共同责任形式称作按份责任。而在连带责任中，一方面各个责任主体对于确定的责任范围都有义务全部承担，全部责任承担完毕之前，各个责任主体的责任均不消灭，显示出责任的一体性，另一方面多个责任主体内部则应依照约定或者法定的份额分担，承担责任超过其应承担份额的，有权利向未承担或未完全承担应有份额的责任主体追偿，从而显示出责任的可分性，因而在英美法上称连带责任为“joint and several liability”。如果责任只具有一体性而不具有可分性，只能是共同责任，而不能成立连带责任。

连带责任的连带性是由主体所承担的债务的连带性或违法行为的连带性所决定的。连带债务是连带责任适用的一种主要情形。我国《民法通则》第87条规定，债权人或者债务人一方人数为2人以上的，依照法律的规定或者当事人的约定，享有连带权利的每个债权人，都有权要求债务人履行义务；负有连带义务的每个债务人，都负有清偿全部债务的义务，履行了义务的人，有权要求其他负有连带义务的人偿付它应当承担的份额。可见连带债务本身所具有的连带内容决定了债务人之间应承担的连带责任。共同侵权行为是连带责任适用的另一种主要情形。“因数人共同实施侵权行为加害于他人时，各加害人负连带赔偿责任。”[①] 共同侵权责任的连带性是由共同侵权行为的连带性决定的。共同侵权行为的连带性表现在行为人主观上有共同故意、共同过失以及行为后果客观上的关联性。

---

① 《日本民法典》第719条。

综合以上分析，可以将连带责任的概念表述为：连带责任是指两个以上的民事主体因不履行连带债务或共同实施侵权行为而应共同承担民事责任的方式，其中任一责任主体均有义务应权利主体的请求承担全部的责任，承担责任超过责任主体内部分担份额者有权利向其他责任者追偿。

二、连带责任制度的激励和保护机制

连带责任制度在激励连带债务人相互监督、积极履行债务方面，以及在受害人遭受数人共同侵权而针对各个侵权行为人的过错和行为致害的原因举证困难时，有自己独特的激励和保护机制。

连带债务是连带责任适用的主要情形，在连带债务中，数个债务人均有义务履行全部债务，尽管在连带债务人内部依法或依约定应按份分担债务，但是在全部债务履行完毕之前，全体债务人仍负有义务。当连带债务人中有一人未依法或依约定履行自己的债务份额时，其他债务人都要为此承担违反连带债务的责任，而且每个债务人都有可能应权利主体的请求承担全部未履行债务的责任，无论其自身是否已经依约定或法定履行了自己分担的份额。在连带债务人之间存在着一种“一荣俱荣，一损俱损”的牵连关系，一个债务人往往要为其他债务人的违背诚信、不履行债务的行为承担责任，或者要承担其他债务人无力偿债的风险，所以在连带债务人之间就形成一种相互监督、相互促进的机制，每一个债务人都希望其他债务人能够积极履行债务，改善资信条件，而当有债务人隐瞒资产，逃避债务时，其他债务人就会从自身利益出发检举或揭发这种信息，这种信息的获得在债务人内部往往比债权人容易得多。

共同侵权是连带责任适用的另一种重要情形。在侵权法中，依“责任自负”原则行为人承担侵权责任的范围应与其过错程度和行为造成损害的程度相一致。但是在共同侵权致人损害的情形下，受害人要证明每一个行为人的主观过错，并且比较他们过错程度的大小以及行为对损害的原因力大小有时是非常困难的。比如两个化工厂均向同一条河流排放废水污染了水源，造成下游养鱼专业户鱼苗大量死亡，作为受害人的养鱼专业户要证明和比较两个化工厂的过错程度大小很困难，要证明和比较两者对损害发生的原因力大小更是因缺乏专门知识和获取相关信息的渠道而几乎成为不可能，这时若因受害人对共同侵权行为人的过错程度和原因力大小举证不能，而不支持受害人的赔偿请求是不公平的，毕竟受害人没有任何可归责的理由。这种不公平相对于共同侵权行为人之间承担连带责任，使一行为人承担可能超出自己过错程度和原因力大小的责任的不公平来讲，是更加不合理的，因为毕竟共同侵权行为人均存在归责的理由，而且共同侵权行为人之间可能具有共同的意思联络或共同的行为，从而使他们之间证明和比较过错的大小或原因力的大小相对于受害人来讲更容易，“责任范围难以确定的，推定各共同侵权人承担同等责任。”① 连带责任制度正是通过举证责任的转移来实现保护受害人的目的的。

连带责任制度的激励和保护机制，是建立在主体为他人行为承担责任的基础上的，违反了近代以来建立起来的“责任自负”原则，因此应当将连带责任的适用限制在主体自愿排除“责任自负”原则的适用或者适用该原则将会导致更严重的不公平的情形下。

三、连带责任的适用范围

（一）连带责任的适用条件

连带责任的适用使责任主体对他人行为和过错所造成的损害负责，超出行为人依过错和行为与损害的联系程度所确定的责任范围，所以属于一种加重性或惩罚性责任。确定连带责任适用条件的原则是：责任人具备可归责性而受害人应当得到全面赔偿。依此原则连带责任的适用条件应当是：

1. 责任主体本身的行为具备相应民事责任的一般构成要件。承担连带责任的前提是该责任主体本身的行为具备承担相应民事责

---

① 《最高人民法院关于审理人身损害赔偿案件适用法律若干问题的解释》第5条第1款。

任的一般构成要件，即责任主体的“自己责任”必须是构成的，若主体自身的行为不满足相应民事责任的构成要件，自然也不能使该主体为他人的行为负责。如因共同侵权产生的连带责任，责任主体的行为一定也要具备相应侵权责任的一般构成要件，若侵权行为类型属于一般侵权行为，该类侵权行为需要满足过错要件，则行为人只有在满足了过错要件时才成立侵权责任，作为对其与他人共同侵权致害的惩戒，才可以对其适用连带责任；若行为人不具备过错要件，其自身行为都不能产生侵权责任，更不能为他人的侵权行为负责了，所以连带责任是在自己责任基础上的加重责任。

2. 受害人没有过错。正如法谚所说“没有人应当从自己的过错中获益”，有权利请求责任主体承担连带责任的受害人对于损害的发生一定没有自身的过错，否则它将不应当得到连带责任的特别保护。

3. 数个责任主体的行为之间或利益之间具有牵连性。在共同侵权情形下，各行为人的侵权行为相互结合导致受害人损害的发生，每个人的行为与他人的行为相互作用，引起的损害远远超过单独行为所造成的损害，基于行为之间的牵连关系，各侵权行为人的责任就具有牵连性，理应共同承担全部责任。

连带债务的发生根据有两类：一是约定连带债务，二是法定连带债务。在约定连带债务的情形下，连带债务的发生基于数个债务人共同作为合同的一方当事人与债权人之间的约定，所以数个债务人之间的行为就具有牵连性，如数人共同于某银行签订借款合同，并约定承担连带还款义务。法定连带债务是以债务人各自利益之间的牵连关系为前提的，如共有人之间因共有财产所产生的连带债务，合伙人之间因合伙事业所产生的连带债务。

在特别的情形下，法律为了加强数个行为人之间相互监督的关系，侧重保护被动处于数个行为人的行为的共同影响之下的民事主体的合法利益而直接规定行为人承担连带责任，如证券法为了保护广大投资者的利益规定，证券监督管理机构对已作出的核准证券发行的决定，发现不符合法定条件或者法定程序，已经发行尚未上市的，撤销发行核准决定，由发行人按照发行价并加算银行同期存款利息返还证券持有人；保荐人应当与发行人承担连带责任，发行人的控股股东、实际控制人有过错的，应当与发行人承担连带责任。证券服务机构为证券的发行、上市、交易等证券业务活动制作、出具审计报告、资产评估报告、财务顾问报告、资信评级报告或者法律意见书等文件，具有虚假记载、误导性陈述或者重大遗漏，给他人造成损失的，应当与发行人、上市公司承担连带赔偿责任。在另外的情形下，法律会基于民事主体之间利益的牵连关系而直接规定主体之间的连带责任，如《公司法》规定，公司分立前的债务由分立后的公司承担连带责任；再如《婚姻法》规定，离婚时，原为夫妻共同生活所欠的债务应当由夫妻双方共同偿还。

（二）连带责任的适用范围

一般来讲，连带责任适用于以下几种情形：

1. 共同侵权行为。无论大陆法系，还是英美法系均将共同侵权行为作为连带责任适用的典型情形。《德国民法典》第 830 条规定："数人因共同实施的侵权行为引起损害的，任何一人均对损害负责。不能确定数关系人中何人因其行为引起损害的，适用相同规定。不知共同行为人中何人为加害人时，亦同。"《日本民法典》第 719 条也作了几乎相同的规定，连带责任适用于共同侵权行为和共同危险行为。在美国侵权法中，连带责任适用于以下三种情形：(1) 数人的行为构成原告的不可分割的损害的法律上的原因；(2) 如果数人共同故意侵害他人权利，给他人造成了损害，则无论该损害是否可以分割均适用连带责任；(3) 法定的情形。[①] 我国《民法通则》第 130 条规定，2 人以上共同侵权造成他人损害的，应当承担连带责任。

2. 连带之债。连带之债是指债务人一方人数为 2 人以上，每个债务人，都负有清偿全部债务的义务，履行了义务的人，有权要

---

① ［美］Vincent R. Johnson：Mastering Torts［M］. Carolina Academic Press, 1995, p. 193.

求其他负有连带义务的人偿付它应当承担的份额。连带之债的发生原因包括约定和法定两种。约定连带之债是常态，法律只是在特殊情形下，规定利益上有牵连关系的人之间承担连带债务，如财产共有人对因共有财产所产生的债务，夫妻对因共同生活所产生的债务，合伙人对因合伙事业所产生的债务均为连带债务。

3. 约定连带责任。主体出于某种特殊的利益关系，而主动与债权人约定，当债务人不履行债务时，与债务人连带承担债务不履行的责任，如依保证合同产生的保证人与被保证人之间的连带责任。

4. 法定情形。法定情形包括三类：（1）法律为了加强数个行为人之间相互监督的关系，侧重保护被动处于数个行为人的行为的共同影响之下的民事主体的合法利益而直接规定行为人承担连带责任，如委托授权不明时，代理人与被代理人对第三人承担连带责任；因产品存在缺陷造成人身、他人财产损害的，受害人可以向产品的生产者要求赔偿，也可以向产品的销售者要求赔偿。（2）法律为了加强对他人的行为负有监督职责的人的责任感，督促他们谨慎履行监督职责，规定监督者与被监督者之间承担连带责任。如被监护人实施侵权行为致他人损害时，监护人要承担连带责任。（3）在公平原则的指引下，法律特别规定从他人的行为中获益的人应当对该他人的行为造成的损害与行为人承担连带责任。如雇员在从事雇佣活动中因故意或者重大过失致人损害的，应当与雇主承担连带赔偿责任。

四、连带责任形式

如上所述，连带责任既适用于债的不履行责任，也适用于侵权责任，但是并不意味着所有的债的不履行的责任形式，或者所有的侵权责任形式都能适用于连带责任。连带责任内容所揭示的多个责任主体之间的共同关系和连带关系，要求连带责任只能适用于既可共同承担又具有可分性和可替代承担性的责任形式。

我国《民法通则》第134条规定了十种民事责任形式：停止

侵害；排除妨碍；消除危险；返还财产；恢复原状；修理、重作、更换；赔偿损失；支付违约金；消除影响、恢复名誉；赔礼道歉。其中停止侵害表现为责任主体的不作为，不具有可分性和可替代承担性；赔礼道歉只能由实施了违法行为的人本人来承担，不具有可替代承担性；返还财产适用于责任主体非法占有他人特定的某项财产的情形，若非法占有他人该项财产的人有数个，数人应共同承担返还该项财产的责任，该责任不具有可分性。排除妨碍、消除危险、消除影响、恢复名誉等责任形式旨在消除对权利构成的妨碍、危险，或对权利主体的肖像、名誉等精神性人格利益造成的不良影响。责任主体应该是其行为对他人权利构成妨碍、危险的人，或是其行为给他人的肖像、名誉等造成不良影响的人，若责任主体有数个，则数个责任主体应共同承担，该类责任不可分割也不可替代。由于停止侵害、赔礼道歉、返还财产、排除妨碍、消除危险、消除影响、恢复名誉等责任形式不具备可替代承担性或可分性，所以不适用连带责任。

恢复原状，修理、重作、更换这两类责任形式旨在恢复财产的原状或给权利主体合格的定做物或合格的商品，对责任主体没有特定化要求，具有可替代性，另外由于该两类责任形式均以财产利益为内容，具有可分割性，所以能够适用连带责任形式。

赔偿损失是指行为人因违反合同或侵权行为而给他人造成财产损失，应以其财产赔偿受害人所受的损失。[①] 赔偿损失责任形式表现为责任主体向权利主体交付一定价值的财产，可以分割承担，而且对责任主体没有特定化的要求，具有可替代性，所以是最典型的连带责任的责任形式。

五、连带责任的效力

连带责任的效力或连带责任适用的法律效果体现在两个方面：

---

① 王利明：《民法·侵权行为法》，中国人民大学出版社 1993 年版，第 170～171 页。

一是连带责任所引起的权利人与数个责任主体之间的关系，这方面的关系主要表现为相对于权利主体，连带责任主体之间的牵连性；二是连带责任主体相互间的关系，这方面的关系主要表现为责任主体之间的相对独立性。

（一）连带责任主体与权利主体之间的关系

1. 权利主体得对于责任主体中任何一人或数人或全体，同时或先后请求承担全部或部分责任，权利主体对于任何一个责任主体提出承担全部或部分责任的请求时，被请求的责任主体不得拒绝承担超过自己分担部分的责任。连带责任是一种共同责任，数个责任主体对于全部责任的承担具有一体性，在全部的责任承担完毕之前，任何人不能解除对权利主体承担责任的负担。

2. 权利主体对任一责任主体提起诉讼，不妨碍其对其他责任主体提起同样的诉讼，其他责任主体不得以诉讼系属加以抗辩。连带责任适用的前提是各个责任主体本身的行为已经具备承担相应责任的构成要件，连带责任实际上是多个单独责任在共同目的之下的结合，所以权利主体得对各个责任主体单独提起诉讼，各单独诉讼之间不受一事不再理原则的限制。

3. 数个责任主体中一人或数人承担全部范围的责任后，连带责任的目的得以实现，权利主体不得再向其他责任主体提出承担责任的请求；数个责任主体中一人或数人承担了部分责任后，连带责任的范围也因此减少。连带责任的目的在于使权利主体受损害的权利得到全面的补救，所以权利主体不得超出确定的责任范围提出请求，否则将构成不当得利。

4. 权利主体对数个责任主体中任何一人提起诉讼，对其他责任主体均发生中断时效的效力，对任何一人提出支付利息的请求，全体责任主体将因此而承担支付利息的责任。由于承担连带责任的数个主体的责任具有一体性，责任范围具有一致性，所以权利主体对数个责任主体中任何一人提起诉讼，相当于对其他责任主体也提出了请求，也应发生时效中断的效果；权利主体对任何一责任人提出支付利息的请求，均导致连带责任的范围的增加，全体责任主体均因此扩大了责任范围。

5. 权利主体免除连带责任人中任何一人的责任，其他责任主体对被免除责任的责任人的分担部分不承担连带责任。民事权利是可以放弃的，权利主体也可以听凭意思自治免除侵害人的民事责任。所以权利主体可以免除连带责任人中任何一人的责任，但是不能因此而增加其他责任主体的负担，所以其他责任主体对被免除责任的责任人的分担部分不承担连带责任。[①]

（二）连带责任主体相互间的关系

数个连带责任主体之间的关系基于各个责任主体责任构成要件的单独性，而具有相对独立的属性，具体表现在以下几个方面：

1. 连带责任主体中任何一人向权利主体承担责任的范围超出个人应承担的份额的，得向其他责任主体请求偿还其各自应承担的部分。连带责任本质上是多个单独责任的结合，目的在于全面赔偿权利主体所受的损害，所以各个责任主体的责任构成要件是单独进行判断的，若行为人本人的行为不具备责任构成要件，就不可能有连带责任。根据“自己责任”原则，每一个责任主体所承担责任的范围应当与其过错程度以及行为与权利主体的损害之间的因果联系程度相适应，即每一责任主体的个人责任只占全部责任的一定份额。在连带责任作用下，承担责任超出自己份额的责任主体应该从其他未承担责任、或承担责任不足自己份额的责任主体处得到补偿。另外责任主体之间可能存在责任分担的协议，那么这一分担协议就成为他们相互之间行使追偿请求权的根据。若责任主体之间不存在责任分担协议，也不具备法律上分配责任的根据，各责任主体应平均分担责任。

2. 连带责任主体中一责任人破产或丧失承担责任的能力，不影响其他责任主体对全部的责任承担连带责任。连带责任制度设计的核心价值就在于转移风险，将责任主体不承担责任的风险转移由其他连带责任人共同承担，从而保障受害的权利人得到足够的

① 《法国民法典》第1285条。

赔偿。

3. 数个连带责任主体各自责任的发生时间不一致的，则时效开始的时间也各自不同。数个连带责任主体各自责任依据的法律关系的性质不同，因此所使用的诉讼时效的期间也不同。如连带责任保证的保证人和债务人对主债务的履行承担连带责任，但是保证期间可以由保证人与债权人约定，未约定的，债权人有权自主债务履行期届满之日起 6 个月内要求保证人承担保证责任。而主债权的时效期间一般为主债务履行期届满之日起两年。

六、连带责任制度的改革

近代以来，法律责任个人化已经成为使人承担法律责任的基本原则，也是人类法律文化积累的合理、进步因素。[①] 连带责任作为法律责任个人化原则的例外只能限制在特定情形下适用。近年来美国进行的侵权法改革，出现了修正或废除连带责任规则的趋势。美国 50 个州中，有 46 个州曾经采纳连带责任规则，但是目前有 37 个州已经改革或废除了该规则。[②]

主张改革或废除连带责任规则的理由是：（1）连带责任规则意味着为他人的过错负责，违背了公平原则；（2）连带责任规则导致原告选择“深钱袋”的责任人起诉，无论该责任人是否过错较小或与损害的联系较远。连带责任适用的效果是将诉讼转化为寻找经济上有责任能力的被告而不是追究相关责任人的责任。

但是主张保留连带责任规则的也大有人在，他们的理由是：（1）受害人应该得到足够的赔偿来恢复其原有的生活状态，不能仅仅因为责任人有多个而不能得到全面赔偿。使违法行为人承担超出自己份额的责任所导致的不公平与使无辜的受害人蒙受不应有的损害相比是不应该优先考虑的。（2）连带责任适用的要件是连带

① 孙国华：《法理学教程》，中国人民大学出版社 1994 年版，第 511 页。

② Joint and Several Liability Reform States. [R] NAMIC® ONLINE.

责任人中的任何一人的行为对于受害人全部损害的发生均构成法律上的因果联系，任何一人均满足承担全部损害责任的构成要件，所以任何一人本应对受害人全部损害承担责任。（3）责任人之间对于证明责任分担的事实因素比受害人将更容易。从本质上来讲，连带责任的适用与否体现的是立法者不同的价值取向，适用连带责任将更有利于保护受害人，而废除连带责任意味着对个人责任原则的贯彻。

我国现行民商法中存在着大量的连带责任规范，涉及代理制度、监护制度、财产共有制度、侵权责任制度、公司法、票据法、担保法、证券法等领域，自2004年5月1日起施行的《最高人民法院关于审理人身损害赔偿案件适用法律若干问题的解释》第三条对于共同侵权行为的构成放宽了对共同过错的要求，规定即使没有共同故意、共同过失，但其侵害行为直接结合发生同一损害后果的，也构成共同侵权，承担连带责任。该解释第四条进一步明确规定共同危险行为人之间承担连带责任。可见我国现行法对于连带责任基本采取的是扩大其适用范围的态度，也体现了现阶段我国立法重视对受害人利益保护的价值取向。但是我们也不应忽视对连带责任主体合法利益的维护，应该在对连带责任的基本价值进行探讨的基础上，由立法进一步明确连带责任的适用条件、适用范围和适用的责任形式，防止司法实践中对连带责任的滥用。

第五节　第三人缔约过失责任探讨

2002年1月1日正式生效的《德国债法现代化法典》以实证法的形式确认了长期以来由判例支持的缔约过失责任制度，① 这本

① 《德国债法现代化法典》第311条第2款规定前合同阶段缔约双方应承担保护义务，第3款规定该义务适用于非缔约当事人的第三人，第282条规定违反该保护义务时，债权人在无法期待债务人再为该履行时，可要求损害赔偿以代替履行。

不是创举，因为事实上自德国学者耶林于1861年在其论文《缔约上过失，契约无效与不成立时之损害赔偿》中首次系统阐述了缔约过失责任理论之后，受该理论影响，希腊、意大利民法典包括我国《民法通则》以及《合同法》等都早已明确规定在缔约阶段一方违反诚实信用原则使合同不成立或无效时应负损害赔偿责任，但是《德国新债法》关于第三人缔约过失责任的规定对传统缔约过失责任的发展却是引人注目的。该法第311条第3款规定："本法第241条第2款所规定的负有义务的债的关系亦可针对非合同当事人存在。特殊范围内的第三人享有别人对其的信赖并因此严重影响合同磋商或缔结的，尤其存在此种债的关系。"该法241第2款规定："依据其内容，债之关系可以使得合同任何一方负有对另外一方照顾其权利、法益及其利益的义务。"该款规定的照顾或保护义务常常伴随着有效的合同关系，也存在于合同磋商或准备阶段从而成为缔约过失责任的基础。传统缔约过失责任要求潜在的合同当事人在缔约阶段依诚实信用原则相互承担此种义务，若第三人介入了他人之间的缔约过程，并以自己的行为取得当事人信赖，那么第三人也应遵循诚实信用原则对欲缔约的双方当事人承担保护义务，该义务就成为第三人缔约过失责任产生的前提。

同传统缔约过失责任一样，第三人缔约过失责任也是由判例发展而来，传统的缔约过失责任理论已相当完善，但是对第三人缔约过失责任却未必完全适用。本文试图探究支持第三人缔约过失责任从个别判例走向一般性规范的原理，希望对我国借鉴此项制度有一定的意义。

一、第三人缔约过失责任以诚信原则为基础

合同具有相对性，因此合同之债的成立一般无须采用法定的公示方式进行公示，但是无须公示不等于合同是秘密的、封闭的，有些情况下当事人自愿将合同公之于众，如当事人可能邀请或允许媒体报道某些重要的贸易或合作关系的建立，有些情况下即使当事人没有将合同公之于众的意思，或希望对合同关系保密，但"没有

不透风的墙”，第三人总会有机可乘破坏合同关系。为了保护债权人的利益，合同制度已突破了相对性理论，确认了债权人的代位权和撤销权，合同法理论甚至支持第三人侵害债权的责任。

与合同相对性并不绝对的道理相似，缔约关系尽管存在于相对的、进行缔约的双方当事人之间，但不是秘密的、封闭的。现代市场经济追求交易的公开和公平，许多交易过程都在公开市场进行，参与缔约活动的人员会很多，如双方的代理人，辅助谈判的律师、会计师等专业人员，政府主管机构等。这些参与缔约的第三人可能为了各种目的影响缔约关系，如代理人或辅助谈判的专业人员在缔约过程中凭个人信誉或以其职业所代表的权威性或公正性，使缔约当事人一方产生对将来订立合同的合理信赖而促成合同缔结；政府主管机构利用其行为在公众心目中的权威性，使一方对另一方资质产生信赖而缔约或对另一方资质产生怀疑而终止缔约，或利用职权干预缔约，依法应批准的不予批准、应登记的不予登记；其他第三人也可能利用参与缔约的机会，侵害当事人的合法利益。缔约过程中有了第三人的参与就会形成三面的缔约关系。双方当事人之间因为缔约行为而相互承担前合同阶段的保护义务，在第三人与双方当事人之间，因第三人参与缔约的身份使其享有缔约当事人赋予的信赖，从而第三人与一般人相比有更多的可能接触缔约当事人的相关信息和利益，所以第三人不能滥用当事人的信赖，也应依诚实信用原则负担对双方当事人相关信息和利益的保护义务，此义务应重于一般人的注意义务。

二、第三人承担缔约过失责任是合同自愿原则的逻辑要求

依合同自愿原则，是否缔结合同，与谁缔结合同，合同的内容以及合同所采用的形式等问题一概依合同双方当事人的自由意志来决定。我国《合同法》第四条确立了合同自愿原则：“当事人依法享有自愿订立合同的权利，任何单位和个人不得非法干预。”

法律规范完整的逻辑构成包括三个部分：假定、处理和制裁。其中假定把规范同社会生活联系起来，指出适用该规范的情况；处

理对主体的权利义务作出安排，指明在假定的情况下主体可以、应当或禁止如何行为；制裁指对违反处理部分权利义务安排的行为人将采取一定的国家强制措施。[①] 依法律规范完整的逻辑构成来表述合同自愿原则应当是：合同关系依双方当事人的自由意志而成立，一方不得将自己的意志强加给另一方，第三人也不得非法干预，否则将承担法律责任。

我国《合同法》明确规定了违反自愿原则订立合同时，双方当事人应承担的法律后果，如第 52 条第 1 项规定，一方以欺诈、胁迫手段订立合同，损害国家利益的合同无效；第 54 条规定，因重大误解订立的合同，一方以欺诈、胁迫的手段或者乘人之危，使对方在违背真实意思的情况下订立的合同，受损害方有权请求人民法院或者仲裁机构变更或撤销；第 58 条规定，合同无效或被撤销后，有过错的一方应赔偿另一方损失，双方都有过错的，各自承担相应的责任。但是对于第三人违反合同自愿原则，非法干预当事人对交易进行独立而合理的预期时，或者对合同的订立、生效或履行应负协助义务的第三人[②]拒不履行该义务，从而严重影响当事人对是否缔约的判断，影响合同的订立或生效时所应承担的法律后果却未加以规定，因此我国合同法关于合同自愿原则的规范是不完整的，我们应当借鉴德国法上的第三人缔约过失责任制度，明确第三人非法干预缔约关系给当事人造成损失时，应承担赔偿责任，以补充、完善和贯彻合同自愿原则。

三、第三人缔约过失责任具有特殊的构成要件

缔约关系主要存在于缔约双方当事人之间，只有当第三人以自

---

① 孙国华：《法理学教程》，中国人民大学出版社 1994 年版，第 355 页。

② 对于某些特殊种类的合同，法律规定必须经政府主管部门批准才能生效，这时政府主管部门就应依诚信原则和社会公正原则的要求履行该义务，以协助当事人之间的合同生效，这种义务也属于第三人的协助义务。

己的行为取得当事人的信赖，从而得以深入地介入当事人之间的缔约关系时，其对双方当事人的合法利益才依诚实信用原则承担保护义务。因此第三人承担缔约过失责任应符合一定的要件，该要件与传统缔约过失责任构成要件有所不同。

传统缔约过失责任的构成需要符合四项要件：（1）前合同阶段债务关系的存在；（2）一方违反该关系中的保护义务；（3）另一方因此蒙受信赖利益的损失；（4）违反义务一方具有过错。第三人缔约过失责任的构成在是否存在前合同债务关系的判断方面标准不同，除此之外，第三人违反前合同债务的结果可能导致当事人一方，也可能导致双方信赖利益损失。现分析第三人缔约过失责任的构成要件如下：

（一）第三人以自己的行为获得缔约当事人的信赖

在缔约过程中，并非任意的第三人都可能承担缔约过失责任，在缔约中以自己的行为获得当事人的信赖，是第三人对缔约当事人负担前合同阶段保护义务的前提条件。该条件包括两方面含义：

1. 第三人以自己的名义、通过自己的行为、为自己获得当事人的信赖，因此第三人须为自己的行为负责，对当事人负担保护义务。若他人的行为使当事人对第三人产生信赖，不产生第三人的保护义务；若第三人以他人的名义实施某种行为，只能为他人获得信赖，而不能为自己获得，因此也不能产生第三人的保护义务。这里第三人的行为可能是某种专业行为如律师出具法律意见书，或某种职权行为如政府主管部门的登记，由于专业行为代表专业权威、职权行为代表社会公正性，所以会使当事人对此类行为产生合理的信赖。另外第三人也可能作为一方当事人的代理人，通过以自己的名义向另一方当事人对交易的可靠和履行作出一种非严格担保意义上的保证，使当事人产生合理信赖。

2. 当事人对第三人的信赖是合理的而非轻信。合理的信赖是指第三人实施的行为形式上具有的专业性、权威性或其他形式的可靠性，使当事人有理由对第三人产生信赖，从而将自己的权利或利益置于第三人侵害的危险之下，或影响当事人作出是否缔结合同的判断。由于这种信赖是合理的，法律才保护这种信赖关系并使第三人对当事人的可能受其侵害的合法权利或利益承担保护义务。

（二）第三人违反了上述保护义务

如上所述，第三人通过自己的行为使缔约当事人对其产生合理信赖，从而与当事人形成一种信赖关系，在此关系中第三人应承担对当事人合法利益的保护义务，若违反该义务就应承担缔约过失责任。如律师、会计师等专业人员违背职业道德在招股说明书中作虚假陈述，损害广大投资者利益；政府相关部门违背社会公正提供虚假登记文件，或滥用对特殊种类合同的审批职权，促使当事人缔结合同或阻挠一方与另一方订立合同，损害当事人的合法利益；参与缔约的具有特殊身份的第三人，如代理人、翻译人员等利用其在缔约中获得的当事人的商业秘密进行不正当竞争，损害当事人合法利益等，第三人实施此类行为，滥用了当事人对其的信赖，破坏了合法的信赖关系，对因此给当事人造成的损失应承担责任。

（三）缔约当事人一方或双方的合法利益蒙受损害

依德国判例，第三人缔约过失责任包括三种情况：代理人和磋商辅助人责任、管理人责任以及招股说明书责任。[①] 在这三种情况下，第三人实施了某种使当事人对其产生信赖的行为，从而影响了当事人对将来订立的合同的预期，进而影响当事人对是否缔约的判断。若上述第三人的行为违背诚实信用原则，那么当事人对其的信赖就产生了错误，建立在错误的信赖基础上所作的是否缔约的判断也可能是错误的，若因此导致已订立的合同不能生效、不能得到履行或应该订立的合同却未能订立，那么当事人为订立合同进行谈判所付出的代价或受到的损失就相当于传统缔约过失责任中信赖利益

① 丁勇：《论德国法中的第三人缔约过失责任》，载《法律科学》2004年第3期，第117页。

的损失，对于这部分损失，第三人就应予以赔偿。① 与传统缔约过失责任一样，第三人缔约过失责任的赔偿范围也应以信赖利益为限，不包括履行利益。除上述三种情况外，第三人若利用其参与缔约的特殊身份和机会，违背诚实信用原则侵害当事人的合法利益，就应对当事人因此受到的全部损害承担责任。

（四）第三人具有主观过错

第三人缔约过失责任是过错责任，只有当第三人已知或应知自己违反保护义务的行为会给当事人造成损害时，第三人才对该损害承担责任。若第三人没有预见到也不应预见到自己的行为会使当事人产生错误的信赖，或会给当事人造成不应有的损害，那么当事人对第三人的信赖就是不合理的，让第三人承担责任也是不公平的。但是为了保护当事人在缔约中的合法利益，使第三人自觉地履行其诚实信用义务，第三人缔约过失责任也应该与传统缔约过失责任相同采过错推定原则，即只要第三人违反了对缔约当事人的保护义务，就推定其主观上有过错，除非他能证明相反的事实。

四、第三人缔约过失责任的补充性和独立性

第三人承担缔约过失责任以第三人在缔约中对当事人负担通知、协助、保密等保护义务为前提，若第三人不履行其义务，当事人可以请求法院强制其履行该义务，若因其不履行该义务给当事人造成损失时就应承担赔偿责任。

如上所述，第三人承担缔约过失责任必须符合四项要件，但是不等于说第三人的行为只要满足了该四项要件就必然导致第三人缔约过失责任的发生，因为第三人缔约过失责任具有补充性。如因一方错误信赖第三人对对方当事人品质所作的保证，而与另一方缔结合同，若另一方违约，给该方当事人造成损失，那么受损失一方可

① 所谓信赖利益，是指合同当事人因信赖对方的允诺而支付的代价或费用，在这里指当事人因对第三人的信赖而对交易的可靠性产生信赖，从而为缔约支付的代价或费用。

以要求另一方承担违约责任而得到补救，第三人就可以免予承担缔约过失责任；若一方错误信赖第三人对对方当事人的可靠性所作的保证，而与另一方当事人接触、谈判或为合同的订立和履行作准备，若因另一方品质的原因导致合同不能订立或不能生效，那么另一方应承担缔约过失责任，以补救受损害方，第三人可免予承担责任。在这里第三人缔约过失责任作为当事人违约责任或缔约过失责任的补充性责任而存在，当受损害的一方当事人不能通过违约责任或缔约过失责任从对方获得补救时发生，对缔约过程中当事人合法利益的保护起到重要的补充作用。

第三人缔约过失责任也具有一定的独立性，如第三人滥用在缔约中当事人对其产生的信赖，独立实施侵害当事人一方或双方的合法利益的行为时，就应独立承担责任，而与当事人应承担的违约责任或缔约过失责任无关。

五、结语

第三人缔约过失责任以诚实信用原则和合同自愿原则作为其法理基础；与传统缔约过失责任相同的是其构成均须前合同债务关系存在、违反变化保护义务、信赖利益损害以及过错等四项要件，但是在判断前合同债务关系存在方面以及信赖利益的损害方面却有不同。第三人缔约过失责任既具有独立性，也是违约责任以及传统的缔约过失责任的重要补充，对更好地维护交易秩序、保护缔约当事人的合法利益以及贯彻合同自愿原则具有重要的实践意义，值得我们借鉴。

第六节 我国《侵权责任法》中的高度危险责任

我国《侵权责任法》第九章专章规定了高度危险责任，从对高度危险责任的体系定位到规则的内容均与近年来学者们理论上关于危险责任探讨的主要观点不同，侵权责任法关于高度危险责任规定的合理性在哪里，有无不足之处？本节将以比较分析及系统研究的方法对《侵权责任法》中的高度危险责任进行评议，评议角度涉及高度危险责任的概念、体系定位、制度构成及其与现行相关规则的关系，希望对正确理解和适用该项制度有所裨益。

一、高度危险责任、危险责任及超常危险活动致害责任概念比较

在《民法通则》中高度危险责任只涉及第123条一个条款，也未直接使用高度危险责任这一概念，《侵权责任法》第九章专章规定高度危险责任，明确使用了高度危险责任的概念。自《民法通则》以来，在我国侵权责任体系中，高度危险责任都是典型的无过错责任，归责的根本依据在于责任人开启或持续了某种危险，导致他人的合法利益受到损害，即危险归责而非过错归责，从这个角度讲，使用危险责任这一概念似乎更能够准确地揭示危险归责的含义，恰好与过错责任概念揭示过错归责的含义相对应。

危险责任的概念来源于德国法，在德国法上，危险责任是指企业经营活动，具有特殊危险性的装置、物品、设备的所有人或持有人，在一定条件下，不问其有无过失，对于因企业经营活动、物品、设备本身所具风险所引发的损害，承担侵权责任。[①]《德国民法典》第823条第1款确立了侵权责任的过错归责原则，[②] 过错责任的主要例外是该法典第833条第1款的规定[③]，即如果不是为了维持生计而饲养动物，对动物引起的损害须负赔偿责任。德国侵权

① 朱岩：《风险社会下的危险责任地位及其立法模式》，载《法学杂志》2009年第3期。

② 《德国民法典》第823条第1款规定，故意或过失侵害他人民事权利的人对由此引起的损害负赔偿义务。

③ 《德国民法典》第833条第1款规定，因动物致人死亡或致人的身体或健康受到伤害或致物毁损的，占有动物的人有义务向受害人赔偿由此而发生的损害。该条第2款规定，损害由用于维持动物占有人的职业、就业或扶养的家畜引起，并且动物占有人在对动物进行监督时尽交易中必要之注意，或损害即使在尽此种注意时仍会发生的，不发生赔偿的义务。

法规定的危险责任主要是立法机关通过颁布特别法如《道路交通法》、《航空法》、《责任法》、《原子能法》、《水法》、《环境责任法》、《基因技术法》、《药品法》、《产品责任法》等发展起来的。[①]德国侵权法规定的危险责任概念的外延相当于我国侵权法上的无过错责任，只是无过错责任概念着眼于过错要件对于该类侵权责任构成的不必要性，而危险责任概念则着眼于危险因素对于该类侵权责任构成的基础意义。

在我国侵权责任体系中高度危险责任仅为无过错责任的一种，产品责任、机动车交通事故责任、环境污染责任、饲养动物致害责任等均为独立的无过错责任类型，所以我国的高度危险责任概念在外延上与德国法上的危险责任不同。尽管危险责任概念更能准确揭示危险归责的含义，但是若我国侵权法引进危险责任概念替换高度危险责任，则会引起外延上与德国法上危险责任的混淆，另外，引进危险责任概念代替我国学者习惯使用的无过错责任概念，涵盖所有的无过错责任类型，也是没有必要的。因为尽管在产品责任、机动车交通事故责任、环境污染责任、饲养动物致害责任中，产品缺陷、机动车运行、环境污染和饲养动物均具有一定程度的危险性，但是这类危险在有些情况下可以通过尽高度注意减少或避免发生；损害通常由行为人过错导致，有些已属于通常活动，一般人均具备预见并避免受该类危险活动侵害的能力，致害行为人通常会因受害人未尽注意义务而减轻责任或免除责任，所以危险归责的因素并不十分明显，而无过错责任概念正好可以表达这类责任的构成不以过错为要件的含义。

在英美法上与我国的高度危险活动概念相近的是超常危险活动，超常危险活动致害责任是英美法上严格责任的一种，而严格责

① 周友军：《交往安全义务理论研究》，中国人民大学出版社 2008 年版，第 69 ~ 70 页。

任对应于我国的无过错责任。[①] 英美法上的严格责任规则及理论是通过判例以及对判例的解释建立起来的。英国侵权法上严格责任仅适用于“非自然使用”导致损害发生等有限的情况，美国侵权法则将英国侵权法上的“非自然利用”演变为“超常危险活动”。[②] 超常危险活动致害责任与工伤赔偿、雇主责任、动物致害责任和产品责任是美国侵权法上严格责任适用的主要领域。[③] 美国侵权法上的超常危险活动致害责任与我国侵权法上的高度危险责任内涵很相近，但是两个概念在外延上则是有区别的。美国《第二次侵权法重述》第519条规定了超常危险活动致害责任的一般条款，第520条规定了判断某种活动是否具有超常危险应考虑的六种因素[④]，从而使个案的法官有权依据第520条规定的六种因素解释个案中的具体行为是否具有超常危险。依我国《侵权责任法》规定，无过错责任仅在法律规定的情况下适用，高度危险责任作为无过错责任仅适用于法律明文规定的高度危险活动，个案的法官没有权利在法定情形之外解释某种活动为高度危险活动。

---

① 王军：《侵权法上严格责任的原理和实践》，法律出版社2006年版，第4页。

② 王军：《侵权法上严格责任的原理和实践》，法律出版社2006年版，第43~50页。

③ Vincent R. Johnson., Mastering Torts, Carolina Academic Press, 1995, p. 162.

④ 美国《第二次侵权法重述》第519条：（1）从事某种超常危险活动的人，对于该活动所导致的另一人的人身、土地和动产的损害承担责任，尽管他已经为防止该损害的发生付诸了最大限度的谨慎。（2）这种严格责任仅限于这样一种损害，其发生的可能性使该活动具有超常的危险。第520条：在决定某种活动是否具有超常的危险时，应考虑以下因素：（a）对他人人身、土地和动产造成损害的高度风险的存在；（b）由该活动造成的损害极有可能发生；（c）没有能力通过付诸合理的谨慎消除该风险；（d）该活动在多大程度上不属于通常的习惯；（e）从事该活动的地点的不适当性；（f）该活动对社会的价值被其危险性超过的程度。

二、《侵权责任法》对高度危险责任的体系定位

《侵权责任法》第6条第1款、第2款以及第7条分别规定过错责任、过错推定责任以及无过错责任的一般构成要件，构建起以归责原则为基础的责任体系。以意志自由作为哲学基础，近代以来的侵权责任法确立了过错责任和自己责任的普遍原则，我国民法理论上也将过错责任称为一般侵权责任，而过错推定责任和无过错责任均被列为特殊侵权责任。过错推定责任，对过错要件采用举证责任倒置的证明方式，意在加重行为人的注意义务；而无过错责任则不以过错为责任要件，意在将损害分配给行为人承担，总之特殊侵权责任具有加重行为人责任负担的效果，因此《侵权责任法》规定过错推定责任和无过错责任仅在法律规定的情形下适用。在我国《侵权责任法》中，过错推定责任适用于物件损害责任（《侵权责任法》第十一章）、医疗损害责任的法定情形（《侵权责任法》第58条）、安全保障责任（《侵权责任法》第37条）、监护责任（《侵权责任法》第32条）①、教育机构对无行为能力人的人身损害责任（《侵权责任法》第38条），无过错责任适用于产品责任，机动车与非机动车驾驶人、行人之间的交通事故责任（《侵权责任法》第48条，《道路交通安全法》第76条），环境污染责任（《侵

① 有观点认为，监护人责任是无过错责任，参见魏振瀛主编：《民法》（第三版），北京大学出版社、高等教育出版社2007年版，第726页。笔者认为监护人责任应是过错推定责任。监护人责任是自己责任原则的例外，监护人承担转承责任的依据在于其对被监护人承担的监护义务，只有当监护人违反监护义务的情形下，监护责任才发生。与动物管理人的管理义务不同，监护义务不是绝对的，被监护人具有独立的人格，其一定程度的行为自由是法律和社会所允许的，尤其对限制行为能力人来讲。既然监护义务不是绝对的，监护责任也不能是绝对的，只有当监护人违反其应有的监护职责时始发生。被监护人致人损害，推定监护人监护不周，具有过错，因此由监护人承担责任。若监护人能够证明其尽了监护职责，则减轻其侵权责任。监护人没有过错，却不能完全免责的依据是民法的公平原则，而不是无过错责任。

权责任法》第八章)，高度危险责任(《侵权责任法》第九章)、饲养动物损害责任(《侵权责任法》第十章)。

如上所述，我国《侵权责任法》中的特殊侵权责任具有加重行为人责任负担的效果，因而属于英美法上广义的严格责任。[①] 严格责任归责的依据不在于过错，而在于行为人开启或控制着某种可能给他人造成损害的危险源。尽管过错推定责任本质上是过错责任，但该责任适用的效果是行为人可能在没有过错的情况下承担责任，仅因为他开启或控制着危险源，如管理物件、监护无行为能力人或限制行为能力人、组织公共活动等。高度危险责任是危险归责的典型，也是现代侵权责任的典型。

在高度危险责任适用的情形中，行为人开启或控制着高度危险源，之所以称为高度危险，一方面是因为该类危险一旦实现造成的损害是无可估量的，另一方面也是因为无论行为人如何注意，也不能绝对避免危险的发生。既然无论行为人如何注意，都不能绝对避免危险的发生，那么就排除了过错归责原则的适用，否则就会使无辜的受害人承担行为人基于自身利益所开启的危险。在高度危险责任中，危险的发生可能会因为不可抗力、第三人的行为或受害人自身过失行为引起，但是当危险达到如此高度时，不可抗力、第三人的行为或受害人自身过失均不能截断危险与损害之间的因果联系，行为人也不能因此免责。与过错责任和其他无过错责任不同，高度危险责任不仅不以过错为要件，而且不以行为具有违法性为要件，相反在现代社会中许多高度危险作业已经成为社会发展和人民生活所必需的活动，因而得到国家和社会的支持，高度危险责任的构成仅以危险的发生及其与损害之间的因果联系为要件。

如果说近代侵权法是过错责任一统天下的话，那么现代侵权法则呈现出严格责任与过错责任分庭抗礼的局面，因此在现代侵权法中严格责任实际上已经不再属于少数的、特殊的侵权责任。现代侵

---

① 王军:《侵权法上严格责任的原理和实践》，法律出版社 2006 年版，第 12 页。

权法中严格责任盛行的基础在于侵权法理念的重要转变，即侵权法的宗旨从惩戒威慑为主，损害补救为辅向损害补救为主，惩戒威慑为辅的转变。在现代社会，科技的迅猛发展，新材料、新技术、新设备的广泛采用和快速更新，在给人们的生活带来更多方便实惠的同时，也带来了许多确定的或不确定的危险，仅仅依靠他人遵章守法、谨慎从事已不能完全排除社会生活的风险，而且越是高科技、高危险的行业，给经营者带来的利润越大，因此确立由高度危险行业的经营者为危险引起的损害埋单是公平的，即使他们并不存在过错，并未违法违章。现代保险制度的发展也助长了严格责任的盛行，尤其在高度危险责任领域，各国往往对高度危险作业的经营者规定购买第三者责任险的强行法义务，以确保危险发生时能够及时、有效地履行损害赔偿责任。现代社会以人为本理念的加强为严格责任提供了强有力的道德支持，因为无论损害是否由行为人的过错引起，都会给受害人的人身或财产利益带来不利影响，如果损害得不到填补，对受害人是不公平的。因此，在高度危险责任领域，一方面为了扶植某些公益行业，存在强行法规定的责任限额，另一方面为了能使损害得到合理补救，现代国家往往要承担一定的财政补偿。

三、《侵权责任法》中的高度危险责任规则简述

《侵权责任法》专设第九章规定高度危险责任，包括第 69 条至第 77 条共九条，采用先总后分、先一般后具体的体系结构。《侵权责任法》第 69 条规定高度危险责任的一般条款，自第 70 条至第 75 条规定两类四种高度危险责任，两类即高度危险作业致害责任和高度危险物致害责任，四种即核事故致害责任，民用航空器致害责任，从事高空、高压、地下挖掘活动或使用高速轨道运输工具致害责任和占有或者使用高度危险物致害责任。

《侵权责任法》第 69 条是高度危险责任的一般条款，规定高度危险责任的三项法律要件事实：从事高度危险作业，他人遭受损害，该损害与高度危险作业具有因果联系。依第 69 条规定，导致

责任发生的高度危险作业不仅不必具有违反法律禁止性规定、违反操作规程等方面的违法性，而且还可能是为社会许可、有益于社会的行为，所以不能采结果不法说，即不能依损害后果认定行为的不法性，而是应如德国学者论证危险责任那样，将“开启和持续危险源”本身作为高度危险责任的责任根据，而不是行为具有违法性。[①] 但是如果说高度危险责任是合法行为产生的责任，又与法律责任是违法者对自己实施的违法行为必须承担的责任[②]这一传统法理相冲突，因此又有学者论证以受益事实和致损事实作为独立的责任根据的合理性，认为行为不法性只是法律责任发生的一种根据，而不是唯一根据。[③]

《侵权责任法》第70条是关于核事故致害责任的规定，责任主体为该核设施的经营者，免责事由包括两种：损害是由战争等造成的或损害是由受害人故意造成的，经营者对上述免责事由承担举证责任。关于核设施致害责任的免责事由，当初梁慧星教授和王利明教授的两部侵权行为编草案建议稿中均仅规定受害人故意，《侵权责任法》增列战争等为免责事由，这里的“等”不能理解为“其他不可抗力”，仅能理解为与战争具有同一性质的事由，如敌对行为、军事行动、武装冲突等，因为该法第72、73条中明文规定不可抗力作为免责事由，根据体系解释的规则，本条若有意将其他不可抗力事由作为免责事由也应该明文规定，而不用“战争等”来表述。《侵权责任法》增列战争为免责事由意在减轻核设施经营者的风险负担，因为核设施在战争中是敌方攻击的主要目标，发生核事故的风险巨大，且战争等敌对行为属于国家行为，所以应由交

① 周友军：《交往安全义务理论研究》，中国人民大学出版社2008年版，第70页。

② 孙国华：《法理学教程》，中国人民大学出版社1994年版，第509页。

③ 胡雪梅：《“过错”的死亡——中英侵权法宏观比较研究及思考》，中国政法大学出版社2004年版，第263～287页。

战国国家承担风险，而不是由经营者承担风险。但是自然灾害等其他不可抗力却不能成为这类责任的免责事由，因为核设施经营、核燃料、核废料及其他核物质所具有的放射性、放射性并合剧毒性、爆炸性等高度危险性，已经超出了不可抗力给人们带来的风险，即使核事故由其他不可抗力引发，或其他不可抗力导致了损害的扩大，也不能否认核设施的高度危险性与损害之间的因果联系。

《侵权责任法》第71条是关于民用航空器致害责任的规定，责任主体为民用航空器的经营者，免责事由为受害人故意，经营者对免责事由承担举证责任。本条规定的责任范围应当与我国《民用航空法》第十二章规定的“对地面第三人损害的责任”范围相同，即仅适用于因飞行中的民用航空器或者从飞行中的民用航空器上落下的人或者物，造成地面（包括水面）上的人身伤亡或者财产损害时，民用航空器经营人承担的责任，不同于我国《民用航空法》第九章“公共航空运输”中规定的承运人责任，如该法第172条规定，对地面第三人损害的责任不适用于下列损害：（一）对飞行中的民用航空器或者对该航空器上的人或者物造成的损害；（二）为受害人同经营人或者同发生损害时对民用航空器有使用权的人订立的合同所约束，或者为适用两方之间的劳动合同的法律有关职工赔偿的规定所约束的损害；（三）核损害。另外，依我国《民用航空法》第160、161条规定，对地面损害的责任的免责事由包括两种，即武装冲突或者骚乱以及受害人过错，而《侵权责任法》第71条仅规定受害人故意为唯一的免责事由，加重了经营者的风险负担，扩大了对受害人的保护。

《侵权责任法》第72、74和75条是占有或者使用高度危险物致害责任的规定，其中第72条是占有或者使用高度危险物致害责任的一般条款，第74条是关于遗失、抛弃高度危险物致害责任的特殊规定，第75条是非法占有高度危险物致害责任的特殊规定。占有或者使用高度危险物致害责任的责任主体为占有人或使用人，包括非法占有人以及管理人。遗失、抛弃高度危险物致害，责任主体为所有人，所有人将高度危险物交由他人管理的，管理人为遗失、抛弃高度危险物致害的责任主体，所有人有过错的，与管理人承担连带责任。非法占有高度危险物致害的责任主体为非法占有人，所有人、管理人未对防止非法占有尽到高度注意义务的，与非法占有人承担连带责任。依《侵权责任法》第72条规定，占有或者使用高度危险物致害责任的免责事由有两种，即受害人故意和不可抗力，受害人重大过失则是减轻责任的事由。由于人们对于易燃、易爆、剧毒、放射性等高度危险物及其危险程度通常有一定的认识，而且易燃、易爆、剧毒、放射性等高度危险物所引发的危险通常也可以通过尽一定的注意义务避免其实现，所以受害人重大过失会成为减轻责任的事由。另外，占有或者使用易燃、易爆、剧毒、放射性等高度危险物与经营核设施相比，危险程度相对较低，如果危险的实现是由不可抗力引发，那么危险与损害之间的因果联系可以因为不可抗力的介入而截断，从而使危险物的占有、使用人免责。

《侵权责任法》第73条是关于从事高空、高压、地下挖掘活动或使用高速轨道运输工具致害责任的规定，责任主体为这些高度危险作业的经营者，免责事由为受害人故意和不可抗力两种，受害人过失是减轻责任的事由。从事高空、高压、地下挖掘活动或使用高速轨道运输工具，即使经营者尽到了高度注意义务，危险也可能因为意想不到的因素引发，所以既然经营者以此类作业营利，就应承担其风险，不能因为自身无过错而让无辜的他人承担损害。

《侵权责任法》第76条规定，未经许可进入高度危险活动区域或者高度危险物存放区域受到损害，管理人已经采取安全措施并尽到警示义务的，可以减轻或者不承担责任。本条实际上是关于推定受害人过错的法定情形的规定。管理人已经采取安全措施并尽到警示义务，受害人还未经许可进入高度危险活动区域或者高度危险物存放区域，在此情形下可以合理地推定受害人自身具有过错，从而减轻或者免除致害人责任。

《侵权责任法》第77条是关于高度危险赔偿责任限制的一般规定，高度危险责任是无过错责任，而且许多高度危险作业是社会发展所必需的，所以应当适当限制高度危险责任损害赔偿数额，以减轻经营者的风险负担。依据第 77 条规定，承担高度危险责任，法律规定赔偿限额的，依照其规定，而目前在法律层面上，我国还没有关于高度危险责任赔偿限额的规定，仅在国务院颁布的规范性文件中存在核事故损害赔偿限额的规定，该项规定能否作为确定核事故损害赔偿限额的依据，尚需司法解释予以明确。

总体来讲，我国《侵权责任法》第九章关于高度危险责任规则的设计是合理的，其不足之处主要有以下几个方面：（1）经营民用核设施致害责任的免责事由“战争等”这一规定不明确，人们对于“等”情形的理解会发生歧义。（2）关于民用航空器致害责任的规定虽然简洁，但是该责任适用的范围规定得不明确。（3）《侵权责任法》第 72、74 和 75 条都是关于占有或者使用高度危险物致害责任的规定，三个条款应紧密相连，中间插入从事高空、高压、地下挖掘活动或使用高速轨道运输工具致害责任的条款结构安排上是不合理的。

四、《侵权责任法》中的高度危险责任对现行规则的继受和变革

我国关于高度危险责任的现行规则，除了《民法通则》第 123 条作为一般条款外，还有《放射性污染防治法》、《民用航空法》等特别法，国务院颁布的《危险化学品安全管理条例》、《国务院关于核事故损害赔偿责任问题的批复（国函〔2007〕64 号)》，最高人民法院《关于审理触电人身损害赔偿案件若干问题的解释》等多种规范性文件中都有高度危险责任的特别规则，《侵权责任法》中的高度危险责任规则对现行规则既有继受，也有变革。

关于核事故致害责任，我国《放射性污染防治法》第 59 条规定因放射性污染造成他人损害的，依法承担民事责任。《国务院关于核事故损害赔偿责任问题的批复》中则对核事故损害赔偿责任作了较为具体的规定。该批复规定核电站或核设施的营运者为核事故损害赔偿的责任主体，武装冲突、敌对行动、战争或者暴乱为免责事由，核事故损害由自然人的故意作为或者不作为造成时，核设

施营运者并不因此免责，但营运者对该自然人享有追索权。该批复还规定核设施经营者于营运前应购买足额责任保险，核电站的营运者和乏燃料贮存、运输、后处理的营运者，对一次核事故所造成的核事故损害的最高赔偿额为3亿元人民币；其他营运者对一次核事故所造成的核事故损害的最高赔偿额为1亿元人民币。核事故损害的应赔总额超过规定的最高赔偿额的，国家提供最高限额为8亿元人民币的财政补偿。至于核事故损害赔偿请求权的诉讼时效问题，国务院在该批复中指出在起草《原子能法（草案）》时，应当做出明确规定。早在1986年，《国务院关于处理第三方核责任问题给核工业部、国家核安全局、国务院核电领导小组的批复》曾对核事故损害赔偿请求权的诉讼时效问题做出过规定，核事故的受害人，有权在受害人已知或者应知核事故所造成的核损害之日起的三年内，要求有关营运人予以赔偿；但是，这种要求必须在核事故发生之日起的十年内提出，逾期赔偿要求权即告丧失。国务院1986年批复中关于核事故损害赔偿请求权的相对时效和绝对时效的规定，与国际上的通行做法基本一致，如《关于核损害民事责任的1997年维也纳公约》第6条第1款规定，生命丧失和人身伤害赔偿的绝对时效为三十年，其他损害的绝对时效为十年，该条第3款规定核损害赔偿的相对时效为3年。[①]《侵权责任法》关于核事故致害责任的规定，继受了现行规则中无过错责任、经营者绝对责任和战争

① 《关于核损害民事责任的1997年维也纳公约》第Ⅵ条规定："1.（a）如果在下述期限内不提出诉讼，本公约规定的要求赔偿的权利即告丧失：（i）就生命丧失和人身伤害而言，核事件发生之日起三十年；（ii）就其他损害而言，核事件发生之日起十年。（b）但是，如果依据装置国法律，运营者的赔偿责任由保险或包括国家资金在内的其他财政保证提供更长期间的保证，主管法院的法律可规定，要求运营者赔偿的权利至该期限期满后才告丧失，但不得超过运营者依据装置国法律承担责任的期限……3. 如果自遭受损害人员了解到或本应了解到该损害和对该损害负有责任的运营者之日起三年内未提出诉讼，依据该公约要求赔偿的权利应服从主管法院法律规定的时效或时效的消灭，但不得超过根据本条第1款（a）分款和（b）分款规定的期限。"

免责的规定，但是对核事故损害赔偿请求权的特殊诉讼时效问题、赔偿责任限额问题均未涉及，立法者可能有意将这些问题留待将来的原子能法统一规定，但在将来实践中遇到这些问题时可能暂时无法可依。

关于民用航空器致害责任，《民用航空法》第十二章设专章加以规定，内容涉及责任主体、免责事由、诉讼时效等多方面。《侵权责任法》与《民用航空法》均规定民用航空器经营者为责任主体，但是两部法律对于民用航空器致害责任的免责事由规定不一致，前者仅规定受害人故意为免责事由，后者则规定了武装冲突或者骚乱、受害人过错两种免责事由。2009 年 4 月 20 日至 5 月 2 日于蒙特利尔举行的国际航空法会议通过了《关于因涉及航空器的非法干扰行为而导致对第三方造成损害的赔偿的公约》（简称“非法干扰公约”）和《关于航空器对第三方造成损害的赔偿的公约》（简称“一般风险公约”），中国代表团向国际民航组织正式提交了会议文件，文件中对“一般风险公约”即《关于航空器对第三方造成损害的赔偿的公约》提出了两方面主要关切，其中一方面就是当损害是武装冲突或民事骚乱的直接后果时运营人的责任问题。公约正式文本中基本采纳了我国代表团提出的意见，在“一般风险公约”中排除了损害是武装冲突或民事骚乱的直接后果时运营人的责任问题。[①] 该公约第十条关于免责的规定中，将受害人过错作为全部或部分免责的事由，运营人对受害人过错承担举证责任。[②] 尽管我国代表团未签署该公约，但是公约关于免责事由的规

---

① 《关于航空器对第三方造成损害的赔偿的公约》第 3 条规定：“运营人的责任……八，如果损害是武装冲突或国内动乱的直接后果，则根据本公约规定应负责任的运营人不应当承担责任。”

② 《关于航空器对第三方造成损害的赔偿的公约》第 10 条规定：“免责 如果运营人证明损害是由索赔人或索赔人从其取得权利的人的过失或其他不当作为或不作为造成或促成的，则应当根据造成或促成损害的此种过失或其他不当作为或不作为的程度，相应全部或部分免除运营人对该索赔人的责任。”

定，反映了我国的观点，与我国《民用航空法》的规定是一致的。该公约将战争、武装冲突或者骚乱作为免责事由是合理的，因为这些事由属于政治风险，应由国家或全社会分担。而将受害人过错无论故意或者过失，均作为免责事由，则可能导致使受害人不能得到合理赔偿，使航空营运风险不公平转嫁给受害人的情形。《关于因涉及航空器的非法干扰行为而导致对第三方造成损害的赔偿的公约》确立了因涉及航空器的非法干扰行为而导致对第三方造成损害的补充赔偿机制，即由航空器运营人在一个限额以内承担赔偿责任，限额以上的损害通过公约设立的国际民用航空基金提供赔偿，这样，航空器运营人可以通过保险分散其限额内的财务风险，而第三方受害人不仅可以在限额内得到运营人的快速赔偿，当损害超过限额时，还可以通过国际民用航空基金保障其损害得到充分赔偿。可见，劫机等对航空器的非法干扰行为导致对第三方造成损害的，航空器营运人不能免责。我国《侵权责任法》与《民用航空法》均未将劫机等对航空器的非法干扰行为规定为免责事由。

关于占有或者使用高度危险物致害责任，一个关键问题是高度危险物的界定。《民法通则》第123条和《侵权责任法》第72条，将高度危险物品概括规定为易燃、易爆、剧毒、放射性物品，具体范围则不明确。国务院颁布的《危险化学品安全管理条例》第3条第1款规定了该条例所称危险化学品的范围①，并且根据第3条第2款规定，危险化学品列入以国家标准公布的《危险货物品名表》（GB12268）；剧毒化学品目录和未列入《危险货物品名表》的其他危险化学品，由国务院经济贸易综合管理部门会同国务院公安、环境保护、卫生、质检、交通部门确定并公布，可见危险化学品的界定应以《危险货物品名表》及有关部门的确定和公布为准。

---

① 《危险化学品安全管理条例》第3条第1款规定："本条例所称危险化学品，包括爆炸品、压缩气体和液化气体、易燃液体、易燃固体、自燃物品和遇湿易燃物品、氧化剂和有机过氧化物、有毒品和腐蚀品等。"

《侵权责任法》第72条在适用中可以参考《危险化学品安全管理条例》关于危险化学品范围的界定。《危险化学品安全管理条例》第70条规定，危险化学品单位发生危险化学品事故造成人员伤亡、财产损失的，应当依法承担赔偿责任，该条关于危险化学品责任的规定也属于无过错责任。

关于从事高空、高压、地下挖掘活动或使用高速轨道运输工具致害责任，也有一个界定高空作业、高压作业、地下挖掘活动以及高速轨道运输工具范围的问题。高空作业的界定，国家标准局曾于1983年发布《中华人民共和国国家标准（GB3608—83）》规定高处作业的基本标准，依此标准凡在坠落高度基准面2米以上（含2米）有可能坠落的高处进行的作业，均称为高处作业，只是该标准由劳动人事部劳动保护局作为采取劳动安全防护措施和加强劳动安全科学管理的根据提出，作为高度危险作业致第三人损害责任中高空作业的确定依据不太合理。至于高压作业，《最高人民法院关于审理触电人身损害赔偿案件若干问题的解释》第1条规定，《民法通则》第123条所规定的“高压”包括1千伏（KV）及其以上电压等级的高压电；1千伏（KV）以下电压等级为非高压电。地下挖掘活动以及高速轨道运输工具的界定目前还未见明文界定其范围。在《最高人民法院关于审理触电人身损害赔偿案件若干问题的解释》第三条规定了高压电致人身损害责任的四种免责事由，其中包括不可抗力、受害人故意，以及受害人实施两类违法行为，[①]《民法通则》第123条仅规定受害人故意一种免责事由，《侵权责任法》第73条则规定不可抗力、受害人故意为免责事由，受害人过失为减轻责任的事由。高压电等高度危险作业基于

① 《最高人民法院关于审理触电人身损害赔偿案件若干问题的解释》第3条规定：“因高压电造成他人人身损害有下列情形之一的，电力设施产权人不承担民事责任：（一）不可抗力；（二）受害人以触电方式自杀、自伤；（三）受害人盗窃电能，盗窃、破坏电力设施或者因其他犯罪行为而引起触电事故；（四）受害人在电力设施保护区从事法律、行政法规所禁止的行为。”

其对周围环境所具有的高危险性，经营者应承担无过错责任，但若因为不可抗力的介入导致危险实现或导致损害扩大，再依危险归责的原理由经营者承担责任就不公平了，所以不可抗力免责是合理的。另外此类作业固有的危险本来可以通过一定程度的注意加以避免，若受害人未尽适当的注意导致损害的发生，受害人自身应当承担一定的责任，从而减轻经营者的责任。至于受害人实施违法行为，应该属于推定受害人故意，从而使经营者免责。

如上所述《侵权责任法》第九章规定的高度危险责任制度继受并发展了现行高度危险责任的相关规范，《侵权责任法》的实施将引起与现行相关规范之间的法规冲突，在《侵权责任法》的适用过程中，应依据新法优于旧法、特别法优于普通法等法规冲突的处理规则，遵守法的渊源的效力等级，正确处理法规冲突。

五、对未来高度危险责任司法解释的建议

《侵权责任法》将于2010年7月1日起施行，为了指导各级法院正确理解和适用这部法律，最高人民法院不久将进行相关的司法解释①，本文对未来司法解释主要是高度危险责任相关部分有以下几方面的建议：

第一，建议规定《侵权责任法》的溯及力问题。依法律不溯及既往原则，《侵权责任法》原则上没有溯及力，2010年7月1日以后受理的民事案件，如果侵权行为发生在2010年7月1日以前，适用侵权行为发生时的法律。若侵权行为于2010年7月1日之前实施，损害后果发生于2010年7月1日之后，适用过错责任归责

---

① 最高人民法院民一庭杜万华庭长在2009年12月29日由中国人民大学民商事法律科学研究中心、中国法学会民法学研究会、中国人民大学法学院联合主办的《侵权责任法》研讨会上讲到：《侵权责任法》是明年7月1日起正式实施，我们得考虑根据《侵权责任法》制定一些具体的司法解释。有些东西还要更具体化，明年我们的司法解释里，重点要搞的就是《道路交通人身损害司法解释》，这在我们侵权案件中所占的比重非常大。

原则的侵权行为应适用旧法，因为过错责任旨在行为指引；适用无过错责任归责原则的侵权行为适用新法，因为无过错责任旨在分配损害，《侵权责任法》中的无过错责任规范，如高度危险责任规范关于免责事由的规定更先进、合理，更多体现了对受害人的保护。

第二，建议明确《侵权责任法》第70条“等情形”指：武装冲突、敌对行动或者暴乱。

第三，建议明确《侵权责任法》第71条规定的民用航空器致害责任仅适用于因飞行中的民用航空器或者从飞行中的民用航空器上落下的人或者物，造成地面（包括水面）上的人身伤亡或者财产损害时，民用航空器经营人承担的责任。

第四，建议明确《侵权责任法》第72条高度危险物品的界定参照《危险化学品安全管理条例》关于危险化学品范围的规定。

第五，建议明确高空、高压、地下挖掘活动或者高速轨道运输工具的界定标准。

第六，建议明确高度危险责任赔偿限额的依据，如国务院相关规范性文件对高度危险责任赔偿限额的规定能否作为《侵权责任法》第77条赔偿限额的依据。

第三章　具体商行为的特殊规则

第一节　信托权法律性质探讨

信托是一种受人之托、代人理财的财产管理方法。信托关系围绕信托财产设立，涉及三方当事人：委托人、受托人、受益人。其中委托人是信托财产的原始权利人，其提供信托财产，委托他人对该财产进行管理或者处分，从而设立信托关系；受托人是接受委托对信托财产进行管理和处分的人；受益人是享有就受托人对信托财产管理或处分所产生的利益的人。委托人完成设立信托关系的行为之后基本退出信托关系，对受托人管理信托财产的行为不进行直接干预，除非受托人违反信托目的处分信托财产或者处理信托事务不当致使信托财产受到损失时，委托人才能干预受托人对信托财产的处分行为；受益人坐享受托人管理或处分信托财产所生的利益，对信托财产也没有直接的管理或处分权。在信托关系所涉及的三方当事人中，只有受托人作为信托事务的执行者，对信托财产享有直接的管理权和处分权，受托人的行为直接关系到受益人的利益，也直接关系到信托目的能否实现，所以正确界定受托人对信托财产所享有的支配权即信托权的性质，对于充分发挥受托人代人理财的才能，规范受托人执行信托事务的行为，有重要的实践意义。

一、关于信托权法律性质的不同观点

信托制度起源于英美法，英美法系的有关立法和理论主张信托权是普通法上的所有权。在英美法中，“信托是一种基于特定财产而发生的信任关系，其中，受托人就该项财产享有普通法上的产

权，而为他人利益持有财产，该他人可以是一人，也可以是数人，他或他们，作为受益人享有衡平法上的所有权。”①《美国信托法重述》第2条将信托定义为“当事人之间的一种财产信赖关系，一方享有财产所有权，并负衡平法上为另一方的利益管理或处分财产的义务，而以明示意思表示设立者。”这里受托人享有的普通法上的所有权是一种形式上的支配权，而受益人享有的取得信托财产所生一切利益的权利，即衡平法上的所有权才是实质上的所有权。

大陆法系各国的信托制度是对英美信托制度的移植和借鉴，但是在对信托权性质的界定上却不同。大陆法系各国物权法坚持一物一权原则，即一项财产之上只能成立一个所有权，所以在界定委托人、受托人、受益人对信托财产享有权利的性质时，不可能出现任何两方对信托财产同时享有不同的所有权的问题。《日本信托法》规定，“本法所称信托，是指办理财产权的转移或其他处理，使他人遵从一定的目的，对其财产加以管理或处理。”《韩国信托法》以及我国台湾地区“信托法”对信托也有类似的定义。以上国家或地区的信托法均认为委托人设立信托须将信托财产的财产权转移给受托人，由受托人享有信托财产的所有权。但是受托人对信托财产享有的所有权与一般所有权是有区别的，这种区别主要体现于以下几个方面：第一，受托人享有信托利益的限制，即受托人除为共同受益人之一外，不能以任何人的名义享受信托利益。第二，信托财产独立于受托人的自有财产，不属于受托人的遗产、不构成受托人的破产财产。第三，信托财产与自有财产分别管理。第四，受托人对信托财产管理不善致使信托财产遭受损失，或违反信托宗旨处理信托财产时，应向委托人、受益人以及其他受托人承担补偿损失的义务。第五，信托关系终止时信托财产归属于委托人或受益人，而不归属于受托人。

我国《信托法》于2001年4月28日由第九届全国人民代表大会常务委员会第二十一次会议通过，于同年10月1日实施。我国

① 张淳：《信托法原论》，南京大学出版社1994年版，第39页。

《信托法》大量借鉴了英美法系以及大陆法系各国信托制度中的先进经验，但是关于信托权的性质问题我国采取了既不同于英美法系又不同于大陆法系的处理方法。我国《信托法》第二条规定："本法所称信托，是指委托人基于对受托人的信任，将其财产权委托给受托人，由受托人按委托人的意愿以自己的名义，为受益人的利益或者特定目的，进行管理或者处分的行为。"第十四条第一款规定："受托人因承诺信托而取得的财产是信托财产。"由于我国《信托法》用的是委托人将其财产权"委托"给受托人，而非"转移"给受托人，所以受托人对其所"取得"的财产是否享有所有权便有很多的争议。有学者认为《信托法》实际确认信托财产所有权由委托人享有，依据是该法第7条第1款中关于"该信托财产必须是委托人合法所有的财产"的规定，该法第15条关于"设立信托后，委托人死亡或者依法解散、被依法撤销、被宣告破产时，委托人是唯一受益人的，信托终止，信托财产作为其遗产或者清算财产"的规定，以及该法第28条、第29条中所使用的"不同委托人的信托财产"这一表述。[①] 如果信托财产的所有权仍归属于委托人，那么受托人对信托财产所享有的管理和处分权只能是一种他物权。虽然说现代信托制度起源于英国的用益制度，但是有学者认为信托权并不属于用益物权，因为用益物权的权利人只能占有和使用他人的物而不能处分该物，但是受托人对信托财产所享有的信托权既包括占有、使用权，也包括处分权，所以信托权应属于一种独立的他物权，即信托物权。[②] 还有的学者认为信托权与股权、票据权利、知识产权、市场经营自由权、政府特许权性质一样，属于无

---

① 张淳：《〈中华人民共和国信托法〉中的创造性规定及其评析》，载《法律科学》2002年第2期。

② 成晓霞：《新法人治理结构》，中国政法大学出版社2000年版，第115页。

形财产权。①

二、信托权不是所有权，也不是他物权

就信托关系本身而言，委托人基于信任将自己的财产交给受托人并委托其经营管理，而受托人因此持有信托财产并以自己的名义占有、使用和处分信托财产，如同信托财产的所有人，享有对信托财产的全面的支配权。但是对于需要登记的信托财产，各国信托法均规定设立信托需办理信托公示，即使受托人以自己的名义占有、使用和处分信托财产，也不是以所有人的身份，而是以受托人的身份行使这些权利。受托人对信托财产的管理和处分行为不仅受到法律的限制，还要受到由信托人的意志决定的信托目的的限制，这与所有人行使所有权仅受所有人本人意志及法律的限制不同。另外，信托财产独立于受托人的自有财产，在信托关系终止时，信托财产归属于委托人或受益人，而不归属于受托人。以上这些事实充分说明受托人对信托财产不享有所有权。

信托权也不是他物权。信托权依据信托合同或遗嘱产生，受托人对信托财产的占有、使用或者处分应符合委托人的意愿、受益人的利益或信托目的，当信托终止时受托人应将信托财产转移给受益人或其继承人，或者转移给委托人或其继承人，所以从形式上看信托权更具备他物权的特征。但是信托权不是他物权，因为：1. 他物权人之所以要对他人之物进行支配，要么是为了对他人之物进行占有、使用、收益，从而设立用益物权，暂时满足自己对该物的用益需求；要么是为了用他人之物来作为自己债权的担保，当债务人不履行债务时可以用该物的变价来补偿自己债权不能正常实现时的损失，从而设立担保物权，满足自己对某项交易的信用需求。但是受托人对信托财产进行支配从来不是也不能是为了自己的某种利益，对受托人来讲，其对信托财产的占有、使用或者处分，并不是

① 马俊驹：《对我国民法典制定中几个焦点问题的粗浅看法》，载中国民商法律网，2003。

因为自己对信托财产有占有、使用的需求，也不是因为自己可以从对该财产的支配中获得收益，而是为了帮助他人经营管理该项财产，他有义务将该项财产的所有收益交付给受益人。2. 他物权人因为可以从对他人之物的支配中享有利益，所以其对该他人一般要有对价的支付，如土地使用权人应支付土地使用权出让金，典权人要支付典价。而受托人对信托财产进行支配，不需要向委托人支付任何对价，相反，他可以依约定或法定有权请求信托财产的权利归属人向其支付报酬。

三、信托权不具备权利的本质

关于权利的本质有三种学说：其一为意思说，此说认为权利的本质为意思之自由，即权利为个人意思所能自由支配的范围；其二为利益说，此说认为权利的本质为法律所保护的利益，凡依法律归属于个人的利益，无论物质的还是精神的，即为权利；其三为法力说，此说认为权利的本质为法律上之力，权利是由“特定利益”和“法律上之力”两个因素构成。① 以上三种学说对权利本质的揭示各有侧重，将三种学说结合起来能够得出：权利即为法律所保护的主体取得特定利益的行为自由。如果不是为了取得特定的物质利益或者精神利益，那么主体的行为自由便缺乏目的性，没有目的的行为自由对主体来讲就如同把他投进茫茫的大海，这种行为自由是没有意义的。所以，利益、自由及法律上之力共同构成权利的本质，三者缺一不可。

在受托人对信托财产的支配方面，尽管受托人可以以自己的名义占有、使用、收益、处分信托财产，但是其对信托财产的占有、使用，并不是为了取得对信托财产的占有利益或信托财产的使用价值，而受托人将信托财产所产生的利益即信托利益交付给受益人是受托人在信托关系中承担的基本义务。综上所述，受托人对信托财产的支配自由（这种自由要受到信托目的的限制）因为缺乏为自

---

① 梁慧星：《民法总论》，法律出版社1996年版，第61页。

己取得特定利益的目的而不具备权利的本质，实质上不是权利。

四、信托“权”实质是债务

信托法律关系涉及三方当事人：委托人、受托人以及受益人。委托人可能通过与受托人订立信托合同，委托受托人对信托财产进行符合其意愿或信托目的的支配，从而设立信托，在委托人（或受益人）与受托人之间产生信托合同之债。如果委托人是唯一受益人，那么信托合同的当事人也就是信托合同之债的债权人或债务人；如果委托人不是受益人，或不是唯一受益人，那么信托合同就是为他人利益的合同，这时信托合同的当事人与信托合同之债的主体就不一致了，信托合同的当事人是委托人与受托人，信托合同之债的主体却是委托人、受益人和受托人。在信托合同之债中，受托人有义务忠实妥善地管理信托财产、处理信托事务，这是他对委托人和受益人所承担的债务，而在有偿的信托之债中，受托人有权利请求委托人或受益人给付报酬；委托人及受益人则有权利请求受托人遵从信托目的处分信托财产，慎重处理信托事务，并在必要时有权要求受托人调整对信托财产的管理方法，受益人还有权利请求受托人向其交付信托利益。

委托人也可能通过订立遗嘱来设立信托，以遗嘱的形式委托受托人管理信托财产。遗嘱是单方法律行为，本来不能为他人设定义务，但是如果受托人愿意接受立遗嘱人的委托，则遗嘱信托即成立，从而在受托人与受益人之间产生债的关系。

可见受托人对信托财产的管理和支配，只是其履行在信托之债中对委托人、受益人所承担的债务的行为，信托“权”实质只是债务，并非权利。

虽然将信托权界定为所有权或他物权，有助于受托人对信托财产享有排他性的支配权，充分地发挥其专业理财的技能，但将其界定为权利违背有关权利本质的基本原理，而且还助长了受托人视委托人意愿、受益人利益及信托目的于不顾，利用信托财产谋个人私利的行为，这是违背信托制度的宗旨的。笔者将受托人对信托财产的支配界定为债务，一方面以权利本质理论、债的关系理论为依据，另一方面也注意到将信托财产界定为债务，更有利于促使受托人尽职尽责，更好地发挥信托制度代人理财的作用。

第二节 信托制度的价值及基本规则

信托制度的价值与功能的探讨属于信托制度基本理念的问题。“法价值是法的灵魂和存在根基，是法律这个现代圣物的一充满生机和活力的精神源泉。”① 信托制度的价值承载着信托制度几百年的发展史，人们赋予它的精神和目标，是信托制度的灵魂和存在根基，明确信托制度的价值才能真正把握信托制度的精神，才能充分运用它、发挥它的功能，也才能在实践中对它进行发展和完善。信托制度的价值是内在地包含于信托的具体规则之中的，而信托制度的功能则是外在的，它是信托制度的实施对社会主体产生的积极意义的表现，信托制度功能的实现依赖于主体对于信托制度的实践活动，而主体对信托制度的运用或实践，依赖于他们对于信托制度价值的认知。

近几年来国内股市下跌，诸如相关公司不遵守信息披露制度、随意制造消息、不顾中小股东利益执意巨量融资、红利分配不透明等问题相继暴露出来。我国香港中文大学郎咸平教授早在2004年接受《上海证券报》记者张伟的采访时就已经指出：中国股市的最大问题就是缺乏信托责任。② 尽管我国目前已经建立起了以《信托法》为基础的信托制度体系，但是由于经济、文化和法律传统等各方面的原因导致我国社会公众对于信托制度普遍缺乏基本理念性的认知。本文将以信托制度的价值分析为基础，探讨信托制度的

① 吕世伦、文正邦：《法哲学论》，中国人民大学出版社1999年版，第347页。

② http://www. stockstar. com/info2005/farticle. asp? id = SS, 20040814, 00772714&ColumnID = &pageno = 1.

功能，并结合我国信托制度的立法现状，提出尊重信托制度的价值、发挥信托制度功能的理性化建议。

一、信托制度价值分析

信托制度的产生和发展经历了数百年的时间，它是社会需求的产物，也随着社会需求的变化而不断发展。社会需求的差异性和时效性决定了信托制度价值的多重性和和时效性。

（一）信托制度的原始价值——自由

信托作为一种法律制度源自于中世纪的英国。英国著名法律史学家梅特兰这样评价信托制度：“如果有人要问，英国人在法学领域取得的最伟大、最独特的成就是什么，那就是历经数百年发展起来的信托理念，我相信再没有比这更好的答案了。这不是因为信托体现了基本的道德原则，而是因为它的灵活性，它是一种具有极大弹性和普遍性的制度。”① 在上述引言中，梅特兰对信托制度给予了高度评价且揭示了信托制度的独特魅力——灵活性。一种具有灵活性的法律制度，其规则设计一定以任意性规范为主，体现出对相应法律关系主体自由意志的尊重，对主体为适应不同条件而对各种利益关系作出的不同安排的尊重。

英国的用益制度是现代信托制度的雏形。根据用益制度，土地所有人将土地转移给另一个人所有，但土地上的收益却归第三人所有。在用益制度中，土地所有人将土地转让给另一个人所有，却没有使另一个人享有该土地利益的意思，而是要求受让人将土地上的收益交付给第三人，由此看来土地所有人的内心真意是将土地利益转让给第三人，他之所以采用用益设计这样一种曲折的方式一定另有苦衷。一般认为用益制度产生的历史原因主要包括三方面：第一，教徒们为规避世俗法律限制向教会捐赠土地的规定；第二，农民为规避封建长子继承制和土地继承税；第三，参加十字军东征的

① ［英］梅特兰：《衡平法》；转引自何宝玉：《英国信托法原理与判例》，法律出版社 2001 年版，第 1 页。

骑士们出征前将土地授予他所信任的人，使受托人为了保障他本人、他的妻子和子女的日后生活而经营和管理土地。可以这样说，用益制度是封建法律对土地所有人处分其财产的限制和所有人对其财产自由处分的内心需求这一对矛盾相互作用的结果，也是土地所有人对土地等财产的预期利益的目的安排与所有人或受益人在实现财产预期利益方面的障碍这一对矛盾相互作用的结果，实际上是所有人为实现对土地等财产的自由处分和预期安排而冲破各种限制和障碍的一种巧妙设计，体现了所有人对财产自由的不懈追求，内在地包含着自由的价值。

（二）信托制度的矫正价值——安全与公平

用益的设计起初只存在于民间的约定中，其中第三人的受益权一直得不到英国普通法的保护，因为在用益设计产生的年代，契约义务还不为普通法所承认，而用益设计在大部分场合都以委托人和受托人之间的约定为基础。[1] 当受托人出现诚信危机，拒绝向第三人交付土地的收益，而普通法院又不能提供救济时，第三人便转向衡平法院寻求救济。衡平法以正义、良心和公正作为处理案件的原则，它的一个著名的格言是“不允许有错误存在而没有救济”。依据衡平法的原则，受托人受人之托，却不守信用是违背良心的，是对人与人之间信赖安全感的破坏；而且受托人自所有人手中无偿受让财产，违背所有人意志取得财产利益是不公平的。因此衡平法院的大法官出面干预，强制用益制度中的土地受让人遵从原所有人的嘱托，为了第三人的利益而管理土地，并赋予第三人衡平法上的强制执行请求权来矫正被扭曲了的用益关系。衡平法确认了第三人的用益权，并将用益的设计称为信托，信托制度终于通过衡平法得以确立。

如果说信托制度的原始价值是自由的话，那么信托制度的矫正价值就是安全和公平。上文梅特兰的引言中说道，信托制度的伟大

① 陈向聪：《信托法律制度研究》，中国检察出版社 2007 年版，第 51 页。

和独特性并不在于其体现了基本的道德原则，而在于其灵活性。灵活性是信托制度的独特魅力，但是体现基本的道德原则却是信托制度的价值基础。基本的道德准则反映的是人们最基本的价值追求即自由、安全、公平和效益。美国法学家伯尔曼有句名言："法律必须被信仰，否则它将形同虚设。"① 注重道德信条和道德标准是制定法律的基础，或者说是法律推论的基本前提，法律制度应该符合基本的道德准则，法的价值取向与道德准则的价值取向具有一致性。信托制度得以确立并得到普遍适用，无疑与其体现基本的道德原则，反映人们基本的价值追求分不开。衡平法承认信托关系正是因为信托关系体现了委托人和受托人的自由意志，保护信托关系就是对当事人自由意志的尊重，而当这种关系因受托人违背诺言的行为而遭到破坏时，不仅自由意志被践踏了，而且在自由意志基础上关于利益安排的公平状态以及人与人之间的信赖安全感也遭到了破坏，信托制度的矫正价值就在于恢复由自由意志安排的利益的公平状态，维护人与人之间的信赖关系和交往安全。

（三）现代信托制度的价值——效益

信托关系的设计具有两种基本功能：一是实现所有人对财产的自由处置，二是利用他人的理财技能来实现财产的保值和增值。设立信托关系也因此成为所有人进行财产转让和财产管理的途径。尽管实现财产的自由转让是设立信托关系的原始目的，但是随着封建制度的彻底崩溃，原先加诸于财产转移上的种种不合理的限制，已经为凸显个人主义和自由主义的市场经济法制所取代，信托作为一种单纯的、消极的、以规避法律限制为目的的财产转移设计，在新的社会环境中已经没有意义了。另一方面随着社会的发展，私人拥有财富数量的增长，财产管理的方法也逐渐复杂化，人们对于专业理财的需求日益增长，而信托关系的设计正好适应了这种需求，具有专门知识和经验的专业受托人出现了，人们创设信托关系的目的

① ［美］伯尔曼：《法律与宗教》，梁治平译，三联书店出版社 1991 年版，第 28 页。

更多地是为了使财产得到专业受托人的高效管理，能够保值、增值。同时，早期受托人多由地方名流士绅担任，对信托财产的管理以无偿为原则，而现代信托关系的受托人多以提供有偿的专业受托人业务为营业，即营业信托或商业信托。

二、信托制度的基本规则及其价值体现

作为调整信托关系的规范体系，信托制度在英美判例法国家，其核心内容主要体现在日积月累的判例中，除此之外国家制定颁布的成文的信托法律也是信托制度的有机组成部分，如1925年英国的《受托人法》就是英国信托法律体系中最重要的一部成文法，美国多数州也有自己的成文信托法。大陆法系的韩国、日本和我国的台湾地区也先后借鉴英美信托制度制定了信托法。尽管各国由于历史、文化、经济等各方面因素的差异，导致各国信托制度内容的侧重或者对某些问题如信托财产所有权的归属、信托关系终止后信托财产的归属等的处理不同，但是支撑信托制度的基本规则，包括：三个确定性规则、信托财产独立性规则、受托人勤勉忠实履行义务规则等却是统一的，信托制度的价值正是通过这些基本规则的实施来实现的。

（一）三个确定性规则与委托人自由意志

三个确定性规则是设立信托的核心，指设立信托的意图的确定性、信托包含的财产的确定性以及信托受益人的确定性。信托是由可以强制执行的、有可行性的、可实际操作的一系列义务构成的，[①] 信托财产的受托人要承担这些义务，信托关系的创设就必须符合三个确定性要求，这样信托才具备了管理上的可行性，也可以得到司法保护。信托关系的发生原因主要是信托行为，尽管在英国的信托制度中还存在默示信托和法定信托等信托类型，但是由信托

① ［英］D. J. 海顿：《信托法》，周翼、王昊译，法律出版社2004年版，第76页。

行为创设的明示信托仍然是主要的信托类型，而《欧洲信托法原则》[①]、《国际信托公约》[②] 以及韩国、日本等大陆法系国家制定的《信托法》中均规定明示信托这一信托类型。信托行为是指当事人以设立信托关系为目的的法律行为，其构成要素包括两个：设立信托的意思表示行为和信托财产的交付行为。其中设立信托的意思表示行为构成信托行为的核心要素，意思表示的内容包含了委托人设立信托的意图、委托人对信托财产和受益人的明确指定以及委托人的权利保留或者委托人与受托人关于受托人权利义务的特别约定。可以说，正是意思表示行为确立了信托关系的各要素——主体、客体和内容。

在信托关系的设立过程中，委托人的自由意志占据支配地位，委托人只需在遗嘱中或单方宣言中表明设立信托的意图，并确定信托财产和受益人就可设立一项信托。尽管信托行为更多情形下表现为委托人与受托人之间的信托契约，但是信托契约具有附和契约的性质，因为在信托契约中，信托财产的范围、受益人的确定、委托人权利的保留或者受托人的特别权利和义务均由委托人的意志决定，受托人只能表示接受或不接受，没有讨价还价的余地，当然，对于信托文件中所包含的收费条款，受托人有权利要求变更。

古老的衡平法格言说道："衡平法不会缺乏受托人"。这个格言从另一个角度说明了在信托关系的设立时委托人设立信托的意图具有决定性作用，即便委托人没有指定受托人或指定的受托人弃权

① 为了鼓励一种类似信托的具有破产保护功能的基金在欧洲的发展，一个国际工作小组在国际和各国评论的支持下发布了八条基本原则，这八条基本原则旨在使欧洲大陆区域内的法律更具有灵活性，从而扩大财富保值和增值的机会。

② 1985 年在荷兰召开的第 25 届国际司法会议通过了《关于信托的承认及其法律适用的公约》，简称《国际信托公约》，其目的是为了在建立信托制度的国家之间确立共同的原则，处理有关信托承认的主要问题，特别是帮助那些不太熟悉信托概念的大陆法系国家，公平、迅速、有效地处理他们司法辖区内产生的信托问题。

或没有行为能力均不影响信托的成立。但是应该指出的是，在依信托契约设立信托关系的场合，契约的本质要求必须有确定而适格的双方当事人的意思表示一致才能成立，当信托关系已经成立后，各国均规定信托不因受托人的死亡、丧失民事行为能力、依法解散、被依法撤销或者被宣告破产而终止，也不因受托人的辞任而终止。在依遗嘱设立信托的情形下，依我国《信托法》的规定遗嘱指定的人拒绝或者无能力担任受托人的，由受益人另行选任受托人；受益人为无民事行为能力人或者限制民事行为能力人的，依法由其监护人代行选任。遗嘱对选任受托人另有规定的，从其规定。而韩国、日本等国的信托法均规定，当遗嘱指定的受托人不接受信托或不能接受信托时，有关利害关系人可以向法院申请选任新受托人。①

（二）信托财产独立性规则与信托财产的高效管理

信托的建立是委托人为了受益人的利益，无偿地将自己的财产处置给受托人。为了实现委托人设立信托的目的，保护受益人的利益，必须确保信托财产免受信托设立后委托人或受托人财产清算的风险，两大法系的信托制度都设计出保障信托财产安全的规则，如英美法系的衡平法追踪规则和大陆法系的信托财产独立性规则。《国际信托公约》和《欧洲信托法原则》均将信托财产规定为一项独立的基金。信托财产独立性规则包含以下内容：信托财产与委托人未设立信托的其他财产相区别；信托财产与属于受托人所有的财产相区别；一个管理着若干个信托的受托人，要使每一个信托财产相独立。

“信托有效成立后，即以信托财产为中心，而有其独立性。”②信托关系一旦成立，就脱离了作为其设立基础的信托行为而转变为以信托财产的高效管理为核心的财产管理关系。“委托人的权力在

① 《日本信托法》第49条、《韩国信托法》第17条。

② 赖源河、王志诚：《现代信托法论》，中国政法大学出版社2002年版，第59页。

信托设立后也就消灭了。一旦设立了一个有效的信托，一种双方的法律关系就随之发生：只有受益人，而不是委托人，可以要求受托人履行其义务。因此受托人的职责是要让受益人满意，而不是让委托人满意。”① 受托人对信托财产的管理要达到让受益人满意，只能使信托财产实现更有效的保值和增值，以便向受益人交付更多的收益。信托财产独立性规则是实现信托财产高效管理的重要保障。

信托财产独立性规则的意义，一方面如上所述是保障信托财产的安全，保护受益人的利益，从而实现委托人设立信托的目的。信托财产的独立性规则使信托具有破产保护功能，使信托财产免遭委托人或受托人的破产清算。另一方面由于信托财产构成一笔独立的基金，“自行封闭，与外界隔绝，成为一种目的财产”②“受托人由于信托行为，对受益人承担的债务，在信托财产限度内负有限责任”③“受托人因处理信托事务所支出的费用，对第三人所负债务，以信托财产承担”④ 所以信托财产独立性规则也为信托财产的有限责任奠定了法理基础。

正如股份有限责任制度对股东投资和公司的发展所起的巨大促进作用一样，信托财产的有限责任制对于鼓励受托人积极管理信托财产，充分发挥其专业理财技能，实现信托财产的高效管理具有重要意义。在信托关系中，受托人处于信托财产的普通法所有人的地位，或者说信托财产的管理人地位，他实际占有和支配着信托财产，信托关系的其他当事人，无论是委托人还是受益人，都没有直接管理信托财产的权利，所以信托财产效益的实现只能依赖于受托人积极的管理行为。如果受托人管理信托财产的行为将会给其固有

① ［英］D. J. 海顿：《信托法》，周翼、王昊译，法律出版社 2004 年版，第 4 页。

② 何宝玉：《信托法原理研究》，中国政法大学出版社 2005 年版，第 153 页。

③ 《韩国信托法》第 32 条。

④ 我国《信托法》第 37 条。

财产带来风险的话，他一定会畏首畏尾，只对信托财产进行消极的保管行为，却不能利用信托资金进行大胆高效的投资，从而妨碍了委托人利用信托实现其提高信托财产效益的目的。当然信托财产的有限责任规则只能用来保护善良管理人，如果受托人违背管理职责或者处理委托事务不当而对第三人所负的债务或者使自己所受的损失，应以其自有财产承担；如果受托人违反信托目的处分信托财产或者因违背管理职责、处理信托事务不当致使信托财产受到损失的，应当恢复信托财产的原状或者予以赔偿。

（三）受托人的勤勉忠实义务与公平、安全的信托关系

“信托是指，一个人即委托人创设的在其生前或死亡时发生法律效力的一种法律关系，委托人为受益人的利益或者为某个特定目的，将其财产置于受托人控制之下。”① 在信托关系中委托人无偿地将信托财产转让给受托人，使信托财产听凭受托人管理、运用或者处分，又将信托财产的收益安排给受益人享有，“委托人准备去当尼姑，发誓坚守清贫、忠贞和服从”②；受托人往往要无偿地承担信托文件和法律规定的对信托财产的管理义务，还要将信托财产的收益交付给受益人；在整个信托关系中只有受益人坐享信托财产的收益，却不需要向委托人或受托人支付任何对价。信托关系如此设计，让我们无法按照等价有偿或权利义务对等等标准来评判其公平性。如果考虑到委托人与受益人之间特殊的身份关系或其他利益关系，我们还可以基于委托人的自由意志解释其向受益人无偿转让信托财产收益的公平性，如果考虑到受托人依照信托文件的规定或法律的规定由信托财产取得报酬的权利，我们还可以基于劳动价值理论解释受托人管理信托财产的公平性，可是我们却无法解释无偿的受托人对于信托财产的管理与有偿的受托人承担无差别的勤勉忠实义务的公平性。使受托人承担勤勉忠实义务一定另有根据。

---

① 《关于信托的承认及其法律适用的公约》第 2 条。

② 何宝玉：《信托法原理研究》，中国政法大学出版社 2005 年版，第 24 页。

“受托人最重要的义务是，严格遵守信托条款的规定，采取合理的注意以管理信托财产、为了受益人的最大利益行事，或者在目的信托的情况下，为了促进实现该目的而行事。”① 信托条款是受托人义务的重要来源，记载于信托契约中的信托条款，因受托人的承诺而对受托人产生约束力，记载于遗嘱中的信托条款也因为受托人接受立遗嘱人的委托而对其产生约束力。依信托条款承担义务是受托人自由意志表达的结果，履行这些义务是受托人对自身自由意志的尊重，也是对委托人与受托人之间信赖关系的维护。如果在两个人的关系中，其中一个人有权期待另一个人会忠诚地为了他的利益（或为了他们共同的利益，并排除后者自己的利益）行事，那么衡平法就会认定后者是负有信赖义务的人。② 信托关系中的受托人就是典型的负有信赖义务的人，委托人基于对受托人品质和能力的高度信任，将自己的财产置于受托人的支配之下，受托人被期望能够按照诚实的最高标准行事。信赖义务是衡平法确定的义务，包括忠实义务和勤勉义务。忠实义务要求负有信赖义务的人，除非得到相反的授权，不得利用其所处的地位牟利，也不得把自己置于可能存在自我利益和信托利益发生冲突的地位；勤勉义务要求受托人采取合理的注意管理信托财产，亲自履行义务，投资多样化以实现受益人的最大利益。各国信托法对受托人的勤勉忠实义务都有明确要求。信托关系以委托人与受托人之间的信赖关系为基础，信托法规定受托人的勤勉忠实义务旨在维护这一基础关系，从而维护信托关系的安全性。

三、信托制度功能探讨

法律制度产生于社会实践，也只有回到实践中去才能实现它的价值，发挥它在满足主体社会需求方面的积极意义。许多学者将信

---

① 《欧洲信托法原则》第 5 条第 2 项。

② ［英］D. J. 海顿：《信托法》，周翼、王昊译，法律出版社 2004 年版，第 38 页。

托制度的基本功能概括为转移财产和管理财产两个方面。其实信托的功能不在于将信托财产转移给受托人或受益人，而在于委托人利用信托制度的灵活性和信托财产的独立性，对特定财产作出特殊的目的安排。以自由、效益、安全和公平为导向，信托制度的基本功能表现为两个方面：实现所有人对特定财产所作的特殊目的安排；实现所有人利用受托人专业理财的技能使财产保值增值的目的。

（一）财产所有人的特殊目的安排

信托制度尊重所有人对其财产所作的各种特殊目的安排，保障所有人的财产自由权实现。财产所有人对特定财产所作的特殊目的安排主要有以下几种情形：

1. 保护信托。委托人的某个子女可能浪费成性，可能在管理财产方面缺乏经验，若将财产交给他，财产很快就会被消耗殆尽。委托人很清楚，若由该子女直接取得财产和管理财产是不明智的。为了解决这个问题，委托人便将财产授予受托人，并且指示受托人将收益交付给委托人的这位子女，但是，一旦该子女破产或出现其他特定事件，信托即自动终止，该子女不再享有受益权，同时将信托财产收益纳入一项自由裁量信托，以该子女及其家人为受益人。这种信托即保护信托。保护信托的目的在于既要保障受益人对信托财产享有固定的收益权，又通过自由裁量信托保护信托财产不被某些受益人消耗或被其债权人追索。

2. 慈善信托。委托人实施慈善性的赠与通常是捐赠给慈善受托人或慈善机构，如福利院、医院等。慈善受托人或慈善机构被赋予捐赠财产的完整的受益所有权，但是它必须以一个受信赖者的身份为了慈善的目的而使用该信托财产。当财产已经被捐献给了慈善机构或某慈善目的，而该慈善机构不复存在或某慈善目的最终未能实现，那么该财产会依据相近原则用于与原慈善目的最相近的目的或转移给具有近似目的的慈善机构。这里“除了在救济贫困的情况下，慈善目的中必须含有公共利益的因素，即它们必须为大部分社会公众或他们当中足够多的一部分人，提供有形的利益”。[①] 因此，我国《信托法》将慈善信托称为公益信托。

3. 担保信托。所谓担保信托，系指债务人为担保债权人的债权而设定的信托。[②] 在担保信托中，债务人作为委托人将财产转移给受托人，以债权人作为受益人来担保债权的实现。担保信托是企业进行资产证券化的重要手段。资产证券化是指企业单位或金融机构将其未来能够产生稳定现金收益的资产进行标准化资产分割与重组并据此发行证券筹措资金的过程和技术。在资产证券化过程中，必须有一个实行资产证券化这一特殊目的载体 SPV（special purpose vehicle）。特殊目的载体代表所有投资人承接资产持有人所售出之资产，并发行证券化的收益凭证或证券，是资产证券化的主角。资产证券化构造出的资产证券之所以能吸引投资者，其主要长处在于由“破产隔离”而产生的信用级别的增级。“破产隔离”是 SPV 的本质要求，它是资产证券化运行机制的核心所在，其给予了交易安全以最大限度的保障。SPV 的组织形式不一，可以是信托、公司或其他形式，但信托是天然的 SPV。资产信托化，可以充分利用信托财产的独立性特点，保护证券化的资产。信托在证券化资产的原始权益人与 SPV 和投资者之间筑起一道防火墙。原始权益人转移给 SPV 的证券化资产成为有独立法律地位的信托财产，在名义上归 SPV 所有，脱离原始权益人的完全控制，其经营风险不会殃及信托财产。资产信托化能实现资产证券化的大部分功能，是信托公司目前唯一能拓展的专属性业务。

（二）受托人专业理财

委托人对于手中持有的闲散资金产生了投资的需求，但是往往囿于自身知识、经验或技能的缺乏而不敢贸然行动，专业受托人如

① ［英］D. J. 海顿：《信托法》，周翼、王昊译，法律出版社 2004 年版，第 118 页。

② 王志诚、赖源河：《现代信托法论》，中国政法大学出版社 2002 年版，第 42 页。

信托公司的出现为委托人提供了专业理财的服务。信托公司接受多个委托人交付的资金进行集中管理、运用或处分等资金信托业务活动。信托公司对于信托资金可以进行组合运用，组合运用应有明确的运用范围和投资比例。信托公司运用信托资金进行证券投资，应当采用资产组合的方式，事先制定投资比例和投资策略，采取有效措施防范风险，信托公司还可以运用债权、股权、物权及其他可行方式运用信托资金，但是信托公司运用信托资金，应当与信托计划文件约定的投资方向和投资策略相一致。[①] 信托公司主要的集合投资方式有：

1. 信托贷款。将信托资金以贷款的形式投资于信用风险低的项目，投资者的收益来源于贷款利息。这种投资方式信用风险低，但是却面临利率风险。利率风险主要指作为贷款基准利率的固定资产贷款利率可能受到人民银行的调整，导致投资者可能承担利率上调的风险。固定资产贷款利率的上调意味着投资者实际收益的减少。

2. 股权信托。用信托资金以购买股份的方式投资于发展前景看好的公司，以股权分红的收益来支付投资者。这种投资方式的风险主要来源于公司的盈利水平以及公司的分红决策。如果公司不采取现金分红，或采取较少的现金分红，将会使投资者在信托到期后有可能不能获得足额的现金偿付。

3. 融资租赁。这种投资方式实际上是信托和融资租赁结合的产物，信托公司通过资金信托计划融入确定期限的稳定的资金，用于购买设备生产厂商的产品，并向该产品的需求者出租，承租方支付的租金和购买设备厂商的佣金收入形成主要的收益来源。这种投资方式的风险主要是承租方的信用风险，因为投资者的收益保证完全依赖于承租方的信用，既包括承租方有无能力支付租金，又包括承租方是否信守融资租赁合同。

4. 证券投资基金。通过公开发售基金份额募集证券投资基金，

---

① 我国《信托公司集合资金信托计划管理办法》第25条、第26条。

由基金管理人管理，基金托管人托管，为基金份额持有人的利益，以资产组合方式进行证券投资活动。这种投资方式的收益主要来源于股票、债券的投资收益，具有高收益、高风险的特点，但是基金管理人采用科学合理的资产组合方式，可以使风险降到最低。

四、尊重信托制度价值，发挥信托制度功能

我国《信托法》的颁布实施，确立了我国信托关系的基本规范，为信托业的发展提供了必不可少的法律基础。《证券投资基金法》于2003年10月28日由第十届人大常委会五次会议通过，2004年6月1日施行。《信托公司管理办法》、《信托公司集合资金信托计划管理办法》由中国银行业监督管理委员会于2006年12月28日通过，自2007年3月1日起施行。以上四部法律规范构成我国信托制度的基本体系。

从总体情况来看我国信托制度也采纳了各国信托制度的基本规则：三个确定性规则，信托财产独立规则和受托人承担忠实勤勉义务的规则。但是我国信托制度在某些方面却作了特别的规定，如规定委托人设立信托时将信托财产“委托给”受托人，从而对信托财产所有权的归属作了模糊化处理；规定委托人在信托关系设立后对信托财产管理的广泛干预权如知情权、要求调整管理方法的权利、撤销受托人对信托财产的不当处分行为的权利、解任受托人的权利等，还规定委托人解除信托关系、变更受益人或者处分信托受益权的权利；规定受益人要求调整信托财产管理方法的权利、撤销受托人不当处分行为的权利等。

我国信托制度中的这些特殊规定体现了一个基本的价值取向，即限制受托人权利、保障信托财产的安全。信托关系是建立在委托人对受托人的品质和才能充分信任的基础上的，若委托人对受托人管理财产的行为处处提防、处处干预，这种信托关系就丧失了信托关系的本质，与委托合同关系无异。另一方面，如果委托人或收益人对受托人管理信托财产的行为处处干预，就不能充分发挥受托人的专业理财技能，无法实现信托制度所追求的效益价值。

由于信托制度对于我国来讲属于舶来品，社会公众普遍缺乏信托基本理念的认知，导致信托制度这种灵活高效的财产管理制度在我国不能充分发挥它的功能，目前信托活动主要局限于商业信托和投资信托，原因有多个方面，如文化传统、经济发展状况等，但是有一个原因是不可否认的，那就是立法和实践中对信托制度的价值定位不明确，从而使信托制度的独特功能不能得到充分地展现。本文希望通过对信托制度的价值与功能的探讨，为立法和实践中尊重信托制度的价值，发挥信托制度的功能提供理论支持。

第三节　证券交易的法律性质及风险分析

一、证券的特殊规定性

法学意义上的证券是在专用纸单或其他载体上，借助文字或图形，表彰特定民事权利的书证①，实质上是具有财产属性的民事权利的证券化，其表现形式具有无限多样性。作为证券交易客体的证券，也是证券法所规范的证券，却具有特殊规定性。

各国证券法一般不直接揭示证券的特定内涵，而是采用列举加兜底条款的方式界定证券法调整证券的范围。1933 年《美国证券法》第 2 节（1）对证券的定义是："证券"一词系指任何票据、股票、库存股票、债券、公司信用债券、债务凭证、盈利分享协议下的权益证书或参与证书、以证券作抵押的信用证书，组建前证书或认购书、可转让股票、投资契约、股权信托证，证券存款单、石油、煤气或其他矿产小额利息滚存权；或一般来说，被普遍认为是"证券"的任何权益和票据；或上述任一种证券的权益或参与证书、暂时或临时证书、收据、担保证书、或认股证书或订购权或购买权。《日本证券交易法》第 2 条（1）规定，本法所称有价证券为下列各种：（1）国债证券；（2）地方债证券；（3）根据特别法

① 叶林：《证券法》，中国人民大学出版社 2000 年版，第 1 页。

由法人发行的债券；（4）公司债券；（5）根据特别法设立的法人发行的出资证券；（6）股票以及表示新股认购权的证券或证书；（7）证券投资信托及贷款信托的收益证券；（8）法人为事业必须周转资金而发行的期票中由大藏省令规定者；（9）外国或外国法人发行的从事银行业或其他金融融资业者的贷款债权进行信托的收益权及类似权利的证券及证书中由大藏省令所确定者；（10）前面各项所列举者以外，鉴于其流通性及其他情况，有政令确定为确保公益及投资者保护所必需的证券及证书。美、日两国证券法所列举的证券的范围很广，且兜底条款也未明确界定证券的属性。《美国证券法》采用经验性标准确定证券的属性，“被普遍认为是证券的”任何权益或票据均包含在证券法关于证券的定义中。《日本证券法》采用流通性和公益及投资者保护的需要性两项标准来确定证券的属性。以上反映了两国证券市场的发达，证券种类的丰富，也反映了两国证券法的立法目的均在于为证券范围的界定留出足够的空间，使那些日新月异、花样翻新的金融交易和工具不致逃避法律的规范管理。我国《证券法》也未直接揭示证券的内涵，而是在第 2 条规定了《证券法》的适用范围：股票、公司债券和国务院依法认定的其他证券的发行和交易；政府债券、证券投资基金份额的上市交易。从我国《证券法》第 2 条规定的列举来看，我国证券法所规范的证券种类非常有限，包括股票、公司债券、政府债券和证券投资基金份额，其他证券能否适用证券法要由国务院依法认定，反映了我国金融市场正处于发展阶段，金融产品较单一的状况，也反映了证券立法对金融创新品种的谨慎态度。

尽管各国证券立法均未直接揭示证券的内涵，但是对各国所列举的证券类型进行分析，不难概括这些证券的共同属性。美国联邦最高法院在审理联邦证券交易委员会 v. W. J. Howey Co.（荷威公司）一案时指出，证券的定义“包含着一条弹性的而不是呆板的原则，它能够应付那些利用他人钱财，允诺获取利润的人炮制的无穷无尽的、花样翻新的计谋。"① 在证券法意义上，证券的发行对发行人来讲是一种融资手段，对认购人来讲是一种投资手段，所以证券是一种金融工具和投资工具。证券代表着发行人与投资人之间这样三种法律关系：第一，融资关系。发行人允诺可靠的资金运用能力，投资人基于对这种允诺的信任进行投资。第二，资金管理和运用关系。发行人遵守融资时的承诺，合理运用筹集到的资金进行商事经营活动，投资人对发行人的资金运用活动享有监督权。第三，利润分配关系。投资者对于资本运营产生的利润享有请求权，发行人应当依据证券发行时的承诺向投资者分配利润，同时投资者也应承担发行人道德风险之外的资本经营本身的所有风险。以上三种关系的顺利实现均以发行人的信用为基础，因此证券代表的是资本信用关系。

二、证券交易行为的法律性质

以证券为客体的交易过程分为两个阶段：证券发行和证券交易。

（一）证券发行

证券发行是指符合法定条件的证券发行人，为了筹集资金，依照法定的程序和条件，向投资人发行有价证券的行为。证券发行行为的法律性质是投资产品的市场投放行为。

证券发行的交易双方是发行人和投资者。发行人是证券的创设者和售出者，发行人自行掌握或决定的一系列因素如公司所处行业、公司的组织结构和股权结构、经营管理状况、财务状况等决定了证券的品质。投资者是指根据证券发行人的招募要约，已认购或购买证券的个人或组织。② 投资者依据发行人披露的信息判断证券的品质，做出投资判断，认购或购买证券。证券投资者中既有专业的机构投资者，也有非专业的个人投资者。机构投资者往往资金力

① 高如星、王敏祥：《美国证券法》，法律出版社2000年版，第61页。

② 叶林：《证券法》，中国人民大学出版社2000年版，第52页。

量雄厚，证券信息获取能力强，投资决策更加理性化，而个人投资者往往资金少，证券信息获取能力较差，侧重于投机性投资。

证券发行行为是一种复合行为，以证券募集合同为基础，以交付证券或者将有价证券记入投资者证券账户行为为创设证券权利的条件或标志。证券募集是证券募集人与投资者订立旨在向投资者出售证券的合同的行为。证券募集的过程表现了证券募集合同的订立过程。证券募集人在募集前，须依法制作并公布招股说明书、债券募集办法等公开发行募集文件，向投资者发出募集资本或资金的意思表示，该意思表示性质上应属于要约邀请。认购人填写认购书，作出认购的意思表示并交纳认购款项属于要约。募集人向投资者确定分派的证券数量属于承诺。至此证券募集合同成立，但是证券发行行为尚未完成，证券权利和义务关系尚未发生。证券发行行为的完成还需要证券募集人向认购人交付证券或者将有价证券记入投资者证券账户，至此投资者成为证券持有人，享有证券权利，募集者成为发行人，承担证券义务。

证券发行的交易内容是发行人与投资者之间因证券发行所产生的权利义务关系，主要指发行人向投资者承担的信息披露义务和受托人义务，与此相对应的是投资者享有的对发行人资本经营活动的知情权和监督权。

发行人的信息披露义务贯穿了证券发行的全过程，在证券发行完毕后的证券交易过程中，还要承担持续信息披露义务。在证券发行关系中，发行人出售证券取得开展经营活动需要的资金，并未向投资者现实支付对价，而是以代表将来给付的信用关系的证券作为交换。证券所代表的信用能够为投资者所接受，需要发行人披露一定的能够说明发行人资金运用的信用的信息，如发行人的资产状况、经营策略、所募资金用途、以往履约情况等。发行人所披露的信息应当是真实、充分和及时的，以便投资者获取这些信息，进而分析和评价证券的价值。证券发行完毕后，持有股票的投资者作为发行人的股东享有资产受益、参与重大决策和选择管理者的权利，所以发行人应当向股东报告经营信息和财务信息。持有债券的投资者有权了解发行人发行债券所募资金的用途，当发行人发生分立、合并、减少注册资本等主体变更或财产状况的重大变更时，债券持有人享有知情权，并有权要求发行人提供担保或者提前清偿，而当发行人出现破产原因时，债券持有人作为债权人享有知情权，并可以通过债权人会议监督管理人对发行人破产财产的管理、变价和分配。基于股权、债权等权利本身的流通属性，证券也就具有流通属性，而证券化更便利股权、债权等权利的流通。证券的流通性，使资本市场中的投资者总是处于某一发行人的投资者和潜在投资者两种身份的不断转化过程中，发行人向当前的证券持有人承担信息披露义务，是由股东或债权人的知情权决定的，发行人还应向广大的潜在投资者承担信息披露义务，此时的信息披露义务属于证券募集合同订立过程中的诚信义务。总之发行人只要获准公开发行证券，就要承担信息披露义务，直到证券市场上不再有其证券流通。

发行人的受托人义务是指投资者基于对发行人的信赖将资金交给发行人管理和运用，发行人应当承担受托人义务，勤勉、谨慎地进行经营活动，合理运用募集资金，并应当忠实于投资者，诚信地履行其在证券募集文件中对投资者所作的投资回报承诺。发行人作为公司、企业等组织体，其受托人义务的履行是由发行人的经营管理者完成的。发行人的管理者阶层对发行人承担受托人义务，与投资者之间形成转委托关系，管理者作为投资者的次受托人，对投资者应承担受托人义务。正如本文在受托人义务规则部分的论述，受托人义务包括两种：注意义务和忠实义务。注意义务要求受托人勤勉、尽责，忠实义务要求受托人忠于委托人利益，不以权谋私。作为发行人的经营管理者，其履行受托人义务的方式表现为商业决策的制定和执行。

商业运作的高效性对商业决策的制定和执行提出了迅速、及时的要求，而市场行情的瞬息万变，又导致商业决策的高风险性，只有合理界定经营者阶层的受托人义务，才能既保障经营者充分发挥主观能动性，运用自己专业的管理经验，作出创新、高效的商业决策，又能提供约束机制使其不滥用经营管理权，或以权谋私。因此美国法院的判例形成了经营者注意义务的“商业判断规则”。根据商业判断规则，董事、高级管理人员善意地进行商业决策即可满足注意义务的要求，如果：（1）他与所进行的商业决策事项不存在利害关系；（2）他对所进行的商业决策是了解的，并合理地相信在该种情况下是适当的；（3）他理性地相信其商业决策符合公司的最佳利益。[①] 这一规则的理念是，商业决策本身就具有一定的风险性，何况对商业决策的事后司法审查又很困难，法官并不具备对商业决策作出评价的经验和能力，所以经营者只要是善意地并在合理的调查基础上所作出诚实的商业决策，就应判断其符合经营者注意义务的标准，即使该决策是错误的，经营者也不对此承担责任。当然，如果经营者怠于履行职责，不关心、不参与发行人的经营活动，不及时作出商业决策，导致投资者损失时，就构成对注意义务的违反，应承担赔偿损失的责任。

经营者的忠实义务涉及两个方面的内容：一是经营者应使自身的利益服从发行人和投资者的利益；二是经营者不应利用经营管理权谋取私利。经营者第一方面的忠实义务表现为同业竞争的限制义务，管理报酬的披露义务等，经营者第二方面的忠实义务表现为自我交易、关联交易的限制义务，利用公司商业机会谋取私利的禁止义务等。经营者违反忠实义务所取得的利益，属于不当得利，依我国《公司法》规定，这些利益应当归公司所有。

（二）证券交易

证券交易是指证券持有人依照交易规则，将证券转让给其他投资者的行为。[②] 证券交易行为的法律性质是投资产品的买卖行为。

证券交易的主体双方都是投资者，但是投资者之间却存在投资能力、交易动机等方面的差别。证券市场上的投资主体依存在形式分为两大类型：个人投资者和机构投资者。个人投资者是拥有闲散资金的普通个人，他们不以从事证券交易为职业，只是偶尔进入证

---

① 施天涛：《商法学》（第三版），法律出版社 2006 年版，第 246 页。

② 叶林：《证券法》，中国人民大学出版社 2000 年版，第 131 页。

券市场买卖股票。我国证券市场上的个人投资者大多数缺少必要的金融证券方面的知识，不具备分析证券信息的能力，不了解也不愿去了解发行人的经营业绩和发展前景，只是试探着入市，对证券市场上的传言缺乏判断能力，轻信传言，盲目跟风，追涨杀跌。个人投资者进行证券交易的动机往往不在于获得长期投资的收益，而在于得到短线投机的差价，套小利差，频繁出入股市。但是个人投资者目前仍然是我国证券市场上的投资主力，据新华社深圳2008年4月28日专电（记者何广怀）根据深圳证券交易所金融创新实验室日前完成的《2007年度股票市场绩效报告》，2007年深市A股主板和中小企业板的成交金额中，个人投资者交易仍占主导地位，机构投资者只分别占11.95%和11.26%，比上年有所下降。[①] 因此我们一方面要打击证券市场中的欺诈、操纵市场、内幕交易行为，为个人投资者提供公平、安全的交易环境，保护他们的投资热情，引导他们利用投资基金方式投资；另一方面还要通过各种途径增加他们的专业知识，并使他们通过证券交易的实践成为理性投资人。机构投资者是指用自有资金或者从分散的公众手中筹集的资金专门进行有价证券投资活动的法人机构。在西方国家，以有价证券收益为其主要收入来源的证券公司、投资公司、保险公司、各种福利基金、养老基金及金融财团等，一般均称为机构投资者。其中最典型的机构投资者是专门从事有价证券投资的共同基金。我国目前的机构投资者比较少，主要是具有证券自营业务资格的证券自营机构，符合国家有关政策法规的各类投资基金。与个人投资者相比，机构投资者作为专业的证券经营机构，更有能力收集和分析证券市场信息，从而有能力发现证券的价值，使证券价格的形成更具理性化；另外机构投资者资金力量雄厚，可以通过持有一定数量发行人发行在外的证券，形成对发行人资本的控制，从而有效行使投资者对发行人管理层的监督权，提高投资项目的经济收益，促进发行人内部

---

① http://www.jfdaily.com/gb/jfxww/jishibb/node46815/userobject1ai2022637.html.

治理的完善。但是机构投资者也可能利用自身的资金优势、信息优势牟取暴利，如机构投资者更有可能与上市公司管理层相勾结，获取并利用内幕信息进行交易，还可能利用资金优势进行大规模投机行为，操纵市场，破坏公平交易秩序，损害中小投资者利益。

尽管证券发行人并不是证券交易的一方当事人，但却是证券交易的关系人。作为证券交易的客体的设计者和制造者，他始终应对其发行的证券承担“产品责任”，无论证券持有人是谁，发行人均要承担无差别的信息披露义务和受托人义务。

证券交易行为的完成与普通有形商品交易相比也有自己的特殊性。交易双方缔约的过程并不表现为要约和承诺的过程，而是众多投资者通过证券交易所的电脑主机集合竞价，而交易所的集中竞价系统会根据投资者报出的价格和时间自动撮合成交，交易瞬时达成并不可撤销。当一笔证券交易达成后，交易各方不必亲自向交易相对方进行货币与证券的交割，专业的证券登记结算机构会根据法律规定和交收合约在闭市后为证券交易各方提供多边净额交收服务。至于作为交易客体的证券的品质，取决于发行人的经营业绩，交易各方对此不能像普通买卖合同一样承担瑕疵担保责任。所以证券交易具有抽象性，交易双方是抽象的投资者，没有具体的商业信誉、履约能力的差别，对双方的意思表示不存在真实与否的判断，一旦交易指令发出，便不可撤销。

证券交易的价格确定具有很强的主观性。尽管证券的价值是由发行人客观上的经营业绩决定的，但是一方面发行人经营业绩的披露具有主观性，发行人会基于自身利益的考虑有选择地披露经营信息，或者披露信息不真实、不及时，从而不能客观体现证券的价值，另一方面即使发行人的经营信息作了客观披露，广大的投资者缺少对其客观分析和评价的能力，往往根据自身的承受能力和收益预期确定买或卖的证券价格。证券本身的品质和价值应当是证券价格确定的核心因素，但是证券价格在其他因素的作用下，往往远远偏离于它的价值。供求关系是影响交易价格的普遍因素，而证券市场上供求关系很容易被人为操纵。由于证券的无形性和流通性，其交易量可以无限大，拥有足够资金实力的投资者可以通过大额买进或卖出证券，影响市场上证券的供求关系，从而操纵证券市场价格。另外证券市场中发行和交易的证券数量由证券监管机构通过核准制度来掌握，也是证券市场供求关系主观化的一个因素。

三、证券交易风险的法律分析

在现代市场经济条件下，证券市场作为主要的金融市场对于一国经济的稳定和发展起着关键性的作用。一方面，证券市场是连接融资者与投资者的桥梁和纽带，既能满足企业对资金长期和稳定的需要，又能满足投资者对于投资预期收益性、流动性的需求；一方面，证券市场能够促使资金向有优势行业或企业流动，从而起到调整与重组社会资产，优化资源配置的作用；另一方面证券市场还是国家通过实施货币政策和产业结构政策，对国民经济进行宏观调控的重要手段。尽管如此，证券市场却是一把“双刃剑”，它的存在和发展是经济发展不可或缺的重要成分，同时它又具有极大的不稳定性和高度的风险性，很容易产生波及整个社会的危机。[①] “股市有风险，入市须谨慎”，这句证券市场的投资格言时时处处在提醒投资者证券市场的风险性，依法规范证券市场主体的行为，规范证券交易中的风险，对于投资者保护和证券市场的稳定发展是非常必要的。

（一）由主体义务性法律规范控制的风险

证券市场集中了多种利益主体，发行人、投资者、证券经营机构、证券服务机构、证券交易所、证券监管机构等，他们相互之间存在着利益冲突，在各自利益的驱使下，不免会损害了他方的利益。法律规范的作用在于明晰证券市场各类主体之间的权利和义务关系，使他们能够规范行为，合法营利，任何一方不依法履行自己的义务均会造成交易的风险。

---

① 郝东旭、魏淑君：《证券市场风险法律防范》，法律出版社 2000 年版，第 3 页。

发行人是证券的设计者，如同普通商品的生产者，应对其产品承担质量担保责任。发行人对其所发行证券的质量担保责任具体表现为发行人向投资人承担的信息披露义务和受托人义务。信息披露义务要求发行人充分、真实、及时地公开能够反映证券价值的各种资讯，包括发行人的组织结构和股权结构、财务状况、经营管理状况等，以使投资者正确判断证券的品质，理性确定证券的交易价格。如果发行人不正确履行信息披露义务，在披露的文件中作虚假记载、误导性陈述或者有重大遗漏的，就会使投资者对证券的价值形成错误的判断，做出错误的交易决定，造成投资者交易风险。受托人义务要求发行人勤勉、谨慎地进行经营活动，合理运用募集资金。如果发行人违背了受托人义务，滥用募集资金进行风险投资行为，或者利用募集资金谋取私利，将会导致经营失败，投资人的投资收益预期落空。所以证券法强调保护投资者利益，就要严格规定发行人的信息披露义务和受托人义务，这些义务既是发行人在证券募集合同中向投资人承担的合同义务，也是发行人作为投资产品制造和设计者应该承担的法定义务。

投资者是证券市场的主要参与者，在证券发行市场上，投资者用资金购买证券后，就丧失了对其资金的支配权，其证券权利的实现依赖于发行人义务的履行，所以在证券发行关系中处于风险承担者地位，而一旦投资者对证券市场失去了信心，将会导致证券市场崩溃，所以证券法将投资者保护作为立法宗旨。证券法通过赋予投资者以证券信息知情权、资金运用监督权来保护投资者投资预期的实现。在证券交易市场的投资者之间，也存在利益冲突，买卖双方都希望从买进、卖出的差价中获利，而证券交易的价格并不是双方私下协商的结果，而是证券市场的相关投资者集中竞价形成的结果，所以拥有雄厚资金实力的机构投资者，往往根据自身交易的需要，大量买进或卖出证券，制造交易行情，操纵市场价格，广大的个人投资者往往在盲目跟风中被机构投资者套利。另外也有一些投资者可能通过各种途径获得影响证券价格的未公开信息，他们利用这些信息进行交易，明知证券价格将上涨，便大量低价购进，随后高价卖出，或者明知证券价格将下跌，便大量高价卖出，将投资风险转移给其他不知情的交易相对方。为了维护公平交易的市场秩序，证券法禁止操纵市场行为和内幕交易行为，这是诚实信用原则和公平交易原则的要求，因操纵市场或进行内幕交易给其他投资者造成损失的，应当承担民事赔偿责任。

证券经营机构开展的业务主要有两大类：证券自营业务和证券经纪业务。开展证券自营业务的机构是典型的机构投资者，他们应当承担与其他投资者公平交易的义务，不得进行市场操纵行为和内幕交易行为。经营证券经纪业务的证券经营机构，与客户之间是委托代理关系，应当履行代理人职责，承担受托人义务。证券经营机构对于客户的义务主要包括：独立存管客户的交易结算资金和证券资产，不得将客户的交易结算资金和证券归入其自有财产；严格执行客户证券买卖的委托，并严格遵守交易规则代理买卖证券；不得以任何方式对客户证券买卖的收益或者赔偿证券买卖的损失作出承诺等。证券经营机构违反义务给客户造成损失的，应当承担赔偿责任。证券经营机构违反受托人义务是证券交易的一种主要的风险来源，据统计，2003 年至 2006 年间，上海法院共受理一审证券案件 547 件，在高、中级院受理的案件中，证券公司为被告的 234 件，占 73.4%。[①]

证券服务机构是指从事证券服务业务的投资咨询机构、财务顾问机构、资信评级机构、资产评估机构、会计师事务所、律师事务所等机构。证券服务机构与客户之间是委托合同关系，应当履行受托人义务，依据诚实信用原则向投资者、发行人等客户提供证券服务。为证券的发行、上市、交易等证券业务活动制作、出具审计报告、资产评估报告、财务顾问报告、资信评级报告或者法律意见书等文件的证券服务机构，应当勤勉尽责，对所依据的文件资料内容的真实性、准确性、完整性有核查、验证的法定义务，其制作、出具的文件有虚假记载、误导性陈述或者重大遗漏，影响证券价值的

① http://article.pchome.net/content-385512.html.

判断，给投资者造成损失的，应当与发行人、上市公司承担连带赔偿责任。

证券交易所在证券市场中扮演着双重角色，一方面是证券集中竞价交易市场的提供者，另一方面是证券市场规则的制定者和证券市场秩序的监管者。证券交易所作为证券集中竞价交易市场的提供者的身份是由其会员共同制定的章程决定、并由法律确认的，保证其证券交易场所和设施的正常运行，为组织公平的集中交易提供保障，公布证券交易即时行情等义务既是证券交易所对其会员的约定义务，也是证券交易所对全体证券市场主体的法定义务。证券交易所作为证券市场规则的制定者和秩序监管者的身份也源于其会员共同制定的章程，以及法律的确认。证券交易所对证券市场的监管主要是一种自律性监管，在证券交易所内从事证券交易的人员，违反有关交易规则的，证券交易所有权对其作出纪律处分，如口头警告、罚款、书面通报、暂停参加场内交易、开除会籍。[①] 除此之外，《证券法》还授权证券交易所在发生突发性事件，可能影响证券交易秩序时，采取技术性停牌或暂时停市的措施，对证券交易实行实时监控，监督发行人或其他信息披露义务人义务履行情况。当然证券交易所作为证券市场的主体一方，应当接受证券监督管理机构的统一监管，证券交易所制定上市规则、交易规则、会员管理规则和其他有关规则应当遵守法律、行政法规的规定，并应经国家证券监管机构批准。证券交易所的双重身份决定了其在证券交易市场中的主动地位，它提供交易市场，它制定交易规则，如果不对其行为加以规范，给广大投资者和市场参与者带来的损害将是灾难性的。目前我国最高人民法院已经专门就与证券交易所监管职能相关的诉讼案件管辖与受理问题作出规定，指定上海证券交易所和深圳证券交易所所在地的中级人民法院分别管辖以上海证券交易所和深圳证券交易所为被告或第三人的与证券交易所监管职能相关的第一

① 《上海证券交易所章程》第11条。

审民事和行政案件。[1] 我国法院也受理了多起因交易所系统技术问题导致投资者发出委托指令，交易所却未收到该指令造成投资者损失，投资者起诉证券交易所的案件。为了防止和化解证券交易风险事故，保证证券交易系统的安全运转，我国《证券法》第111条规定，证券交易所应当从其收取的交易费用和会员费、席位费中提取一定比例的金额设立风险基金。证券交易所风险基金，是用于弥补证券交易所重大经济损失，防范与证券交易所业务活动有关的重大风险事故，以保证证券交易活动正常进行而设立的专项基金。

证券监管机构是依法执行证券市场监督管理职能的国家机构。证券监管机构享有对证券市场各类主体从事各类证券业务的广泛的监督权，享有对违反证券市场监督管理法律、行政法规的行为进行查处的权利。证券监管机构行使其职权时，相关单位和个人应当予以配合。证券监管机构代表国家行使对证券市场监督管理的权力，应忠于职守，依法履行职责，遵守公开和公正的原则，对于其不依法履行职责的行为应承担法律责任。

（二）其他风险

证券市场的风险除了来自于证券市场主体的行为之外，还有市场外的人为因素或非人为因素，这些风险是运用法律手段不能防范的风险，只能由投资者自行承担。在各证券经营机构的风险提示书中，其他风险通常涉及以下几个方面：宏观经济风险，指由于国家宏观经济形势的变化以及周边国家、地区宏观经济环境和周边证券市场的变化，引起的国内证券市场的波动。政策风险，指有关证券市场的法律、法规及相关政策、法规发生变化，引起的证券市场价格波动。上市公司经营风险，指由于上市公司所处行业整体经营形势的变化，上市公司经营管理等方面的因素，如经营决策重大失误、高级管理人员变更、重大诉讼等引起该公司证券价格的波动或者上市公司经营不善导致该公司被停牌、摘牌给投资者造成的损

① 指《最高人民法院关于对与证券交易所监管职能相关的诉讼案件管辖与受理问题的规定》，该司法解释已于2005年1月31日施行。

失。技术风险，指由于交易撮合及行情揭示是通过电子通信技术和电脑技术来实现的，这些技术存在着被网络黑客和计算机病毒攻击的可能，由此给投资者带来的风险。不可抗力因素导致的风险，诸如地震、火灾、水灾、战争等不可抗力因素可能导致证券交易系统的瘫痪；证券经营机构或证券交易所无法控制和不可预测的系统故障、通信故障、电力故障等导致证券交易系统非正常运行、系统中断甚至瘫痪，使投资者的交易委托无法成交或者无法全部成交的风险。

上述风险虽然不能运用法律手段去控制和防范，但是各类市场主体包括证券发行人、投资者、证券市场的组织者和管理者等对于降低这些风险的发生概率，或减少投资者因此蒙受的损失还是有所作为的。国家证券事务管理部门、证券经营机构等可以通过对投资者进行经济金融领域相关知识的培训，加强投资者对经济发展和证券市场前景的认识和分析能力，减少投资者投资行为的盲目性；政府部门应进一步减少制定证券市场相关政策的随意性，增强制定过程的规范化，政策内容的科学性、稳定性，政策公开的及时性，减少因政策失误、政策信息分配不公给投资者带来的损失；上市公司可以通过完善管理层约束和激励机制，吸收优秀管理人才，提高经营管理水平，降低投资者的风险；证券经营机构或证券交易所应当加大对改善交易场所和技术设施的资金投入，提高交易系统的风险防范能力，保障交易安全。另外国家应鼓励开发投资理财新产品，并引导投资者依据信托制度利用专业理财机构，采用资产组合方式进行投资活动，降低投资风险。

第四章　商主体基本原理研究

第一节　商主体资格的确定

商法是规范商主体和商事活动的法律，商主体和商行为概念是商法理论和商事立法必须明确界定的核心概念。商法理论一般认为近现代各国商事立法的核心有商行为和商主体之分，即客观主义商事立法和主观主义商事立法之分。客观主义以商行为作为立法的核心，若行为性质上具有商的属性，其主体则为商人，该行为即适用商法；主观主义以商人作为立法的核心，主体的商人属性是判断行为是否是商行为或该主体及其行为是否适用于商法的依据。本文将探讨关于商主体的几个基本问题，如：商主体概念的界定，商主体与商行为的关系，商事能力，商主体的独立性，商主体法定原则，商主体与企业的关系等，希望通过对这几个基本问题的探讨，深化对商法基本理论的认识，并对完善我国商主体制度具有实践意义。

一、商主体的概念

（一）商主体的含义及特征

在法学意义上讲到主体，均指法律关系的主体。商主体，顾名思义应当是商事法律关系的主体，即商事法律关系的参与者。主体参与商事法律关系的方式是以自己的名义实施某种商行为，而实施商行为依法需要具备经营资格，所以商主体的概念可以表述为：商主体又称商事法律关系主体，是指依照法律规定以自己的名义从事商行为，参与商事法律关系，享有权利和承担义务的人。

关于商主体的概念可作两个层次的分析：从形式上讲，商主体即参与商事法律关系，并在其中享有权利和承担义务的人；从实质上讲，商主体是依法以自己的名义实施商行为，引起商事法律关系发生的人。实质意义上商主体概念的核心是以自己名义实施商行为，显示出商主体概念对商行为的依赖性，即只有实施商行为的人才是商主体。近代以来各国对于经营主体的资格多采用登记核准制度加以限制，所以实施商行为或经营行为还须依法经登记核准取得经营资格。

商主体的特征如下：

1. 商主体是商事法律关系中享有权利和承担义务的人。商事法律关系是指由营利性主体的营业行为所引起的法律关系，包括直接生产经营活动引起的经济关系，由商品交易营业活动引起的经济关系，媒介社会生产经营各阶段而间接创造价值的营利性活动所引起的经济关系以及服务于社会生产和流通的一切营利性营业活动所引起的社会关系。①

2. 商主体是实施商行为的人。商主体参与商事法律关系的方式是与交易相对人实施商行为，所以商主体的构成必须以实施某种商行为为要件。商行为是以营利性营业为目的和内容的行为，即经营行为，表明主体至少在一段时间内持续从事同一性质的营利活动，具有营业性或职业性。

3. 商主体是依法取得经营资格的人。经营活动日益构成现代社会实践活动的重要部分，经营活动的有序、高效，关系到国家经济秩序甚至政治秩序的稳定，因此各国对经营主体采取市场准入制度，主体实施商行为，只有经过登记核准取得经营资格的人才能进行经营活动。

（二）商主体与商行为的相互依赖性

尽管依商事立法的客观主义，商主体的概念需要由商行为引出，而依主观主义商行为的概念又需要由商主体引出，但是商主体与商行为的关系决不能这么简单确定何者为第一位。

---

① 董安生等：《中国商法总论》，吉林人民出版社 1994 年版，第 30 页。

《法国商法典》开创了客观主义的先河，规定“以实施商行为作为其经常职业的人是商人”，但是除商法典以商行为为标准确定商人身份的规定以外，根据《1867 年法国股份公司法》、《1925 年法国有限公司法》和《法国合伙法》的规定，凡是股份公司、有限公司、两合公司、个人合伙和有限合伙均属于商人，而不问其营业行为的性质是否属于商行为，[①] 这些规定说明法国商法在商主体的确定上，开始注重主体的形式标准。另外法国 1919 年 3 月专门制定了《商业登记法》，规定从事持续性商事营业者应该进行登记，以登记作为取得经营资格的要件，具体商行为的界定要依赖于主体是否进行了商业登记。

《德国商法典》首创了主观主义商事立法体系，强调商主体的资格确定，该法将商行为分为固有商行为、营业商行为、辅助商行为等不同层次，其目的在于确定法定商、注册商、任意商等的地位。其实《德国商法典》并没有脱离商行为来确定商主体，而是更关注商行为的形式，即关注主体实施营利行为是否必须进行登记、是否采用了以商人的身份和组织机构建立起来的、严谨的有规则的经营方式。即便是秉承主观主义的《德国商法典》，也在其第一条第一款中规定“本法典意义上的商人是指从事商事经营的人”。根据这一条款，德国商法中的商人是从事商事经营活动的法律人格，资格的认定必须以法律所确认的商事经营活动的存在为前提。

从上述两国商法关于商主体的确定来看，商主体与商行为具有相互依赖性，商主体必须是实施商行为的主体，而商行为只能是取得经营资格的主体所实施的经营行为，所以关于商主体资格的确定必须以商行为为基础并结合商业登记核准制度。

二、商事权利能力与行为能力的统一

通说认为商事能力是商主体在商法上的商事权利能力与商事行

---

① 赵中孚：《商法总论》，中国人民大学出版社 2003 年版，第 112 页。

为能力的统称。[1] 它是指商主体依据商业登记所核定的经营范围，独立地从事核定的商行为，享有商法上的权利并承担相应义务的资格和能力。商事权利能力和商事行为能力同时产生，同时消灭，内容相同。关于商事能力的本质，一般认为是在民事能力基础上由商事特别法附加于商主体的特殊权利能力和行为能力。[2]

民事权利能力和行为能力具有不同的含义和性质，民事主体的权利能力和行为能力在存续时间以及内容方面均具有分离性，商事权利能力和商事行为能力在存续时间、内容范围方面则相统一，其统一的基础在于商主体的法律拟制本性。商主体的法律拟制本性决定了商事权利能力具有不同于民事权利能力的属性，能够与商事行为能力相融合。

第一，商主体是指依照法律规定以自己的名义从事商行为，参与商事法律关系，享有权利和承担义务的人。商主体资格的取得需要具备实施以营利性营业为目的的行为这一实质要件，还需要具备核准登记的形式要件。商主体资格即商事权利能力的取得，不是由法律普遍确认的，而是当商主体的设立者经过一系列的准备行为，在具备了法定的进行经营活动的资本、人员、场地等各项条件以后，基于设立者的申请，由登记机关依法个别授予的。商主体的法律拟制性就体现在商主体是依照法定的条件和程序经核准登记而成立的。所以商事权利能力的一个重要特点便是个别取得性，而不是一般民事权利能力所具有的法定性和普遍性，这一特点构成商事权利能力与商事行为能力相统一的基础原因。

第二，经营范围是商主体成立时必须核准登记的事项，商主体成立后从事经营活动的范围以核准的经营范围为限。这一范围既是法律对商主体商事活动范围的可能性限制，也是现实性限制，所以既规定了商主体的商事权利能力，也规定了其商事行为能力，商主

① 覃有土：《商法学》，中国政法大学出版社 2006 年版，第 28 页。

② 范健：《商法》，高等教育出版社、北京大学出版社 2002 年版，第 30 页。

体的权利能力和行为能力统一于其核准登记的经营范围。虽然经营范围的确定必须符合法律的规定，并且在商主体成立时要经过登记机关核准登记，但是毕竟经营范围的选择和确定是由商主体的设立者根据自身的条件自主决定的，所以经营范围的确定本质上还属于意思自治的范畴，会因为设立者的意志不同而具有差异性，各商主体的权利能力和行为能力也呈现出差异性，而不是一般民事权利能力的平等性。这一特点构成商事权利能力和商事行为能力相统一的根本原因。

第三，商主体作为法律拟制的主体，其成立条件已经包括形成和执行商主体意志的完善机制，所以商主体的成立就意味着获得了独立进行经营活动的资格，意味着同时获得了商事行为能力，而不存在基于自然人的意思能力的欠缺而产生的无行为能力或限制行为能力的状况。商主体资格的消灭同样意味着商事行为能力的消灭。商事权利能力和行为能力同时产生、同时消灭，产生与消灭时间分别以商主体进行成立登记或注销登记的时间来确定。

三、商主体的独立性

（一）人的普遍商化仅具有可能性而非现实性

人的普遍商化是民商合一理论的重要基础之一，该理论认为商品经济的发展导致的普遍化，普遍化即意味着人人都是，而作为人人都是的必然结果则导致商主体与民事主体融合，商法作为独立的法将不复存在，而与民法合二为一。

但是现代以来国家对于商事活动进行干预的实践表明商主体资格的取得需要国家个别授予。所以尽管近代以来资产阶级倡导“人人平等”，废除各阶层身份的差别，废除特权，但是人人平等享有从事工商业活动的自由，并不意味着人人都是，并不意味着商主体资格自动取得，而是指人人都有选择从事商行为的自由，人人都有设立商主体从事工商业经营活动的民事权利能力，但是商主体的成立需要符合法定的条件并且经过登记核准。

（二）商主体的独立性表现于以下几个方面

1. 商主体以营利性行为为营业。商主体享有经营权，以进行经营活动为事业，放弃或丧失了经营权，也就丧失了其本性。

2. 商主体具有组织性特征。商主体以实施营利性行为为其事业，即商主体的营业以持续营利为目的，商主体若需达到持续营利的目的，必须建立、健全内部的组织和管理体系，以保障其决策科学、管理科学、运作科学。公司的内部组织机构及其运作由公司法加以规范，商业合伙的事务执行由合伙企业法加以规范，即使是个人独资企业，也要依法建立组织管理体系，处理好投资人与受委托或受聘用管理独资企业的人员之间的关系，处理好企业与职工的关系，也要依法建立账簿，进行会计核算。所以无论是商法人、商合伙或商个人，均需要建立科学的内部管理系统，具有组织性特征。

3. 商主体的成立依据是商事特别法。商主体资格的取得必须符合法定的条件，并经商事登记。商事特别法对于不同组织形式的商主体往往分别加以规定，其条件和核准登记程序也不同，所以不同组织形式的商主体应分别依据相应的商事特别法成立。

4. 商主体具有独立的商业名称。独立的商业名称是商主体独立性的表征，即使是商个人，在进行营业活动时也要使用独立于业主姓名的商业名称，以区别商主体与民事主体。

（三）区分商主体与一般民事主体的意义

商事主体与一般民事主体的根本区别在于商主体以营利性行为为营业，即商主体进行商品交易与民事主体所追求的目标不同，商事主体从事交易活动是为了谋求资本的价值增值，而一般民事主体从事交易活动，即便是为了盈利，也是为了维持个人或家庭生活的需要，基于此，法律便要对这两种主体予以不同的调整，区分民事主体与商事主体的意义主要体现在以下几个方面：

1. 市场准入方面的要求不同。既然一般民事主体进入市场进行交易的目的主要是为了满足生活的需要，法律便对此不加以准入限制，因为生存乃是第一要义。而对于商事主体而言，它们进入市场从事交易活动是为了实现资本增值，再加上商主体一般都是经济实力雄厚的企业，对整个特定的市场甚至社会都可能产生很大的影响，因此法律会对商事主体的市场准入加以限制，以维护市场秩序。[①] 针对不同种类的商事主体，法律设定不同的准入条件，如公司法对有限责任公司、股份有限公司设立条件和设立程序的规定，合伙企业法、个人独资企业法对合伙企业、个人独资企业设立条件和设立程序的规定等，其中设立条件往往涉及投资人条件、投资规模、现实的经营条件等，法律对这些条件的规定体现了商法强化商主体，维护交易安全的原则。

2. 规范原则和行为规则不同。对于商事主体和一般民事主体，法律依据不同的原则确立了不同的行为规范。商法为了反映商主体的营利需求，在设计规范商主体的行为规则时，必然遵循促进交易原则、维护交易安全原则，对商事权利适用短期时效，对商行为效力及内容的判断适用外观主义，对交易的形势采用定型化规则。另外为了加强对营利性主体营业行为的规范，维护交易秩序，商法规定商主体承担严格责任，在公司法、合伙企业法、票据法中规定广泛的连带责任，在消费者权益保护法中，甚至规定加倍赔偿的惩罚性责任，来制裁违背诚信的经营行为，保护消费者利益。而民法对于民事主体的规范则遵循自愿和公平原则，对民事行为效力和内容的判断采用意思主义，民事责任主要是过错责任、自己责任，而严格责任和连带责任属于民事责任的特例，民事责任的范围也以填补受害人所受损害为限。

3. 法律推定的结果不同。对于一般的民事主体，当事人如无明确约定，其相互之间所进行的活动一般推定为无偿；而对于商主体，基于其营利性的特点，当事人如无约定，一般推定其行为为有偿行为。

4. 意思自治的程度不同。商法同民法一样具有私法的属性，但是由于国家对商业经营活动的干预程度强于对民事活动的干预程

---

① 赵万一、叶艳：《论商主体的存在价值及其法律规制》【R】，载中国民商法律网，2001 年。

度，所以商法对商主体意思自治的限制要大于民法。如商法中公司章程虽然属于股东之间的协议，但是法律对公司章程的形式和内容都作了强制性要求，公司章程必须采用书面形式，且必须记载公司法规定的应记载事项，否则将导致章程无效。而依据民法规范合同的内容和形式一般属于民事主体意思自治的范畴。再如商法对商主体规定了强制性的公示义务，商主体有义务通过登记制度公示其重要事项，包括财产状况、经营状况、财务会计报告、重大的交易事项等，其目的在于确保交易相对人对商主体的了解，使交易相对人作出理性的交易决定，保护交易的安全和秩序。而在民法上某一民事主体的财产状况一般情况下，属于私生活信息，应当受隐私权的保护。

四、商主体法定原则

（一）商主体法定原则的确立

国内外商法学界的通说认为，欧洲中世纪的商法是近代商法的起源。[①] 中世纪的商法属于习惯法，其内容涉及商主体资格的确定，但是这一时期的商法属于商人之间的自治规则，不具备国家制定法的属性，所以还不具备现代商法中商主体法定的含义。近代商法是在中世纪习惯法的基础上发展起来的，已经实现了习惯法向国家制定法的转变，但是法律本身没有刻意塑造商主体的类型，不同类型的商主体间的区别还不明显。当时除从事海上贸易的商主体受海商法的调整，从而在身份上具有一定的特殊性外，其他商主体，无论是以个体、家庭，还是以无限责任公司以及合伙人身份出现，常常在对外表现上并不引起太大关注，而更多关注参与者的内部关系，所以近代商法也不可能确立商主体法定原则。

商主体法定原则的确立应该发生在商法典创制的时代，即19世纪至20世纪商品经济快速发展的阶段。商品经济的发展使商事

---

① ［美］伯尔曼：《法律与革命》，中国大百科全书出版社1993年版，第406页。

经营者的数量、类型和规模都到了空前的程度，并使其成为一种独立而强大的社会经济力量，各国的商法典以及一系列的商事特别法不得不对其加以系统规范，细化类型，规定商主体成立的条件，规范商主体的对内对外关系。商主体法定原则的确立是国家对商事活动进行干预，强化商主体，规范商主体，维护交易安全和社会经济秩序的结果。

（二）商主体法定原则的内容

商主体法定原则即商主体资格由国家强制法予以严格控制，其内容包括商主体类型法定、内容法定、公示法定。

商主体类型法定是指可以进行经营活动的商主体的类型由法律予以明确设定，当事人不得在法定类型之外创设商主体。关于商主体的类型，法律往往从财产责任性质角度、组织形式角度或经济性质角度进行确定。按照大陆法国家的商事法规定，商主体通常包括商事公司、非公司型企业、个体三类。其中商事公司又可分为股份有限公司、有限责任公司、无限责任公司和两合公司等类型。商主体类型法定原则适用的前提是商事立法对商主体类型做出合理、准确而严格的类型划分，而且立法已经对实践中行之有效的经营组织形式进行了全面的法律概括，从而为商事法实践提供了充分可供选择的主体类型。①

商主体内容法定是指商法对于各种类型商主体的财产关系和组织关系加以强行法规制，禁止当事人创设或变更为非规范性财产关系和组织关系的具体商主体。同一类型的商事主体依法具有相同性质的财产归属关系、利润分配关系、财产责任关系、注册资产规模、商业税收标准以及内部组织关系，从而保障了同类型的商主体具有相同的法律性质，维护了商事法律关系主体方面的定性。

商主体公示法定是指商主体的成立时以及存续期间必须按照法定程序公示重大事项，以便第三人及时知晓，作出理性的交易决策，维护交易安全。商主体公示法定原则构成了商事登记制度。

① 董安生等：《中国商法总论》，吉林人民出版社 1994 年版，第 55 页。

遵循商主体法定原则有利于对商主体的管理，促进商主体内部组织设立以及运作的科学性，维护交易安全和秩序。

五、商主体与企业

传统的是由自然人所派生的法律人格，表现为商个人。随着经济的发展和经济规模的扩大，在现代市场经济中最重要的商主体是企业，企业是民事主体从事商事经营的重要组织形式。尽管商主体的外延中，还包括企业之外的商事个人，但是由于企业所具有的自主、自治机制更能够确立商主体的独立地位，更能保障商主体营利行为的计划性和持续性，所以“商人是商法主体这一观念实际上已经被企业是商法主体的新观念所代替”①。

企业原是经济学和经营管理学上的概念，一般认为企业是人力和物力相组合的、有组织的经济实体，它包含企业主和雇员的实际活动，包含土地、厂房、设备、商品、资金等有形资产，也包含专利权、商标权、债权、债务以及客户网络、商业秘密和商誉等无形财产。在成熟的市场经济环境中，企业自主、自治、自我管理、自我约束、自己承担风险和经营成果，是社会最重要和最基本的经济组织。德国商法学家施密特提出，企业应具备三个特征，即独立性、营利性以及经营的计划性和目的性。② 企业的独立性包含企业经营资产的独立性和企业经营活动的独立性两个方面。经营资产的独立性保障企业拥有与投资者其他财产相分离的由企业独立支配专门用于经营活动的物质条件，经营活动的独立性保障企业的经营决策只能依据企业自身的运作机制作出，而不受外部意志、包括个别投资者的干预。企业的营利性表明企业始终以追求资本增值为目的，始终要贯彻对投资负责的宗旨。经营的计划性和目的性表明在企业内部存在着科学的运作机制或决策机制，有会计体系科学地核算企业经营的效益，有专门的组织机构制定企业的经营计划，有协

① 王书江：《外国商法》，中国政法大学出版社 1987 年版，第 8 页。
② 范健：《德国商法》，中国大百科全书出版社 1993 年版，第 74 页。

调企业内部各类人力资源的科学体制。由于企业自身就是一个自我管理、自我约束的有机体，所以能够保障经营活动的理性，能够更好地实现企业的营利目的。另外企业的独立性和自治性，也使企业拥有独立于其投资者的生命力而可以永久存在，而企业的稳定存在无疑对于稳定交易秩序有益。

如上文所述，德国商法注重的经营方式在确定商主体方面的作用，规定法定以外的商事活动经营者，如果需要一种以商人方式建立起来的经营活动，即有义务在商事登记簿上登记注册，称为注册或应登记。[①] 这里所谓的“商人方式”指采用企业形式的经营方式，即严谨的、有规则的、有组织的经营方式，这种经营方式与商主体对持续营利目的的追求最相适应。所以企业经营模式是典型的商主体存在方式。

企业作为商主体的组织形式，包括公司、合伙和个人独资企业等。商主体的组织形式除企业之外，还包括未采用企业经营模式的摊商、流动商、个体工商户和农村承包经营户。商主体的外延大于企业的外延，不过企业是一种最重要、最典型的商主体。商法主要的规范对象就是企业，所以对各类企业的组织及其行为的规范构成商法的主要内容。

六、结语

商主体含义的探讨，不仅仅是一个理论问题，而且直接关系到商主体资格的认定、商法规范的适用范围。商事能力的特点、商主体的独立性是设计和运用商法特殊规则的基础，商主体严格法定原则体现了国家对经营活动从主体角度的干预主义。企业是商主体的重要组织形式，商法规范应引导各类企业建立科学的内部运作机制，遵守商行为的各类规则，实现投资者的营利需求和社会经济利益的增长。当前我国正处于市场经济快速发展，商事立法活动频繁的时期，深入研究商主体的基本理论对商事立法及商事实践活动将

---

① 赵中孚：《商法总论》，中国人民大学出版社 2003 年版，第 126 页。

有重要意义。

第二节　商誉权的法律属性及其保护

一、商誉的含义

商誉是商主体在其营业中取得的社会成员对其信用状况、管理水平、商品和服务质量等综合营业素质的积极评价，表现为社会对商主体的商号、商标、地理标志等各种商业标志的广泛认可，这种广泛认可对商主体来讲就意味着未来有更多的交易机会，更好的交易条件和更多的赢利，所以对特定商主体来讲，商誉是能够为其带来超额利润的无形资产，而且由于商誉是商主体自身长期营业信誉的积累，所以应该属于资本化资产。

二、商誉的载体

商誉是商主体在营业中积累的良好声誉，是社会成员对商主体综合营业素质的积极评价，商誉属于商主体，商誉的载体是商主体的营业整体，既包括静态的营业财产，也包括动态的营业活动。① 营业财产和营业活动是构成营业的两个要素，营业财产是营业活动的基础，而营业活动对营业财产具有目的性意义。

有学者认为商誉的载体很多，最大的载体便是其所依附的企业或个人，具体而言，包括企业的名称、个人的姓名和肖像、商标、产品名称和包装、建筑物及其风格或地址等商业标志。② 由于所谓商誉即特定商主体的商誉，商誉必然归属于作为商主体的企业或个

---

① 王保树教授将营业活动称为主观意义的营业，将营业资产称为客观意义的营业。参见王保树：《商法总论》，清华大学出版社 2007 年版，第 182 页。

② 程合红：《商事人格权论——人格权的经济利益内涵及其实现与保护》，中国人民大学出版社 2002 年版，第 84 页。

人，所以，商誉的主体为企业、个人等商主体。商誉的载体不同于商誉的主体，载体为承载商誉的事物，即为商主体带来良好声誉的事物或商主体享有良好声誉的依据、基础。由于商誉是社会成员对商主体综合营业素质的积极评价，所以其载体是商主体的营业。至于企业的名称、人的姓名和肖像、商标、产品名称和包装、建筑物及其风格或地址等商业标志，是商主体营业的标示，人们对这些标示的认可程度反映人们对商主体营业的认可程度，也反映商主体的商誉状况。

三、商主体的人格要素及商誉权的属性

商主体是指能够依商法规定以自己的名义直接从事商行为，即经营活动，参与商事法律关系，享受权利和承担义务的个人或组织。商主体是法律拟制的主体，商主体资格的取得即营业资格的取得；商主体的成立要件，即营业资格的取得要件。取得营业资格的实质要件为营业能力，形式要件为经商业登记。营业能力包含三个要素：营业资产、营业组织及营业名义。所以，商主体的人格要素包括实质性要素——营业资产、营业组织和营业名义，形式要素指商业登记。商誉为商主体于营业中积累的良好声誉，不是商主体的人格要素，不是维持商主体人格所必备的要件，是否享有商誉不影响商主体资格的存在，但会影响商主体营业的开展。

如上所述，商誉的属性为资本化资产，是特定商主体于营业中积累的社会成员对其信用状况、管理水平、商品和服务质量等综合营业素质的积极评价，商誉的取得往往需要一定的成本，从成本与收益的关系来看，商誉作为资本化资产所产生的收益应当归属于特定商主体，他人不得利用特定商主体的商誉谋取个人利益。另外，商誉是社会成员对商主体综合营业素质的评价，其载体为特定商主体的营业，包括营业资产和营业活动，所以商誉与特定商主体的营业不可分离。

商誉是一个源于英国普通法的概念，现在逐渐被大陆法系国家

法律和一些国际法律文件所采用。[①] 英国传统财产法将商誉列为特殊的动产，并通过仿冒之诉来保护；传统大陆法系民法中没有商誉的概念，但不意味着对商业信誉不予以保护，大陆法系各国多数通过反不正当竞争法禁止损害特定商主体商业信誉或商品声誉。《德国反不正当竞争法》第 1 条规定，禁止败坏竞争对手的商业信誉，像有系统地仿造他人的产品，窃用他人的构想，或通过模仿竞争对手的商品广告或商品包装等方式而盗用他人剩余的行为，均属禁止之列。我国《反不正当竞争法》第 14 条规定，经营者不得捏造、散布虚伪事实，损害竞争对手的商业信誉、商品声誉。迄今为止的资料还未发现有立法明文规定商誉权，但很显然各国已经将商誉作为权利的客体加以保护。商誉权应是特定商主体基于其商誉所享有的资产收益权，他人承担不得侵害的义务，商誉权是财产权、绝对权，商誉权的内容包括三个方面：一是利用商誉营利；二是排斥他人对特定主体商誉的利用；三是制止他人对商誉的损害。

四、商誉权的实现

（一）商誉权的实现借助于商主体于营业中对各种营业标志的使用

商誉表现为社会对商主体的商号、商标、地理标志等各种营业标志的广泛认可，所以商誉权的实现依赖于商主体营业过程中对各种营业标志的使用。商号是商主体为商行为时使用的名称，代表商主体，使用特定商主体的商号即意味着利用其商誉。商标是商品的生产者、经营者在其生产、制造、加工、拣选或者经销的商品上或者服务的提供者在其提供的服务上采用的，用于区别商品或者服务来源的，由文字、图形、字母、数字、三维标志、颜色组合，或者上述要素的组合，具有显著特征的标志。商标用于区别商品或服务的来源，来源于不同商主体的同类商品或服务往往具有不同的质量

① 程合红：《商事人格权论——人格权的经济利益内涵及其实现与保护》，中国人民大学出版社 2002 年版，第 77 页。

或特色，特定商主体理论上应当在自己的商品上或服务中使用与众不同的商标，以标示同类商品的不同来源，也以标示来源于不同商主体的同类商品或服务具有不同的质量和特色，方便消费者选择。商主体在其提供的商品上或服务中长期使用特定商标，在消费者观念中就会形成这样的认识——不同商标代表不同质量或特色的商品或服务，因而认可并乐于选择代表较好质量的商标。商标为其使用者即提供商品或服务的商主体积累商誉，相应地使用代表特定商主体商誉的商标，也能为商主体带来更多的交易机会和营业利润。《与贸易有关的知识产权协议》对地理标志的定义是：地理标志是指证明某一产品来源于某一成员国或某一地区或该地区内的某一地点的标志。该产品的某些特定品质、声誉或其他特点在本质上可归因于该地理来源。在我国地理标志被作为一种证明商标。在产品上使用特定地理标志，代表着该商品具有与其地理来源相关的优良品质或特色，地理标志的长期使用能够为商主体积累商誉，相应地使用代表特定商主体商誉的地理标志，也能使商主体取得商誉这种资本化资产所带来的收益。

商号是商主体的名称，代表商主体自身，也代表商主体的综合营业品质，包括管理水平、信用等级、商品和服务质量等多方面，商号与商主体的营业不可分离，否则便不能代表特定商主体的商誉，不具有特定商誉的人使用他人的商号，一方面可能给商誉主体造成营业损失，另一方面也可能误导消费者。商标是商品或服务质量的标示，代表特定商主体一方面的商誉，商主体可以有偿为条件，许可他人使用自己的商标或将商标转让给他人，其获得的对价即商标所代表的商誉的部分价值，而且如果被许可使用的商品或服务的质量与商标所有人的商品或服务质量相当，就不会误导消费者，不会损害消费者的利益。地理标志也是一种商标，由地理标志产品产地范围的生产者向当地的质量技术监督局或出入境检验检疫局申请使用，① 不发生地理标志所有人许可使用或转让的问题。

---

① 我国《地理标志产品保护规定》第20条。

（二）商誉出资是商誉权实现的一种形式

商誉出资的理论依据在于：一是商誉具有财产属性，其价值可以以金钱估算；二是商誉的载体为特定商主体的营业，商主体可以将商誉及其部分营业分出，不影响主体资格的存续，也可以在营业资格终止时将商誉及其全部营业转让。

各国公司法实践中对商誉出资的问题规定不尽相同。英美法对股东出资方式没有严格限制，而是将这个问题留给股东或董事会决定。《美国标准公司法》6.21（b）规定，董事会授权发行股份时，其对价得为有形或无形财产，或为给予公司的利益。依《美国标准公司法》的上述规定，股东出资的财产形式几乎没有任何限制，当然也不限制商誉出资。在大陆法系国家，随着严格法定资本制向折中资本制的转变，公司资产信用理念得以确立，股东出资形式的限制开始减少，如我国台湾地区“公司法”第156条第5款明确规定，股东之出资除现金外，得以对公司所有之货币债权，或公司所需之技术、商誉抵充之。《日本公司法》第34条第1款规定，发起人认购设立时发行的股份后，须立即缴纳就其认购的设立时发行股份，全额缴纳作为出资的金钱或交付作为出资的金钱以外的财产。依《日本公司法》上述规定，日本允许货币以外的出资形式，包括商誉出资。

我国《公司法》第27条规定了有限责任公司股东及股份有限公司的发起人的出资形式，依该条股东可以用货币出资，也可以用实物、知识产权、土地使用权等可以用货币估价并可以依法转让的非货币财产作价出资；但是，法律、行政法规规定不得作为出资的财产除外。依我国《公司法》第27条的规定，股东出资的财产形式只要具备可以用货币股价，并可以依法转让两个条件即可，各类无形资产包括商誉满足上述两个条件，应该属于合法的出资形式。但是与我国《公司法》同日生效的国家工商行政管理总局的《公司注册资本登记管理规定》第8条第3款规定，股东或者发起人不得以劳务、信用、自然人姓名、商誉、特许经营权或者设定担保的财产等作价出资，该条规定是否是《公司法》第27条中所指法律、行政法规的除外规定，如依立法本意解释，应该说两部规范性文件于同日生效，且《公司注册资本登记管理规定》公布在后，[①]立法者本意在于该条规定属于《公司法》第27条中所指的除外规定；但是依法理解释，《公司注册资本登记管理规定》是国家工商行政管理总局制定颁布的规范性文件，其性质为部门规章，而非《公司法》第27条所指的行政法规，所以不构成《公司法》第27条的除外规定。尽管对股东出资形式的相关规定的解释还存在矛盾，但是公司实践为了吸引投资，已经顺应出资形式自由化的趋势，突破了立法对商誉出资的限制，如依《石嘴山市对外开放政策规定》，“石嘴山境内的资源、产业、市场一律对外开放，欢迎国内外客商、科研机构、大专院校以有形或无形资产为纽带，来我市实施多形式、多层次、多要素的经济技术合作，兴办各类项目”，该规定第25条更明确鼓励以名牌商誉出资，“鼓励国内外科研机构、大专院校、企业和科研人员以技术、专利、名牌商誉等形式入股与我市企业联合开发生产性项目，以技术、专利、名牌商誉等高新技术作为无形资产入股的股份允许占到注册资金的35%”。另外，在我国与有关国家签订的投资保护协定也确认了商誉出资的合法性。[②]

商誉出资必然涉及商誉价值的评估。商誉的价值具有以下几方面特征：（1）商誉是企业长期积累起来的，未计入账面价值的无形资产；（2）商誉的价值具有整体性，形成商誉的各项个别因素

---

① 我国《公司法》于2005年10月27日公布，《公司注册资本登记管理规定》于2005年12月27日公布。

② 《中华人民共和国政府和瑞士联邦政府关于相互促进和保护投资协定》第1条规定，“投资”一词系指在接受投资的缔约一方领土内依照其接受投资时的有效法律而获准进行投资的所有财产，主要是：（1）动产和不动产，以及所有物权，如抵押权、质权、用益权和类似权利；（2）公司股份、股票和其他形式的参股；（3）债权和所有具有经济价值的行为请求权；（4）版权、工业产权、专有技术和商誉；（5）特许权，包括勘探、开采和开发自然资源的特许权。

不能单独计价，而只能以商誉总体加以确定；（3）商誉的未来利润与成本无直接关系；（4）商誉的价值反映了企业整体资产的价值已超过了个别资产价值的总和。[①] 依中国资产评估协会制定的《资产评估操作规范意见（试行）》，商誉作为不可确指的无形资产，其价值评估可以选用超额收益法和割差法。超额收益法，是指将企业收益与按行业平均收益率计算的收益之间的差额（即超额收益）的折现值确定为企业商誉的评估值；割差法，是指将收益现值法测算出的整体企业评估值，减去通过各种适宜的方法分别评估出的该整体企业各单项资产的评估值，以其差值作为该整体企业商誉评估值。商誉评估值最低为零。[②]

商誉出资必然涉及商誉的转让，如上文所述商誉是商主体享有的社会成员对其综合营业素质的积极评价，商誉的载体为商主体的整体营业，所以商誉的转让必然伴随商主体营业的转让，包括有形资产和无形资产如商号、商标的转让。

五、商誉的保护

商誉权是特定商主体基于其商誉享有的资产收益权，他人不得利用特定商主体的商誉谋取非法利益，也不得损害特定商主体的商誉。对商誉的法律保护，是通过制止商誉侵权行为，并使侵权行为人承担法律责任实现的。

（一）商誉侵权行为的主要表现形式

商誉侵权行为有两种基本形式：非法使用特定商主体的营业标志，冒用特定商主体的商誉；诋毁特定商主体的商誉。冒用特定商主体对商誉权主体造成的损害有两个方面：一方面，市场份额被商誉冒用者挤占，导致商誉收益减少；另一方面，冒用者所提供的劣质商品或服务会减损商誉的价值。诋毁特定商主体商誉的侵权行

① 吴恒安：《无形资产的内容和鉴定》，载 http://www.chinawater.net.cn/CWR_Journal/200106/13.html。

② 《资产评估操作规范意见（试行）》第100条。

为，将直接导致商誉价值的减少。

冒用特定商主体商誉的侵权行为主要有以下几种形式：（1）假冒他人注册商标；（2）擅自使用知名商品特有的名称、包装、装潢，造成和他人的知名商品相混淆，使购买者误认为是该知名商品；（3）擅自使用他人的商号，引人误认为是他人的商品；（4）在商品上伪造或者冒用认证标志、名优标志、地理标志等质量标志，对商品质量或特点作引人误解或虚假的表示等。

诋毁特定商主体商誉的侵权行为主要有以下几种形式：（1）在公共场合，向公众捏造和散布虚假事实，如采用刊登对比性广告、声明性广告，召开新闻发布会等形式，诋毁和贬低竞争对手商誉；（2）在经营过程中，如在洽谈、销售过程中向业务客户、消费者散布虚假事实，贬低竞争对手的商誉；（3）在所出售商品的包装说明书上，对竞争对手的同类商品进行诋毁，通过商品包装公开宣称他人商品存在质量缺陷；（4）假借消费者名义向有关消费者保护组织、新闻单位、质量监督部门作关于竞争对手产品质量低劣、服务低劣、侵害消费者权益的虚假投诉等。

（二）商誉侵权责任

保护财产权是各个法律部门的共同任务，因此对商誉的保护也涉及民法、行政法、刑法等多个法律部门，视侵权行为的情节轻重，行为人将承担民事责任、行政责任或刑事责任，其中民事责任可以与行政责任或刑事责任并用。

商誉侵权民事责任的主要承担方式是赔偿损失，对于受害人来说，这是救济其损害的最佳途径。依我国《最高人民法院关于审理不正当竞争民事案件应用法律若干问题的解释》第 17 条的规定，商誉侵权损害赔偿数额参照确定侵犯注册商标专用权的损害赔偿额的方法进行，即商誉侵权损害赔偿数额为侵权人在侵权期间所获得的利益，或者被侵权人在被侵权期间因被侵权所受到的损失，包括被侵权人为制止侵权行为所支付的合理开支。侵权人因侵权所得利益，或者被侵权人因被侵权所受损失难以确定的，由人民法院根据侵权行为的情节判决给予 50 万元以下的赔偿。有学者认为，侵害商誉权的民事责任，除损害赔偿外，还包括除去侵害的责任方式，即停止侵害、恢复商誉、消除影响、赔礼道歉。① 消除影响，恢复商誉属于一种责任形式，只是从不同角度界定的问题，而赔礼道歉适用于对人身利益损害的补救，商誉为财产利益，商誉侵权不涉及人身利益的损害，所以不应适用赔礼道歉等责任形式，若以诋毁商誉的手段，侵害他人人身利益的，将构成侵害人身权。

第三节　破产程序中企业社会责任的承担

企业破产事件往往引发巨大的社会影响，直接导致债权人债权落空，广大职工失业，投资者血本无归，间接则引发企业利益相关各方之间的信用危机，甚至引发公众对政府调控社会能力的信任危机。在破产状态下，企业应如何承担社会责任才能化解利益相关各方的矛盾，而利益相关各方，包括国家如何才能与企业达成一致意见，共同推动企业的重整再建等问题与人们对于企业及其资产法律属性的界定密切相关。只有正确界定企业及其资产的法律属性，才能够正确理解重整程序的企业维持规则，清算程序的破产分配规则，才能够正确理解并实践企业的社会责任理论。

一、破产能力与企业的商主体资格

（一）破产能力的界定及其意义

破产能力是指债务人能够适用破产程序解决债务清偿问题的资格，也就是民事主体可以被宣告破产的资格。② 破产程序是在债务人具有破产原因的情况下，集中、高效、公平地清理债权债务关系的一种程序，本质上不是排斥而是吸引更多的债务人适用，才能发挥其制度功能，因此破产能力的构成不应为债务人适用破产程序设置很高的门槛，只要债务人以独立的名义参与民商事法律关系，且

---

① 吴汉东：《论商誉权》，载《中国法学》2001 年第 3 期。

② 王欣新：《破产法》，中国人民大学出版社 2002 年版，第 33 页。

拥有可以独立支配的财产作为交易的信用基础这两个要件就足以构成债务人的破产能力。债务人独立承担民事责任，不是破产能力的内涵，那些不能独立承担民事责任的债务人，在适用破产程序以其全部财产对全部债权债务进行清理之后，剩余债务可以由债务人的出资人或其他责任者承担。

各国破产法之所以对某些债务人进行破产能力的限制，往往基于社会政策的考量，如对公法人、金融企业法人、公用企业法人等破产能力的限制就考虑到对这些债务人适用破产程序可能给社会秩序造成的严重影响。而我国破产法对于自然人破产能力的限制主要考虑到我国尚无自然人财产申报、自然人信用征集等配套制度，难以准确判断其是否已经达到破产界限，使破产可能沦为债务人逃避债务的手段。

企业应具有破产能力，无论其组织形式是公司、合伙还是独资企业，无论其是否独立承担民事责任。企业作为人力、物力相结合的有组织的经营性实体，以自己的名义参与市场交易活动，拥有与投资者其他财产相分离、由企业独立支配专门用于经营活动的经营资产作为信用基础，企业的经营决策依据企业自身的运作机制，进行独立核算，并通过财务会计制度反映和控制自身的收支情况，因此，企业在经营过程中，可能出现不能清偿到期债务或资不抵债的财务困难，企业及其债权人会产生对企业经营资产进行清算的需求。适用破产程序规则，由破产管理人集中管理债务人经营资产，由债权人会议集中行使债权人权利，能够提高清算的效率，更有效地保障债权人的平等受偿权，监督企业及时地清理债权债务关系。尽管合伙企业和独资企业破产清算后，合伙人或投资者对企业的债务要承担继续清偿的责任，但是并不妨碍他们利用破产程序集中清理其债权债务关系。

（二）企业的商主体资格及其社会责任

破产能力的两项要件，即独立的名义和独立的财产，也是商主体资格的构成要件，但是商主体资格以具有独立意志为本质要件，而破产能力却不必以债务人具有独立意志为本质要件，因为在考察破产能力时，债务人具有独立意志是依靠推定解决的，如果有证据证明债务人的营业行为受实际控制人控制，如债务人与他人存在母子公司或总公司与附属公司等关联关系，或债务人账户、资产与投资者等实际控制人混合，则应适用关联破产的从属求偿或实质合并规则。①

由于无论何种形式的企业均具有独立的商业名称，拥有独立支配的经营资产，依据各类型企业自身的运作机制作出经营决策，形成企业的独立意志，并以独立的名义进行经营活动，以独立的名义享有和承担商事法律关系中的权利和义务，因此企业均具有商主体资格。企业以实施营利性行为为其事业，即企业以持续营利为目的，而企业若要实现持续营利的目的，必须建立、健全内部的组织和管理体系，以保障其决策科学、管理科学、运作科学。公司的内部组织机构及其运作由公司法加以规范，合伙企业的事务执行由合伙企业法加以规范，即使是个人独资企业，也要依法建立组织管理体系，处理好投资人与受委托或受聘用管理独资企业的人员之间的关系，处理好企业与职工的关系，也要依法建立账簿，进行会计核算。所以，各类企业均具有组织性特征，均需要建立科学的内部管理系统，具备形成经营决策的组织机构或组织机制，否则便不能称其为企业。

与破产能力的构成相同，民商事主体资格并不以独立承担民商事责任为要件，因为在民商法规则中既有无限责任，也有替代责任，如合伙企业对其债务，应先以其全部财产进行清偿，合伙企业依法被宣告破产的，普通合伙人对合伙企业债务仍应承担无限连带

① 从属求偿规则，是指在破产程序中分配破产财产时，将债务人关联公司如母公司、子公司、附属公司等作为债权人的求偿请求滞后处理，直到其他债权人得到偿付后再用破产财产余额予以清偿的规则。实质合并规则，是指将破产的多数关联企业的资产与债务合并计算，并且去除掉关联企业间彼此的债权和担保关系，将合并后的破产财团，依债权额比例分配予该集团的所有债权人，无论该债权针对的是关联企业中的哪一家。

责任，合伙人对合伙企业的债务承担无限责任，并不影响合伙企业独立的商主体地位，再如无行为能力或限制行为能力的自然人实施侵权行为致他人损害，由其监护人承担替代责任，但谁也不能否认无行为能力人或限制行为能力人的主体资格。

企业承担社会责任，是其拥有商主体资格的必然结果。企业是一种人力和物力相结合的、有组织的经济实体，[①] 各类企业均具有组织性，是由各类内部成员组成的社会组织。企业以商主体的身份存在于社会经济生活中，如同自然人、事业单位、社会团体等其他主体一样，应承担由主体的社会性所决定的社会责任。企业的社会责任分为两个层次：一是企业作为社会组织，对其内部成员如出资人、职工等应承担的责任；二是企业作为社会主体，对交易相对人、社区应承担的责任。实现利润最大化只是企业对其出资人的责任，企业在创造利润最大化的同时，还要承担对雇员、对消费者、对交易相对人、对社区等相关者的社会责任。企业从事商事活动所获得的利润，不可能由资本直接创造，而是来自于雇员的劳动、企业管理者的经营活动、公众对企业产品或服务的消费、对公有自然资源、社会环境的利用等。当代社会，无论国内还是国外，各类企业从自身长远利益出发，越来越重视承担社会责任，社会责任的内容也呈扩大趋势，包括合同责任、产品责任、广告责任、环保责任、雇主责任、保障就业平等的责任和积极参与社会公益活动的责任等。企业积极承担社会责任，对于改善其商事活动环境，建立企业与社会的和谐发展关系至关重要。

二、破产财产与企业的资产维持责任

（一）破产财产的客体属性

营业资产是企业设立和发展的物质基础，在经营活动中，一方面，营业资产是企业所有权、经营权的客体；另一方面，营业资产

---

① 范健：《德国商法：传统框架与新规则》，法律出版社 2003 年版，第 122 页。

还作为劳动条件、劳动对象或劳动产品构成企业与其雇员之间劳动合同关系的标的物；再一方面，在企业与其交易相对人之间的债权关系中，营业资产可能是交易的标的物，也可能作为责任财产成为责任行为或强制执行行为的对象。因此无论从企业内部法律关系考察，还是从企业外部的法律关系考察，营业资产均处于客体地位。

在破产程序中，破产财产是指破产宣告时至破产程序终结期间，归破产管理人占有、支配并用于破产分配的破产人的全部财产的总和。[①] 与作为一般财产权客体的财产含义不同，破产财产具有目的性和独立性两个显著特征。破产财产的目的性是指，破产财产是仅为特定目的而存在的财产，是依破产程序用于破产分配的债务人的所有财产，其意义仅在于变价还债，无论是破产人还是破产管理人均不能对破产财产进行使用、收益。破产财产的独立性是指，破产财产的范围以破产人所有、依法由破产管理人管理、支配的，能够用于破产分配的财产为限，与破产企业投资者的个人财产、破产自然人的自由财产等相区分，投资者或破产人无权支配和处分。可以说，破产财产是专门用于破产分配的、具有独立性的财产组合，因此有观点认为破产财产在本质上与财团法人并无二致，亦是以一定的目的财产构成，并以该财产之集合体作为享有权利和承担义务的基础，理应成为一种特殊的临时主体。其理论依据是日本学者星野英一关于法律人格就是私法上权利义务所归属之主体或权利义务的归属点的论断。[②] 但是，在破产清算程序中，破产财产总是要被管理人处分、变价的，所得的价款要用来清偿破产人的债务，所以破产财产可支配、可变价的客体属性是不容否认的。在非破产清算的情况下发生的企业转让情形，是企业对其营业资产的处分，既包含土地、厂房、设备、商品、资金等有形资产，也包含专利权、商标权、债权、债务以及客户网络、商业秘密和商誉等无形财产。由于营业资产是企业存在的物质基础，所以如果企业将其全部

① 齐树洁:《破产法研究》，厦门大学出版社 2004 年版，第 344 页。
② 齐树洁:《破产法研究》，厦门大学出版社 2004 年版，第 348 页。

资产转让，就会导致该企业被兼并，主体资格消灭。如果企业将其全部营业资产连同商业名称一并转让，虽然在形式上保留了该企业的主体地位，但实质上原企业的组织成员、组织机构和组织机制均被新企业代替，所以仍然是仅作为资产被兼并了。

（二）破产清算中企业的资产维持责任

企业资产维持责任以诚实信用原则为基础，与公司制度中的资本维持规则相联系。有限责任公司的股东仅以其认缴的出资额为限对公司承担责任，股份有限公司的股东以其认购的股份为限对公司承担责任。在公司经营过程中，股东的出资或股本都将转化为公司的资金，并随着公司营业的开展，资金的数量和形式将不断发生变化。资本维持规则就是要求公司存续中，始终维持与其资本额价值相当的资产，以满足企业正常营业所需，维持企业进行信用交易的财产基础，股东不得抽回投资，公司不得在提取公积金之前向股东分配利润。当公司财务出现困难，可能发生破产原因或已经具备破产原因时，公司的经营者应当遵循诚信原则维持公司的资产，不得使公司资产不当减少，不得对个别债权人偏袒清偿，不得为逃避债务而隐匿、转移公司资产。因此公司的资产维持责任其实自破产程序开始前就已经开始了。

就合伙企业、个人独资企业而言，尽管破产清算程序结束后，普通合伙人或个人独资企业投资人对企业债务应以其他财产承担清偿责任，但是毕竟企业的资产是企业债务的直接责任财产，只有确立企业资产维持责任，才能使信用交易相对人的利益得到确切保障，毕竟各合伙人或出资人的个人信用的公示程度是有限的，因此也是不确定的。

（三）企业成员是清算中资产维持责任的主体

企业是社会组织，由其成员如出资人、经营者或职工具体实现其权利能力和行为能力，企业对其成员职务范围内的活动承担责任。企业的资产维持责任也要落实到其各类成员身上，对债权人等企业的外部主体来讲，资产维持责任的主体是企业，对企业来讲，资产维持责任的主体是各类成员。在公司法上，设立公司时，股东的非货币出资的实际价额显著低于公司章程所定价额的，该股东应向公司补足其差额，公司设立时的其他股东承担连带责任；公司的发起人、股东在公司成立后，抽逃其出资的，应及时改正，将其抽逃的出资返还给公司。可见资产维持责任首先是企业对其债权人或其他外部主体的责任，然后是企业成员对企业的责任。由于企业破产清算的结果是导致企业主体资格消灭，因此在破产清算程序中，企业成员直接成为资产维持责任的主体，债务人企业违反诚信义务，使企业的责任财产不当减少，损害债权人利益的，其法定代表人和其他直接责任人员依法承担赔偿责任。

三、破产重整与企业维持的社会责任

（一）破产重整的意义

破产重整是指在企业无力偿债的情况下，依照法律规定的程序，保护企业继续营业，实现债务调整和企业整理，使之摆脱困境，走向复兴的再建型债务清理制度。[①] 重整程序通过为债务人提供破产保护，以恢复或维持债务人企业的营业能力，其目的在于实现以企业为核心的相关各方利益的最大化。当企业在财务上陷入困境，周转资金匮乏，经营活动难以为继时，如果听任企业倒闭，各类债权人包括供货商、贷款银行等将面临债权不能实现的危险，对消费者的售后服务也可能中断，职工将面临失业的危险，投资者可能收不回投资。一家企业倒闭，就如同一棵大树倾倒了，依赖这棵大树庇护的生灵会因此受到重大影响。与破产清算和破产和解程序相比，重整程序关注的利益主体更广泛，追求的目标也更长远。为了使企业摆脱财务困境，摆脱倒闭清算的命运，相关各方的利益都要受到某些限制，债权人包括享有担保物权的债权人均不能行使权利，出资人不得请求投资收益分配，为债务人企业继续经营活动提供物质保障。另外，一个企业陷入财务危机，可能是由于设备陈旧、人员冗杂、成本过高，也可能是由于资金不足，所以挽救一个

---

① 覃有土：《商法学》，中国政法大学出版社2007年版，第217页。

濒危企业的手段应该是多样化的，债务人企业的重整措施也应该是多样化的，包括债权调整、经营范围调整、企业管理层改组、增资、获得新贷款等，只要这些措施为相关各方的利益提供了适当保护，并且包含重整措施的重整计划经合法程序获得法院批准就可以实施。

（二）破产重整主体及其企业维持的社会责任

1. 企业内部人员维持企业的社会责任。企业如同由出资人、经营者、职工组成的大家庭，尽管在企业内部各类人员均具有不同的地位和职权，享有独立的利益，但是企业的存续和发展却是各类人员不同利益的共同依托，因此在重整程序中全体内部人员的总体目标应该是一致的，即挽救陷入困境的企业，为达成这一共同目标，各类人员必须协调各自的利益冲突，有时甚至要牺牲自己的利益，如职工可能被裁员，出资人可能被限制投资收益分配，而经营者则可能面临改组等，企业内部人员为实现企业重整所受到的不利益，可以理解为其对企业承担的社会责任。

2. 外部力量维持企业的社会责任。企业在现代社会中是诸种社会主体利益的交会点，是社会经济活动的主要承担者。[①] 企业破产影响范围很广，不仅直接影响到企业的内部人员以及企业的债权人、消费者等的利益，还间接影响到就业、福利等社会保障负担，影响到国家的财政税收收入，因此，利用重整程序挽救陷入财务危机的企业，不仅是企业内部人员承担的社会责任，还是企业的外部力量，包括债权人、企业工会、政府等的社会责任。

美国通用汽车公司成功走出破产保护程序，正是美国政府、汽车业联合工会、通用汽车公司的债券持有人协力挽救的结果。美国通用汽车公司于北京时间 2009 年 6 月 1 日向纽约当地破产法庭递交破产保护申请。作为世界上最大的汽车公司，通用汽车公司申请破产保护对美国整体及该公司所在地区的宏观经济造成了巨大的负

① 史际春、温烨、邓峰：《企业和公司法》，中国人民大学出版社 2001 年版，第 16 页。

面影响。美国汽车业在本国市场上近年来一直遭受着海外同行的“渗透”。以通用汽车为例，从1980年至2008年的29年间，通用汽车的美国市场份额由45%下滑至22%，正是由于大批美国消费者倒向了外国品牌的车型。美国这个全球最大的经济体不能听任汽车业的衰落，因为这个行业关系到整个机械工业，甚至是美国的国家安全。从地方经济来看，汽车制造业是底特律城市工业的核心部门，在这个全球闻名的“汽车城”，与汽车制造业有关的钢材、仪表、塑料、玻璃以及轮胎、发动机等零部件生产也相当发达。底特律的汽车年产量约占全美的1/4，从业人员近20万，约占全市职工总数40%以上。通用汽车在美国有9.2万名员工，是50万名退休人员的直接养老依靠，再加上美国失业率不断攀升的现实，如果通用破产倒闭，其破坏力可想而知，而其所在的美国西北部地区地方经济也必将受到拖累，因此，美国联邦政府决定注入巨额资金挽救陷入困境的通用汽车公司，促使重整程序顺利进行。联邦政府先后向通用汽车注资500亿美元，以维持后者运营，清偿拖欠担保债权人债务以及提供破产保护融资和退出融资。汽车工人联合会空前大度地免除了通用汽车公司对卫生保健信托基金欠下的100亿美元债务，通用汽车公司债券持有人也同意了债转股计划，以缓解公司的财务困境。

2009年7月6日，美国破产法庭批准了通用汽车公司将旗下几乎全部资产出售给NGMCO公司的申请。NGMCO公司是一家由美国财政部出资设立的公司，待资产出售过程即将完成时，NGMCO公司将会更名为通用汽车公司，并继续沿用“通用汽车”这一公司品牌，旗下各个产品品牌仍将继续运营，至此通用汽车公司成功走出破产保护程序。在获得重生的通用汽车公司中，联邦政府因此持有“新通用”60%的股权，而汽车工人联合会通过免除通用对卫生保健信托基金欠下的100亿美元债务换取对新公司持股17.5%，加拿大政府持股约12%，公司债权人持股10%。

3. 维持企业是对企业社会价值的回报。一家为社会做出过贡献且仍有价值潜力的企业，在其一时陷入财务困境时，无论内部成员，还是外部力量均应给予其谅解和帮助，因为挽救企业，从长远来讲就是在为社会赢得更多的就业机会，更安全的交易环境，更繁荣的经济，更多的财政税收，更好的社会保障，挽救企业正是社会对企业社会价值的回报。

四、破产财产分配顺序与企业社会责任的承担

企业的生命力依赖于营业活动的开展，企业社会责任的承担必须内化于其营业活动的决策、执行、生产、销售等各个环节中，而处于破产程序中的企业，由于已经停止了常态的营业活动，其承担社会责任的方式就具有特殊性。

将破产财产公平地分配给职工、债权人，或用以清缴企业所欠税款，是破产企业向社会承担的最后责任，破产财产分配完毕，破产程序终结，破产企业经注销登记而消灭。依法全额清偿各类债权，是企业的义务，但是破产财产一般情况下不足以清偿全部债权、工资以及税款。破产清算程序的目的就在于公平、公正地对破产财产进行补偿性分配，以达到破产企业各类利害关系人之间补偿性的利益平衡，为此有必要将针对破产财产的各项请求分类，并确定各类请求的受偿顺序。有学者认为，将受破产分配的请求权，分为优先顺位请求权和破产债权，完全是考虑到社会公益的需要作出的选择。① 例如，破产财产在优先清偿破产费用和共益债务后，第一分配顺序为职工工资，即考虑到维护劳动者生计是企业、国家和社会的首要责任；而税款优先于普通债权得到分配，则是国家财政收入的需要。

破产财产分配顺序还应反映各类利益相关者与企业之间利害相关的不同程度，体现利益与风险相一致的原则。在企业内部，职工投入劳动力，获得由社会一般工资水平决定的、相对固定的报酬，职工工资原则上不反映企业的经营状况，而且在企业内部的决策机

---

① 邹海林：《破产程序和破产法实体制度比较研究》，法律出版社 1995 年版，第 372 页。

制中，一般也不包括职工的决策权，所以企业经营不善而破产，不应由职工承担风险，破产财产在拨付破产费用、清理共益债务后，应优先支付工人工资。企业的董事、监事和高级管理人员等经营者，受企业委托行使企业的经营权，并获取巨额的劳务报酬，应承担受托人勤勉、忠实义务，违反受托人义务导致企业破产，应承担赔偿责任。另外，给予经营者巨额的劳务报酬，是基于对企业经营状况的良好预期，包含经营绩效奖励成分，因此当企业破产时，经营者的报酬应当减少。①

与债务人进行商事交易的债权人，其交易的目的在于获得商业利润，而且采信用交易形式往往会为其提供更优惠的交易条件，利润越高，风险越大，因此债权人承担债务人的破产风险是信用交易的必然结果。但是企业经营过程中造成的产品责任、环境侵权责任等损害赔偿责任，则不能适用交易风险承担理论。在2006年企业破产法国际研讨会上，韩长印教授曾经探讨过破产分配中担保物权和侵权之债的关系问题，提出了侵害人身权或环境侵权引起的债务从担保物变价款中优先受偿的观点，② 如果侵权损害赔偿之债优先于有担保的债权具有合理性，那么其优先于普通债权的合理性更毋庸置疑了。在石家庄三鹿集团股份有限公司破产案件中，广大婴幼儿因食用缺陷奶粉致人身利益受到严重损害，引起公众的广泛同情，婴幼儿消费者受害人成为缺陷奶粉事件中社会关注的焦点，如果婴幼儿消费者受害人的人身损害赔偿问题不能得到及时和妥善的解决，将会造成恶劣的社会影响，所以三鹿集团在政府的干预下优先支付了部分患病婴幼儿的治疗和赔偿费用。

在企业内部，出资人是企业的设立者，企业的组织形式由出资人确定；出资人在设立企业时，通过制定企业章程、合伙协议等方

---

① 我国《破产法》第113条规定，破产企业的董事、监事和高级管理人员的工资按照该企业职工的平均工资计算。

② 王新欣、尹正友：《破产法论坛》（第一辑），法律出版社2008年版，第412页。

式规定企业的经营范围、经营方式、资本规模等；在企业的经营过程中，出资人享有资产受益、重大决策和选择管理者的权利。企业由出资人出资设立，出资人决定企业的组织形式和规模，出资人选择企业的经营者并决定企业的经营方针，出资人享有资产受益和剩余资产取回权，所以企业有时被当作出资人所有权的客体。与出资人资产受益和剩余财产取回权相对应，出资人应当以其全部出资承担企业亏损的风险，个人独资企业的出资人、合伙企业的普通合伙人还要以出资以外的财产对企业债务承担责任。

五、结语

当企业发生破产原因时，运用破产程序对企业的全部财产进行清算，公平清偿全体债权人，或运用破产和解、重整程序与债权人达成谅解以挽救企业，是债权人或债务人的理性选择。破产清算程序满足了债权人公平偿债的需求，而债权人会议的民主集中决议规则也为债务人与债权人达成谅解，谋求企业再生提供了高效机制。破产程序属于非讼程序，非讼程序本来以快捷高效为特征，但是实践中破产案件的审结期限往往比普通民商事诉讼案件的审结期限要长，这一方面是因为破产案件涉及的债权债务关系众多，程序参与主体众多，另一方面也是因为破产企业的利益相关各方不能正确理解企业的法律属性、风险承担机制，不能正确理解并承担自身对企业的社会责任。企业应承担与其商主体地位相应的社会责任，而当企业陷入财务危机时，企业的内部成员和外部力量应努力与企业达成谅解，实现企业重整，这是各方对企业所承担的社会责任。在破产清算程序中，将破产财产公平分配给职工、债权人，或用以清缴企业所欠税款，是破产企业向社会承担的最后责任，破产清算程序的目的就在于公平公正地对破产财产进行补偿性分配。破产分配顺序既体现利益与风险相一致原则，也是社会公益的需要。

第五章 公司制度专题研究

第一节 董事的法律地位

一、引言

公司制被誉为实现企业所有权与经营权相分离的精巧设计。公司法人治理结构是公司制度的核心。所谓法人治理机构，即公司的管理机构以及它们之间的相互关系。[①] 公司管理机构通常包括三大机关：股东大会、董事会和监事会。股东大会行使公司的重大事务决策权；董事会负责通常的经营决策和指挥，并代表公司聘请经理人员组织实施公司的具体业务；监事会负责监督董事会和经理人员的经营活动。

一般认为自 19 世纪以来，公司法人治理结构的发展经历了从股东会中心主义到董事会中心主义的转变。所谓股东会中心主义是指股东大会是公司的最高权力机构，公司的董事由股东大会选举产生，公司注册资本的增加、减少和章程的修改必须由股东大会批准决定，公司经营的重大事项由股东大会决策。董事会不享有独立于股东大会的权利，只能依照章程的授权和股东大会的决议执行公司的业务。所谓董事会中心主义是指在现代大型股份有限公司中，股份高度分散且可以自由转让，股东积极参与公司经营管理决策的基础丧失了，董事会逐渐取代了股东大会成为公司治理结构的核心，

---

① 程晓霞：《新法人治理结构》，中国政法大学出版社 2002 年版，第 19 页。

董事会拥有在任何情况下以公司名义进行活动的最广泛的权力，法律明确赋予股东大会的权力除外。董事会的权力直接来源于法律和公司章程的规定，不再依附于股东大会。在公司运行中，股东大会除了法律明确规定的特定权力外，不能对董事会行使职权进行干涉。我国现行公司法仍以股东会中心主义为主，一方面不能满足现代企业决策专业和高效的需求；另一方面容易导致大股东专权，控制董事会和管理层，侵占公司资产，侵害中小股东权益的情形，因此许多学者建议修改我国《公司法》对于董事会和股东会权力配置的规定，实行董事会中心主义。

实行董事会中心主义能够促进实现真正的所有权与经营权的分离，但是在这种法人治理结构模式下，又容易导致“经营者专政”，出现董事滥用职权或不尽职责损害公司利益，侵害股东权利的后果，为了避免这样的不利后果，从理论上明确董事的法律地位，明确董事在法人治理结构中所拥有的职权和职责，以及担任董事的人在与公司形成的法律关系中所享有的权利和承担的义务是一个既具有理论意义又具有实践意义的重要问题。

二、作为法人机关的董事会或执行董事是公司的经营机构

“董事”这一概念通常在两种意义上使用：一是指依法律和公司章程的规定履行经营管理公司职责的公司法人机关，包括有限责任公司和股份有限公司的董事会，以及不设董事会的有限责任公司的执行董事；二是指担任董事的人。

无论是实行股东会中心主义还是实行董事会中心主义，董事会在法人治理结构中都处于关键的经营机构的地位，因为公司制本身就是所有权与经营权相分离的产物，如果由全体股东组成的股东大会经营管理公司的财产，那就不需要设立董事会，也不需要设立监事会（没有人会比股东本人更关心公司资产的命运），公司制也就不存在了。即使有些国家如法国的《公司法》要求担任董事的自然人必须具有股东资格，但是毕竟能够担任董事的只有少数股东，还是少数股东在经营管理所有股东投资构成的公司资产，同样符合

公司制所有权与经营权分离的原理。

作为公司经营机构的董事或董事会享有决定公司的经营计划和投资方案，决定公司内部管理机构的设置，聘任或解聘经理人员等公司业务或事务的经营管理权。我国《公司法》对有限责任公司和股份有限公司董事会的职权作了列举性规定，即董事会所享有的这些职权是法定的基本职权，股东会不得通过章程规定加以变更。现代大多数经济发达国家的公司法对董事会的职权采取概括性规定方式，以使董事会享有对公司经营的更广泛的职权。美国《标准公司法》第35条规定：除本法令或公司章程另有规定外，公司的一切权力都应由董事会行使或由董事会授权行使，公司的一切业务活动和事务都应在董事会的指示下进行。《法国商事公司法》第98条规定：董事会拥有在任何情况下以公司名义进行活动的最广泛的权力，董事会在公司宗旨的范围内行使这些权力，法律明确赋予股东会议的权力除外。

权力（利）总是与义务相对并存在于某种法律关系中。董事会对公司的经营管理权所对应的义务主体是公司还是公司的其他机构——股东会、监事会或经理人员，有许多学者认为董事会对公司的经营管理权基于董事会与公司之间的法律关系，但是关于这一法律关系的性质，又有代理关系说、信托关系说、委任关系说等不同的观点。[①] 上述几种学说均将董事会与公司之间的法律关系界定为平等主体之间的民事法律关系，这一界定是错误的，因为董事会只是公司的组织机构之一，没有独立的民事主体地位，不可能与公司形成平等主体之间的民事法律关系，而只能是组织法意义上的公司与其组织机构之间的关系，董事会以公司的名义进行业务活动，与公司的人格合一，两者之间不可能产生权利义务关系。本人认为，董事会的经营管理权存在于董事会与公司的其他组织机构之间的组织法意义上的分工负责、相互制衡的关系中。股东会是公司的意思

① 王保树：《商法的改革与变动的经济法》，法律出版社2003年版，第146页。

决定机关，决定公司的经营方针、投资计划、合并、分立、解散、清算、章程修改等对公司存续和经营有重大影响的事项；董事会负责将股东会对重大事项的决议贯彻于经营管理活动中；监事会负责监督董事会及其聘任的经理层的经营管理行为，保证这些行为符合法律、法规或公司章程的规定，符合公司的利益。股东会、董事会和监事会应按照法律和公司章程的规定各司其职，不得越权。董事会的经营管理权对应的是股东会，监事会不得干预董事会正当行使经营管理权的义务。

三、担任董事的人是公司的受托人

公司董事由股东大会选举产生，股东大会有权更换担任董事的人。这里股东大会作为公司的意思决定机关，代表公司选举和任命董事，被选任的人接受这种任命就与公司形成一种委托合同关系，合同当事人双方地位平等，其中公司是委托人，同意担任董事的人是受托人，委托事务或委托标的是对公司财产的经营和管理。

依委托合同的原理，委托人可以特别委托受托人处理一项或者数项事务，也可以概括委托受托人处理一切事务。公司对董事的委托应属于概括委托，包括经营管理公司财产所必需的一切行为（法律或公司章程有特别安排的除外），因此董事基于公司的委托便享有了对公司财产的经营权和管理权，同时应承担受托人的忠实义务和善良管理义务。董事应忠实地执行公司职务，遵守法律、公司章程及股东大会决议，不得利用职权身份为自己或他人谋取不正当的私人利益；董事为自己或为他人经营与其所任职公司同类营业，应向股东大会报告其行为的主要内容，并取得股东大会的许可；董事除章程规定或者股东大会同意外，不得同本公司订立合同或者进行交易；董事履行职务时应勤勉、尽责，亲自出席董事会会议，积极参与对公司事务的决议，做到一个善良、合格的管理人应有的注意。董事违反其受托人义务给公司造成损害的，应当承担赔偿责任。

除股东人数较少和规模较小的有限责任公司外，公司董事一般在三人以上。公司董事由数人担任的，数个董事组成董事会以会议决议的方式决定公司的业务执行和经营决策，共同行使对公司财产的经营和管理权。数个董事处于公司的共同受托人的地位，对公司承担连带责任。董事应当对董事会决议负责，董事会的决议违反法律、行政法规或者公司章程和股东大会决议，致使公司遭受严重损失的，参与决议的董事对公司应承担连带赔偿责任。

委托关系的建立都是以委托人与受托人之间的信任为基础的，倘若这种基础丧失了，委托人或者受托人可以随时解除委托合同，但解除合同给对方造成损失的，除不可归责于该当事人的事由以外，应当赔偿损失。因此在公司与担任董事的人之间的关系中，作为公司意思决定机关的股东大会可以代表公司随时以决议解任董事，但在董事任期届满之前无正当理由将其解任的，公司应赔偿该董事因此而受到的损害；董事在任期届满之前可以辞职，但无故辞职给公司造成损害的应对公司承担赔偿责任。

四、董事与董事会相互依存

尽管作为法人机关的董事会与担任董事的人在行使权力（权利）和履行职责（义务）方面所相对的主体是不同的，但是由于董事会由董事组成，董事必须通过董事会会议行使权利，履行义务，所以两者又是相互依存的。

一方面，董事会由董事组成，其职权只能通过董事的行为行使。董事会实行集体决策，董事会会议是董事会行使职权的主要形式，而各国公司法大多规定董事会会议应由1/2以上董事出席方可举行，董事会作出决议必须经出席董事过半数通过。[①] 可见董事参加董事会会议，行使其对公司经营事务的表决权构成董事会行使其职权的基础。不仅如此，董事会会议由董事长召集和主持，而董事长作为公司的代表机关只能由董事选举和担任。

另一方面，数个董事只能通过董事会会议共同行使其对公司的经营和管理权。如上所述，数个董事作为公司的共同受托人，应当共同处理委托事务，共同制定公司的经营决策、处理公司的业务和事务，而通过召开会议共同协商并表决是形成共同意志的最佳方式，所以由董事共同参加的董事会会议就成为董事行使对公司的经营和管理权，完成委托事务的主要方式，出席董事会会议并参与表决既是董事的权利，也是董事的义务。

五、结语

董事会履行职责与担任董事的人享有受托人权利，履行受托人义务都以最大限度地实现公司营利目的为宗旨。作为公司经营机构的董事会享有充分的对公司事务的管理权，股东大会和监事会不得妨碍董事会正当行使职权，但董事会应执行股东大会对公司重大事务所作的决议，并接受监事会的监督。担任董事的人作为公司的受托人，对公司财产有经营管理权，同时应尽勤勉、忠实、善良管理人的义务。

第二节　公司资本制度要义

股东出资形成的公司资本构成公司的信用基础，即使在无限公

① 我国《公司法》、我国台湾地区“公司法”、《日本商法典》、《韩国商法典》等均规定董事会会议应有过半数董事出席，但是后三者规定董事会会议作出决议应有出席董事的过半数通过，而我国《公司法》规定董事会会议作出决议必须经全体董事的过半数通过，这就意味着如果仅有半数的董事出席董事会会议，必须由出席会议的董事全体通过才能形成董事会决议，从而增加了董事会决议形成的难度。

司中也不例外，只不过无限责任股东不以出资为限承担责任，无限公司兼以股东出资财产及股东个人财产担保债务的履行。在现代信用社会，虽然公司在成立时或发展过程中可以利用债权融资手段，但是债权融资是建立在公司资本信用的基础上的。大陆法系传统公司法的法定资本制度强调公司成立时资本确定，存续中资本维持以及资本不变即以确立和维护公司的资本信用为宗旨，但现代社会高速运转的商品经济要求资本出入市场的便捷和资金的高效利用，使英美法系授权资本制呈现出时宜性，得到大陆法系各国的竞相借鉴，两大法系资本制度对公司运营过程中资本维持的要求是具有共识的。本文是对公司资本制度要义的综述，试图梳理两大法系尤其是大陆法系资本制度的基本理念和基本规则。

一、与公司资本相关的概念

资金：以抽象的货币价值符号表现出来的公司资产总和。公司资产为公司资金的物质表现形式，如现金、实物、债权、知识产权。

融资手段：股权融资与债权融资。股权融资指公司向投资者募集股权资本；债权融资即公司向第三人借款而筹集资本。

债权融资的优势和弊端：

优势：风险低，还能对股权投资者起到杠杆作用，扩大投资回报。

弊端：对公司来讲，债权融资形成公司负债，负债越多，经营风险越高。

因为公司资产 = 负债 + 所有者权益（股本、公积金、未分配利润），若负债 > 资产，公司将面临破产。

公司资本：即公司的股本，指由章程确定的由股东出资构成的公司财产的总和。

注册资本：在公司成立时记载于公司章程并经登记主管机关注册登记的股东将要认缴或已经认缴的出资总额。

授权资本：又称为核准资本、设定资本、名义资本，指依章程规定公司有权发行的资本总额。由于该资本数额是由章程授权发行的资本总额，因而称之为核准资本；再由于该资本总额仅是章程规定的一个授权发行数额，不一定是实际发行的可实际收到的资本数额，所以称为名义资本，存在于授权资本制和认许资本制中。

发行资本：指公司实际已发行的、由股东已认购的资本额。有些国家允许章程中确定的资本总额分次发行，在公司资本未完全发行完毕前，发行资本小于注册资本。

实缴资本：指公司实际收到的或者股东实际缴纳的出资额总和。在允许股东分期缴纳所认购出资的情况下，如果股东全部缴足其认购股份的股款，则公司实收资本等于发行资本，否则永远小于发行资本。在任何情况下实收资本都不会超过发行资本。

待缴资本：又称催缴资本，指股东已认购但尚未缴纳股款，公司可以随时向股东催缴的资本。催缴资本不同于分期缴纳制度下已认购但未到缴纳期限的股款。

二、三种主要的公司资本制度

公司资本制度即关于公司资本形成、维持和退出等方面的制度安排。依公司法对公司资本形成规制的不同，可以将各国公司资本制度分为三类：法定资本制，公司资本于公司设立时一次形成并确定下来；授权资本制，公司资本于经营过程中，在授权范围内根据需要分次累计形成；折中资本制，为前两者相互借鉴的产物。

（一）法定资本制

法定资本制又称确定资本制，指公司在设立时，必须在公司章程中对公司资本总额作出明确规定，由股东全部认足并予以实缴，否则公司不能成立的一种公司资本制度。其核心为资本确定原则，实质要求公司因章程确定的资本总额全部发行并足额实缴而成立。法定资本制在历史上是以法国、德国、日本为代表的大陆法系公司法所广泛采纳的制度，适用于有限责任公司和股份有限公司。但原实行法定资本制的大陆法系国家借鉴了英美法系授权资本制的一些优点，陆续采纳折中资本制。

法定资本制的核心规则为资本确定规则，以该规则为基础进而形成资本维持和资本不变规则。法定资本制通过资本三原则以确保公司成立时具备确定的资本条件作为其信用基础，公司存续过程中维持与注册资本额相当的资产价值，以维持公司稳定的资本信用。

法定资本制有助于维护债权人利益，维护交易安全，但其弊端也是明显的，如公司法定资本最低限额采用“一刀切”方式确定，忽略了商事实践中因公司营业种类、营业规模不同对资本的不同需求；公司设立时要求全部注册资本认足、缴足，增加了公司设立的难度，还可能造成资金闲置；增、减资本程序复杂，限制了公司经营者适应市场需求、调整经营规模的自主权。

（二）授权资本制

授权资本制指公司章程中确定的允许公司发行的股本总额，在设立公司时只需部分发行，公司即可成立，其余未发行股本，授权董事会根据公司资金需要分次发行和募集。授权资本原则是英美法系国家确立并采用的一种资本原则。

授权资本制的核心是“授权股份”，即在公司章程中记载：公司存续期间内，发行股份的类别、每一类股份的总数。除非章程有限制性规定，发行时间、价格、类别股份的权利，均由董事会裁量，不必经过股东会批准。[①] 授权资本制强调的是注册资本可以根据公司的经营需要分次发行，且股东对已认购的股款也可分次缴纳。

授权资本制的优点在于对公司设立时必须发行的资本占授权资本的比例一般没有要求，也不规定公司最低资本额，或仅象征性规定极低的最低资本额，公司在经营过程中可以根据需要发行资本，既降低了公司设立的难度，又避免了一次性大量发行资本造成的资金闲置。美国《标准商事公司法修订本》于1969年率先删去了关于公司最低资本额的规定，受之影响，目前美国大部分州已取消了法定最低资本额的规定。英国公司法规定私人公司（股份有限公

① 江平：《新编公司法教程》，法律出版社1994年版，第74页。

司）最低资本额为一便士，公共公司最低认购股份资本不少于50,000英镑，其中在其注册并开始营业之前必须至少缴清25%。[①]

授权资本制的弊端是公司章程中记载的资本额仅是该公司被允许发行的资本数额，仅其中已发行的部分（发行资本）才代表股东对公司债务担保责任的范围，授权资本额容易误导交易相对人。美国纽约州公司法规定了账面资本，即资产负债表内列出的资本总额，包括已发行的有面额股份，通过发行无面额股份得到的对价、转增股本的应分配利润和资本公积金，[②] 账面资本能够较真实地反映公司的资本信用状况。授权资本制的另一个弊端是不能保证公司成立时就具备一定的资本条件作为信用基础，从而损害交易安全。

为了克服授权资本制的弊端，英美法系各国通常利用“揭开公司面纱”规则，确认滥用“壳公司”的发起人、董事对公司债务承担连带责任；[③] 强化董事、经理的受信义务，保障公司资产保值增值；强化公司信息披露义务，尤其是对公司债务结构和公司前景分析、债务担保与保全等信息的披露，使交易相对人在充分了解公司的资本和资产状况的基础上作出理性决策。

（三）折中资本制

折中资本制分为：折中授权资本制、认许资本制和折中法定资本制。

1．折中授权资本制，指公司设立时，股东不必认足公司章程中确定的资本总额，只认足第一次发行的资本，公司即可成立，但第一次发行的资本不得低于资本总额的一定比例；未认足部分，授权董事会随时发行募足的资本制度。在日本和我国台湾地区，公司设立时发行的股本必须占章程授权资本的1/4，否则公司不得成立。

---

① 涂文译：《英国公司法》，武汉大学出版社2003年版，第11页。

② 江平：《新编公司法教程》，法律出版社1994年版，第74页。

③ 沈四宝：《西方国家公司法原理》，法律出版社2006年版，第161页。

2. 认许资本制，指公司设立时保留法定资本制，章程记载的资本额必须一次发行完毕，但增资时采纳授权资本制，授权公司董事会在公司成立后一定年限、一定金额范围内根据需要分次发行。德国和法国公司法采用。

3. 折中法定资本制，指公司成立时记载于章程中的公司资本总额必须全部发行，但是股款可以分期缴纳的资本制度。法国股份有限公司、我国有限责任公司和发起设立的股份有限公司适用。

折中资本制，以法定资本制为基础，旨在吸收授权资本制注册资本分次发行、认购股份股款分期缴纳、增资程序简便等优点，大陆法系各国现代公司法皆不能都界定为折中资本制。

三、资本三原则

大陆法系学者对公司法有关公司资本规则的高度概括，是法定资本制下，有关资本形成、维持和退出的基本原则，即资本确定原则、资本维持原则和资本不变原则。以资本确定原则为核心。

（一）资本确定原则

资本确定原则是法定资本制度的核心。指公司章程确定符合法定资本最低限额的注册资本，且于公司成立时由股东全部认足或募足，否则公司便不能成立。宗旨是：确保公司资本的真实性，维护交易安全。弊端为：法定最低资本额具有任意性，增加公司设立难度，造成资金闲置。

我国公司法中资本确定原则表现在以下方面：规定法定最低注册资本；有限责任公司和发起设立的股份有限公司注册资本于公司设立时一次发行，分期缴纳，募集设立的股份有限公司设立时注册资本一次发行全部缴纳；发起人出资的强制验资规则；发起人对于设立中出资承担资本充实责任，相互间承担连带责任。

（二）资本维持原则

资本维持原则又称资本充实原则，是指公司应当维持与其资本额相当的财产，以保持公司的偿债能力，保护债权人利益。英美法系公司法也通过立法和判例确立了资本充实原则。美国通过判例确认了资本充实原则，将具有充足的公司资本作为承认公司独立承担法律责任，即股东享有有限责任保护的先决条件，在公司资本与经营规模不相符合的情况下，公司发起人负有充实资本的义务，他所投入的资金（包括以贷款形式对公司的投入）均为公司的资本，而不得视为对公司的债权。在美国，公司所需的最低资本额不是由法律“一刀切”加以规定的，而是由法官视公司经营情况而具体裁量的。[①] 英国1985年公司法则在第五部分对资本维持规则作了详细的规定，包括除了例外情形，公司禁止购买自己的股份规则；一般禁止公司为购买自己的股份提供财政援助规则等。[②] Watson勋爵在Trevor诉Whitworth按（1877年）中阐明了资本维持规则的原理：“无疑，资本可以因对载明的及合理附带的所有目标的支出而减少。其中一部分可能损失在经营许可的商业运作中。对此，所有信赖公司的人都很清醒，并且自甘风险。但我想（与公司交易的那些相对人）有一项权利，并且计划通过立法来享有这一项权利，即信赖公司资本不因这些限制外的任何支出，或因对股东返还任何一部分资本而减少。”[③]

在我国公司法中，资本维持原则体现为如下具体规则：公司成立后，禁止股东抽回投资；发起人对其出资差额负填补责任；禁止折价发行股票；原则上禁止公司回购股票；公司税后利润先行提取法定公积金；公司当年利润先行弥补亏损规则。

发起人的资本充实责任贯穿于公司始终，不仅关系到公司成立时注册资本依法能否认购、认缴充分，从而影响公司能否依法成立，还关系到公司存续期间公司实收股本、实有资产与其注册资本是否相符，从而影响交易相对人对公司资本真实信用的把握。发起

① 沈四宝：《西方国家公司法原理》，法律出版社2006年版，第161页。

② 涂文译：《英国公司法》，武汉大学出版社2003年版，第149～153页。

③ 涂文译：《英国公司法》，武汉大学出版社2003年版，第151页。

人资本充实责任包括以下内容：

认购担保责任，设立股份有限公司发行股份时，若发行股份未被认购或认购后又取消的，由发起人共同认购，否则公司将会因发行失败而不得成立。

缴纳担保责任，投资者认购股份但未实际履行缴纳股款义务的，由发起人承担连带缴纳股款的义务。

价值补足责任，在现物出资的情况下，如果出资现物的实际价值低于认购股票的发行价格时，发起人对价值不足的部分承担连带补足责任。

损害赔偿责任，发起人不仅因对自身出资不实给公司造成的损失承担责任，还应对其他因出资不实给公司造成的损失承担责任。

（三）资本不变原则

资本不变原则，是指公司资本一经确定，非依法定程序变更章程，不得增加或减少。目的在于防止公司随意增减公司资本，保护公司债权人利益。

在我国公司法上，资本不变原则体现为以下具体规则：减资事由限制；减资后不得低于法定最低注册资本；减资程序限制；减资程序中债权的特别保护规则。

四、股东出资制度

（一）股东出资形式法定原则

各国公司法一般规定股东的出资形式包括：货币、实物、工业产权、土地使用权、商誉。无限公司和两合公司的无限责任股东还可以劳务和信用出资。

我国《公司法》规定的出资形式：股东可以用货币出资，也可以用实物、知识产权、土地使用权等可以用货币估价并可以依法转让的非货币财产作价出资；法律、行政法规规定不得作为出资的财产除外。全体股东的货币出资金额不得低于有限责任公司注册资本的百分之三十。股东或发起人不得以劳务、信用、姓名、商誉、特许经营权、设定担保的财产出资。

（二）股东出资的典型形式

货币，便于确定出资额，便于利用。

实物，出资额的确定应经法定验资机构验资。法国、德国和日本均规定实物出资应一次性缴纳。依我国现行法也可以作出相同解释。

知识产权，出资额需评估作价。

土地使用权，国有土地使用权、四荒的承包经营权，由土地管理部门评估作价。

（三）股东出资的非典型形式

股权出资，应遵守《公司法》及公司章程对有限责任公司股权转让的限制，遵守《公司法》对股份有限公司发起人、董事、监事、高级管理人员所持股份转让的限制。依我国《公司法》，有限责任公司的股东之间可以相互转让其全部或者部分股权。股东向股东以外的人转让股权，应当经其他股东过半数同意。股东应就其股权转让事项书面通知其他股东征求同意，其他股东自接到书面通知之日起满三十日未答复的，视为同意转让。其他股东半数以上不同意转让的，不同意的股东应当购买该转让的股权；不购买的，视为同意转让。经股东同意转让的股权，在同等条件下，其他股东有优先购买权。两个以上股东主张行使优先购买权的，协商确定各自的购买比例；协商不成的，按照转让时各自的出资比例行使优先购买权。公司章程对股权转让另有规定的，从其规定。股份有限公司发起人持有的本公司股份，自公司成立之日起一年内不得转让。公司公开发行股份前已发行的股份，自公司股票在证券交易所上市交易之日起一年内不得转让。公司董事、监事、高级管理人员应当向公司申报所持有的本公司的股份及其变动情况，在任职期间每年转让的股份不得超过其所持有本公司股份总数的25%；所持本公司股份自公司股票上市交易之日起一年内不得转让。上述人员离职后半年内，不得转让其所持有的本公司股份。公司章程可以对公司董事、监事、高级管理人员转让其所持有的本公司股份作出其他限制性规定。另外，股权出资还应当办理股权过户登记。

债权出资包括两种情况：一是以对公司的债权出资，属于债转股；二是以对他人的合同权利出资，属于合同权利的转让。

商誉不能单独出资，只能与营业一起转让给公司。

信用出资未获支付的期票、将来提供劳务或服务的合同不能作为发行股票的适格对价，但是已获承兑的期票、已经履行的劳务或者服务除外。

《美国标准商事公司法》规定，公司股东的出资形式不限于现金，任何有形财产或无形财产、给予公司的利益，包括现金、票据、专利、商标、商誉、已提供的服务、提供服务的契约或其他公司的证券，均可作为董事授权发行股票的合法对价，未来劳务、为实现的利益和未偿付的票据也可作为股票的有效对价。各国公司法法定有效出资形式的范围日益扩展，以最大限度地满足投资者的投资自由和公司对资金的需求。在我国，对于非典型出资形式，实践中已认许了股权和债权等出资形式，但劳务、信用、姓名、商誉、特许经营权等无形资产或信用却遭到现行规则明文禁止，是否应适当放松股东出资形式的限制，还需要进一步研究。

五、增加资本与减少资本

（一）公司增加资本

公司增加资本指公司成立后为募集资金、扩大经营规模等目的而依法定条件和程序增加公司的资本总额。我国《公司法》对有限责任公司增资条件无强行法规定，而股份有限公司发行新股则须符合《证券法》第13条、第14条的规定条件和程序。[①]

依我国《公司法》，公司增加资本应遵照以下程序：董事会制订增资方案；股东会（大会）以特别决议程序通过；股东出资、验资机构验资；注册资本变更登记。

（二）公司减少资本

公司在存续过程中，因资本过剩或亏损严重或其他原因，依法定条件和程序减少公司资本总额，但公司减资后的注册资本不得低于法定注册资本最低限额。

依我国《公司法》的规定，减资的特别程序，包括编制资产负债表和财产清单、通知债权人和处理公司债务；[②] 注册资本变更登记。减资比增资多了对债权人保护的特别程序，以防止公司因资本减少，作为债务履行担保的资产相应减少给债权人带来不利影响。

六、资本是公司的信用基础

各国公司立法、司法和理论均将确立和维护公司的资本信用作

① 我国《证券法》第13条规定："公司公开发行新股，应当符合下列条件：（一）具备健全且运行良好的组织机构；（二）具有持续盈利能力，财务状况良好；（三）最近三年财务会计文件无虚假记载，无其他重大违法行为；（四）经国务院批准的国务院证券监督管理机构规定的其他条件。上市公司非公开发行新股，应当符合经国务院批准的国务院证券监督管理机构规定的条件，并报国务院证券监督管理机构核准。"第十四条规定："公司公开发行新股，应当向国务院证券监督管理机构报送募股申请和下列文件：（一）公司营业执照；（二）公司章程；（三）股东大会决议；（四）招股说明书；（五）财务会计报告；（六）代收股款银行的名称及地址；（七）承销机构名称及有关的协议。依照本法规定聘请保荐人的，还应当报送保荐人出具的发行保荐书。"

② 我国《公司法》第178条规定："公司需要减少注册资本时，必须编制资产负债表及财产清单。公司应当自作出减少注册资本决议之日起十日内通知债权人，并于三十日内在报纸上公告。债权人自接到通知书之日起三十日内，未接到通知书的自公告之日起四十五日内，有权要求公司清偿债务或者提供相应的担保。公司减资后的注册资本不得低于法定的最低限额。"

为公司资本制度的核心问题，强调公司资本对于公司债务的担保意义。不过有越来越多的人开始质疑公司资本的信用意义，主张公司的资产信用远比资本信用重要得多。[①] 公司以资产作为信用基础的论据主要有以下三个方面：第一，公司资本只是股东出资财产的抽象的价值总额，而公司债务是以货币、实物等各种具体的资产为清偿，因此是公司的具体资产而不是抽象的资本构成公司债务的担保。第二，公司资本表现为公司设立时或增资时股东向公司出资财产的价值总额，股东出资形成公司资产以后，在公司的经营过程中，不仅会发生价值形式的转变，而且会因公司经营状况的好坏而发生价值数额的增减，或营利或亏损，即使股东出资财产价值形式未发生变化，也可能因为市场价格的波动，或因为损耗而发生价值的变化。虽然资本维持原则在理论上要求公司维持与其资本额价值相当的资产；但实践中，公司资本额与公司现有资产的价值不相当却是常态，因此资本的信用是不可靠的。第三，对于具体债权人来讲，债务人公司现有的资产均作为其债权的概括担保，公司资产不仅包括资本化资产，而且包括债权化资产，所以资本不是公司唯一的信用担保。

公司资产是公司信用的担保确有一定道理，但是构成公司信用基础的仍是公司的资本，这里的资本之股东出资形成的公司资产，即资本化资产而不是抽象化的价值额，因为债权的实现意味着债权人取得一定价值的财产，抽象的价值离开具体的财产对债权实现没有任何意义。资本对于公司信用的基础意义在于：第一，资本化资产是公司的初始资产，构成公司最基础的信用资产；第二，尽管对于个别债权来讲，其关注的是公司的概括资产，但在公司清算时，公司总资产是总债务的一般担保，只有公司资本才承担经营亏损的后果，才构成公司信用的本质保障。

① 施天涛：《公司法论》，法律出版社 2005 年版，第 204 页。

第三节 公司治理结构要义

一、公司治理结构概述

（一）公司治理的含义及意义

公司治理即公司管制或企业管理。狭义的公司治理，指所有者对经营者的一种监督与制衡机制，是通过公司内部组织机制实行的内部治理。广义的公司治理则是通过一套包括正式或非正式的内部或外部的制度或机制来协调公司与所有利益相关者（股东、债权人、供应者、雇员、政府、社区）之间的利益关系，指有关公司控制权和剩余索取权分配的一整套法律、文化和制度性安排。

公司治理的意义在于：第一，实现公司作为法律拟制主体的理性。公司作为组织体其行为能力的实现需要有一套意志形成、执行的内部机制。第二，协调公司所有权与经营权分离的矛盾。所有权与经营权相分离是资本联合制度发展的必然结果。公司治理是投资者保证自身投资收益的方式。第三，实现公司的目的——利益相关者赋予公司的目的。公司的设立或存续对于投资者或其他利益相关者来讲具有手段意义。

（二）公司治理结构及主要模式

OECD（Organisation for Economic Co-operation and Development）在《公司治理结构原则》中给出的经典定义："公司治理结构是一种据以对工商公司进行管理和控制的体系。"

公司治理结构的含义，即为了维护股东、公司债权人以及社会公共利益，保证公司正常、有效地运营，由法律和公司章程规定的有关公司组织机构之间权力分配与制衡的制度体系。简单来讲，即公司内部的管理机构以及他们之间的相互关系。

依据公司法对公司内部组织机构设置及其相互关系的不同规范模式，各国公司治理结构可以划分为：单层委员会制——英美模式、双层委员会制——德国模式、单层二元委员会制——日本模式、限定范围任选制——法国模式。

单层委员会制的特点：第一，公司的组织机构为股东会、董事会。董事由股东会选任，董事会是公司的经营决策机关。董事会享有除法律或章程明文规定为股东会职权之外的一切权利。第二，董事会内设执行委员会、任免委员会、报酬委员会、审计委员会等；公司的董事分成内部董事和外部董事，外部董事一般占多数，形成董事会内部监督机制；董事会有权将部分经营管理权力转交给代理人代为执行，如首席执行官、总裁、首席营业官、首席财务官等。

双层委员会制的特点：第一，公司的组织机构为股东会、监事会和董事会。监事会成员由股东大会选举，负责制定公司政策，并负责监督董事会对公司行使管理权；监事会选任董事，董事会负责公司的经营管理。第二，监事会成员应包括符合法定比例（1/3）的雇员，吸收职工参加公司管理活动。

单层二元委员会制的特点：第一，公司的组织机构为股东会、董事会、监事会。董事会和董事会同由股东会选举产生，董事会负责公司的经营管理，监事会负责监督董事会业务执行情况。第二，董事会成员中股东代表较少，大部分是内部高、中层的经理人员，董事会不是股东真正行使监控权力的机构。监事会成员通常是公司的股东。

限定范围任选制的特点：依《法国公司法》，公司采用哪一种治理结构由公司章程明确规定，公司可以选择单层委员会制，也可以选择双层委员会制。

修改后的《日本商法典》和2005年《日本公司法》改采限定范围任选制。

尽管各国公司法确立的公司治理结构具有不同的模式，我们仍然可以概括出公司治理结构的基本模式：第一，公司的组织机构依其职能分为表意机构、执行机构和监督机构；第二，典型的公司组织机构为股东会、董事会、监事会；第三，权力分配：股东会为最高权力机构，不直接管理公司，仅对公司重大事项作出决议；董事会是法定的业务执行机构，并可以聘任经理级其他高级管理人员；

监事会负责对董事、经理业务执行情况和财务情况进行监督，监事会是对股东监管能力欠缺的替代。

二、股东会（股东大会）

（一）股东会的概念和特征

股东会是公司全体股东组成的公司最高权力机构，是股东行使表决权的公司内部法定的组织机构。其特征：

1. 由全体股东组成；

2. 是公司的意思形成机构和最高决策机构。因为全体股东是公司的“终极所有者”和风险承担者；

3. 是公司的法定组织机构，但不是常设机构。

（二）股东会的职权

股东会享有对涉及股东利益或公司生存发展的重大问题的决定权。

股东会行使权力的方式具有被动性，一般表现为对董事会的提案予以赞同或否决的权力。不过在封闭式公司，股东通过担任董事或经理能够主动控制公司，公众公司的大股东也可以实现对公司的主动有效控制。

股东会的职权为：决定公司的经营方针和投资计划；选举和更换非由职工代表担任的董事、监事，决定有关董事、监事的报酬事项；审议批准董事会的报告；审议批准监事会或者监事的报告；审议批准公司的年度财务预算方案、决算方案；审议批准公司的利润分配方案和弥补亏损方案；对公司增加或者减少注册资本作出决议；对发行公司债券作出决议；对公司合并、分立、解散、清算或者变更公司形式作出决议；修改公司章程；公司章程规定的其他职权。

（三）股东会会议

股东会会议是股东会的工作方式，是股东会为就其职权范围内的公司待决事项作出决议，而依法或依章程召开的定期或临时会议。

1. 定期股东会会议和临时股东会会议。定期会议应当依照公司章程的规定按时召开。依我国《公司法》规定，股东大会应当每年召开一次年会。

我国《公司法》规定的临时股东会会议的召开事由：代表十分之一以上表决权的股东，三分之一以上的董事，监事会或者不设监事会的公司的监事提议召开临时会议的，应当召开临时会议。有下列情形之一的，应当在两个月内召开临时股东大会：董事人数不足本法规定人数或者公司章程所定人数的三分之二时；公司未弥补的亏损达实收股本总额三分之一时；单独或者合计持有公司百分之十以上股份的股东请求时；董事会认为必要时；监事会提议召开时；公司章程规定的其他情形。

2. 股东会会议的召集和主持。依我国《公司法》规定，有限责任公司股东会会议由董事会召集，董事长主持；有不设董事会的，股东会会议由执行董事召集和主持。董事会或者执行董事不能履行或者不履行召集股东会会议职责的，由监事会或者不设监事会的公司的监事召集和主持；监事会或者监事不召集和主持的，代表十分之一以上表决权的股东可以自行召集和主持。股东大会会议由董事会召集，董事长主持；董事会不能履行或者不履行召集股东大会会议职责的，监事会应当及时召集和主持；监事会不召集和主持的，连续九十日以上单独或者合计持有公司百分之十以上股份的股东可以自行召集和主持。

3. 股东会会议的通知。依我国《公司法》规定，召开股东会会议，应当于会议召开十五日前通知全体股东；但是，公司章程另有规定或者全体股东另有约定的除外。召开股东大会会议，应当将会议召开的时间、地点和审议的事项于会议召开二十日前通知各股东；临时股东大会应当于会议召开十五日前通知各股东；发行无记名股票的，应当于会议召开三十日前公告会议召开的时间、地点和审议事项。

4. 临时提案及股东大会议决事项。依我国《公司法》规定，单独或者合计持有公司百分之三以上股份的股东，可以在股东大会召开十日前提出临时提案并书面提交董事会；董事会应当在收到提案后二日内通知其他股东，并将该临时提案提交股东大会审议。临时提案的内容应当属于股东大会职权范围，并有明确议题和具体决议事项。股东大会不得对前两款通知中未列明的事项作出决议。

5. 股东会会议记录。依我国《公司法》规定，股东会应当对所议事项的决定作成会议记录，出席会议的股东应当在会议记录上签名。股东大会应当对所议事项的决定作成会议记录，主持人、出席会议的董事应当在会议记录上签名。会议记录应当与出席股东的签名册及代理出席的委托书一并保存。

（四）股东表决权的行使

1. 表决权是股东享有的在股东会会议上就议决事项予以表决的权力。行使表决权是股东共益权的实现方式。表决权行使贯彻同股同权，资本多数决定原则。

依我国《公司法》规定，股东会会议由股东按照出资比例行使表决权；但是，公司章程另有规定的除外。股东出席股东大会会议，所持每一股份有一表决权。但是，公司持有的本公司股份没有表决权。股东大会作出决议，必须经出席会议的股东所持表决权过半数通过。

2. 股东表决权行使方式。表决权代理，是指享有表决权的股东授权他人代为投票表决。

股东可以委托代理人出席股东大会会议，代理人应当向公司提交股东授权委托书，并在授权范围内行使表决权。表决权代理只适用于记名股票。

依我国《公司法》规定，无记名股票持有人出席股东大会会议的，应当于会议召开五日前至股东大会闭会时将股票交存于公司。

表决代理权的征集是指代理人主动征集表决代理权的行为。

征集代理权者将格式化的征集书发送给股东，经股东签章后，征集者即取得表决代理权。征集者通常为公司管理层或反对股东，目的在于争夺公司的控制权。

直接投票是指股东出席股东大会会议，所持每一股份对会议所议决的每项议案有一表决权，股东依其所持股份数享有对某项议案的表决权数，投票表决时，表决权一次直接行使。

累积投票是指股东大会选举董事或者监事时，每一股份拥有与应选董事或者监事人数相同的表决权，股东拥有的表决权可以集中使用。

选择性累积投票制指股东大会选举董事、监事，可以依照公司章程的规定或者股东大会的决议，实行累积投票制。

（五）股东会决议

1. 股东会决议是股东会意思表示的唯一法定形式。股东会决议是股东会就提请股东会会议审议的事项依法律或章程规定的程序进行表决而形成的决议。有限责任公司股东以书面形式一致表示同意的，可以不召开股东会会议，直接作出决定，并由全体股东在决定文件上签名、盖章。

2. 普通决议。普通决议是股东会在决议公司的普通事项时，获得简单多数赞成即可通过的决议。① 依我国《公司法》规定，有限责任公司股东会的议事方式和表决程序，除本法有规定的外，由公司章程规定。股份有限公司股东大会作出决议，必须经出席会议的股东所持表决权过半数通过。

3. 特别决议。特别决议是股东会在议决公司的特别事项时，获得绝对多数赞成方可通过的决议。依我国《公司法》规定，有限责任公司股东会会议作出修改公司章程、增加或者减少注册资本的决议，以及公司合并、分立、解散或者变更公司形式的决议，必须经代表三分之二以上表决权的股东通过。股份有限公司股东大会作出修改公司章程、增加或者减少注册资本的决议，以及公司合并、分立、解散或者变更公司形式的决议，必须经出席会议的股东所持表决权的三分之二以上通过。

---

① 范健：《商法》，高等教育出版社、北京大学出版社 2002 年版，第 176 页。

4. 股东会决议无效及可撤销。公司股东会或者股东大会、董事会的决议内容违反法律、行政法规的无效。股东会或者股东大会、董事会的会议召集程序、表决方式违反法律、行政法规或者公司章程，或者决议内容违反公司章程的，股东可以请求人民法院撤销。人民法院可以应公司的请求，要求股东提供相应担保。

三、董事会

(一) 董事会的概念、特征

董事会是由股东会选举产生的公司必设和常设的集体业务执行机关与经营意思决定机关。

1. 由股东会选举产生；
2. 是公司的必设和常设机关；
3. 其职权在于对内执行股东会决议，对公司经营活动进行决策，对外代表公司进行业务活动；
4. 是由三人以上董事组成的集体，以会议决议的形式进行决策，代表董事进行业务执行并对外代表公司。

(二) 董事会的职权

董事会的地位具有法定性，董事会的权力来自于法律规定，而不是股东会的授权。

一般职权包括执行股东会决议权、重大商业决策权和经营管理权。

董事会对股东会负责，行使下列职权：召集股东会会议，并向股东会报告工作；执行股东会的决议；决定公司的经营计划和投资方案；制订公司的年度财务预算方案、决算方案；制订公司的利润分配方案和弥补亏损方案；制订公司增加或者减少注册资本以及发行公司债券的方案；制订公司合并、分立、解散或者变更公司形式的方案；决定公司内部管理机构的设置；决定聘任或者解聘公司经理及其报酬事项，并根据经理的提名决定聘任或者解聘公司副经理、财务负责人及其报酬事项；制定公司的基本管理制度；公司章程规定的其他职权。

（三）董事会的组成

1. 由多名董事组成。我国《公司法》规定，有限责任公司设董事会，其成员为三人至十三人；股东人数较少或者规模较小的有限责任公司，可以设一名执行董事，不设董事会。执行董事的职权由公司章程规定。股份有限公司设董事会，其成员为五人至十九人。

2. 公司董事由股东会选举产生。股东会选举和更换非由职工代表担任的董事、监事，决定有关董事、监事的报酬事项。

我国《公司法》规定，两个以上的国有企业或者两个以上的其他国有投资主体投资设立的有限责任公司，其董事会成员中应当有公司职工代表；其他有限责任公司董事会成员中可以有公司职工代表。董事会中的职工代表由公司职工通过职工代表大会、职工大会或者其他形式民主选举产生。

国有独资公司设董事会，董事会成员中应当有公司职工代表。董事会成员由国有资产监督管理机构委派；但是，董事会成员中的职工代表由公司职工代表大会选举产生。

3. 董事会的结构。有限责任公司董事会设董事长一人，可以设副董事长。董事长、副董事长的产生办法由公司章程规定。国有独资公司设董事会设董事长一人，可以设副董事长。董事长、副董事长由国有资产监督管理机构从董事会成员中指定。股份有限公司董事会设董事长一人，可以设副董事长。董事长和副董事长由董事会以全体董事的过半数选举产生。

（四）董事会会议和决议

1. 定期会议是指依公司章程的规定定期召开的会议。我国《公司法》规定，股份公司董事会每年度至少召开两次会议。临时会议是指遇有法定事由时不定期召开的董事会会议。代表十分之一以上表决权的股东、三分之一以上董事或者监事会，可以提议召开董事会临时会议。

2. 董事会会议的通知、召集和主持。我国《公司法》规定，董事会会议由董事长召集和主持；董事长不能履行职务或者不履行职务的，由副董事长召集和主持；副董事长不能履行职务或者不履行职务的，由半数以上董事共同推举一名董事召集和主持。每次会议应当于会议召开十日前通知全体董事和监事。董事会召开临时会议，可以另定召集董事会的通知方式和通知时限。

3. 董事会会议议事方式和表决程序。我国《公司法》规定，董事会的议事方式和表决程序，除本法有规定的外，由公司章程规定。董事会应当对所议事项的决定作成会议记录，出席会议的董事应当在会议记录上签名。董事会决议的表决，实行一人一票。董事会会议应有过半数的董事出席方可举行。董事会作出决议，必须经全体董事的过半数通过。董事会决议的表决，实行一人一票。董事会会议，应由董事本人出席；董事因故不能出席，可以书面委托其他董事代为出席，委托书中应载明授权范围。董事会应当对会议所议事项的决定作成会议记录，出席会议的董事应当在会议记录上签名。

4. 董事的决议责任。董事应当对董事会的决议承担责任。董事会的决议违反法律、行政法规或者公司章程、股东大会决议，致使公司遭受严重损失的，参与决议的董事对公司负赔偿责任。但经证明在表决时曾表明异议并记载于会议记录的，该董事可以免除责任。

(五) 董事资格及提名

1. 董事资格。董事是指处于公司董事地位的人。

董事资格指担任董事的条件，包括积极资格和消极资格。

积极资格指担任董事必须具备的条件，包括以下几个方面：

股东身份　英国、法国有要求，我国未规定。

自然人　美国、德国、瑞士有要求，我国未规定。

成年人　各国公司法有此要求。英国《公司法》第28条第1款规定，年满70周岁的老人，不得当选为股份有限公司及其子公司的董事，除非经股东大会正式的特别决议。

国籍　具有本国国籍或居民身份。瑞士、丹麦有要求，我国未规定。

消极资格指担任董事不得具有的情形。消极资格的目的在于排除能力欠缺或品行不良者担任董事。

我国《公司法》规定，有下列情形之一的，不得担任公司的董事、监事、高级管理人员：无民事行为能力或者限制民事行为能力；因贪污、贿赂、侵占财产、挪用财产或者破坏社会主义市场经济秩序，被判处刑罚，执行期满未逾五年，或者因犯罪被剥夺政治权利，执行期满未逾五年；担任破产清算的公司、企业的董事或者厂长、经理，对该公司、企业的破产负有个人责任的，自该公司、企业破产清算完结之日起未逾三年；担任因违法被吊销营业执照、责令关闭的公司、企业的法定代表人，并负有个人责任的，自该公司、企业被吊销营业执照之日起未逾三年；个人所负数额较大的债务到期未清偿。公司违反前款规定选举、委派董事、监事或者聘任高级管理人员的，该选举、委派或者聘任无效。董事、高级管理人员不得兼任监事。公务员不得从事或参与营利性活动，在企业或其他营利性组织中兼任职务。我国《法官法》第32条、《检察官法》第35条也作了类似规定。

2. 董事人选的提名。

股东提名：公司章程规定股东的提名资格，由董事会依公司章程确认股东的提名权。

美国证券交易委员会2009年董事提名规则提案：如果某一股东，至少拥有大公司的1%股份，他就有权将所提名的候选人列入董事候选人材料之中，大公司指的是市值达到或超过7亿美元的公司；或是拥有市场价值在7500万美元到7亿美元之间公司的3%的股份；或市场价值低于7500万美元的公司5%的股份。股东可以合并其股份以满足其持有股权的最低门槛，且要求持有股份至少在一年以上。

董事会提名：由董事会下设的提名委员会提名。

管理层提名使董事会与管理层一体化，董事会能否对股东利益负责，遭到广大投资者的质疑。

（六）董事的义务（受信人义务）

董事与公司是平等主体之间的委任关系。

1. 忠实义务：忠于职守、忠于公司利益，接受股东会、监事会的监督质询。

董事、监事、高级管理人员应当遵守法律、行政法规和公司章程，对公司负有忠实义务和勤勉义务。董事、监事、高级管理人员不得利用职权收受贿赂或者其他非法收入，不得侵占公司的财产。股东会或者股东大会要求董事、监事、高级管理人员列席会议的，董事、监事、高级管理人员应当列席并接受股东的质询。

董事、监事、高级管理人员不得有下列行为：挪用公司资金；将公司资金以其个人名义或者以其他个人名义开立账户存储；违反公司章程的规定，未经股东会、股东大会或者董事会同意，将公司资金借贷给他人或者以公司财产为他人提供担保；违反公司章程的规定或者未经股东会、股东大会同意，与本公司订立合同或者进行交易；未经股东会或者股东大会同意，利用职务便利为自己或者他人谋取属于公司的商业机会，自营或者为他人经营与所任职公司同类的业务；接受他人与公司交易的佣金归为己有；擅自披露公司秘密；违反对公司忠实义务的其他行为。董事、监事、高级管理人员违反上述义务所得的收入应当归公司所有。

2. 勤勉义务：董事在履行职务时，应尽到合理谨慎的人应尽到的注意义务。

董事、监事、高级管理人员执行公司职务时违反法律、行政法规或者公司章程的规定，给公司造成损失的，应当承担赔偿责任。

美国法院的判例形成了经营者注意义务的“商业判断规则”。

根据商业判断规则，董事、监事、高级管理人员善意地进行商业决策即可满足注意义务的要求，如果他与所进行的商业决策事项不存在利害关系；他对所进行的商业决策是了解的，并合理地相信在该种情况下是适当的；他理性地相信其商业决策符合公司的最佳利益。①

（七）独立董事制度

1. 起源于美国。背景：在大型公众公司中，为克服公司董事为控股股东及管理层所控制而背离全体股东和公司整体利益的弊端，20世纪90年代，《密歇根州公司法》在美国各州公司立法中率先采纳了独立董事制度。

2. 独立董事的含义。独立董事是指不在公司担任除董事外的其他职务，并与其所受聘的上市公司及其主要股东不存在可能妨碍其进行独立客观判断的关系的董事。

独立董事是非关联外部董事，非执行董事。

外部董事是指不担任公司其他职务的非全职董事。

关联董事是指与公司存在商业利益关系的董事，如法律顾问、财务顾问或投资顾问，该种利益关系足以影响其决策的合理性。

执行董事是指兼任公司高级管理人员，既参与董事会决策，又在公司管理岗位上执行董事会的决策。

上市公司董事会下设薪酬、审计、提名等委员会的，独立董事应当在委员会成员中占有二分之一以上的比例。

3. 独立董事的独立性。我国《关于在上市公司建立独立董事制度的指导意见》规定，下列人员不得担任独立董事：（1）在上市公司或者其附属企业任职的人员及其直系亲属、主要社会关系（直系亲属是指配偶、父母、子女等；主要社会关系是指兄弟姐妹、岳父母、儿媳女婿、兄弟姐妹的配偶、配偶的兄弟姐妹等）；（2）直接或间接持有上市公司已发行股份1%以上或者是上市公司前十名股东中的自然人股东及其直系亲属；（3）在直接或间接持有上市公司已发行股份5%以上的股东单位或者在上市公司前五名股东单位任职的人员及其直系亲属；（4）最近一年内曾经具有前三项所列举情形的人员；（5）为上市公司或者其附属企业提供财务、法律、咨询等服务的人员；（6）公司章程规定的其他人员；

① 施天涛：《商法学》（第三版），法律出版社2006年版，第246页。

(7) 中国证监会认定的其他人员。

4. 独立董事的特殊资格条件。我国《关于在上市公司建立独立董事制度的指导意见》规定，根据法律、行政法规及其他有关规定，具备担任上市公司董事的资格；具有本《指导意见》所要求的独立性；具备上市公司运作的基本知识，熟悉相关法律、行政法规、规章及规则；具有五年以上法律、经济或者其他履行独立董事职责所必需的工作经验；公司章程规定的其他条件。

5. 独立董事的选任。我国《关于在上市公司建立独立董事制度的指导意见》规定，董事会、监事会、单独或者合并持有上市公司已发行股份1%以上的股东可以提出独立董事候选人，并经股东大会选举决定。

公司首届董事会中的独立董事，在公司设立过程中通过章程规定，由拥有董事会席位之外的其他所有股东提名并决定人选，由创立大会通过。

公司董事会下设专门的由独立董事组成的提名委员会负责提名独立董事人选，由股东大会选举产生。

6. 独立董事的特殊职权。我国《关于在上市公司建立独立董事制度的指导意见》规定，重大关联交易（指上市公司拟与关联人达成的总额高于300万元或高于上市公司最近经审计净资产值的5%的关联交易）应由独立董事认可后，提交董事会讨论；独立董事作出判断前，可以聘请中介机构出具独立财务顾问报告，作为其判断的依据；向董事会提议聘用或解聘会计师事务所；向董事会提请召开临时股东大会；提议召开董事会；独立聘请外部审计机构和咨询机构；可以在股东大会召开前公开向股东征集投票权。

我国《关于在上市公司建立独立董事制度的指导意见》规定，独立董事除履行上述职责外，还应当对以下事项向董事会或股东大会发表独立意见：提名、任免董事；聘任或解聘高级管理人员；公司董事、高级管理人员的薪酬；上市公司的股东、实际控制人及其关联企业对上市公司现有或新发生的总额高于300万元或高于上市公司最近经审计净资产值的5%的借款或其他资金往来，以及公司是否采取有效措施回收欠款；独立董事认为可能损害中小股东权益的事项；公司章程规定的其他事项。

7. 独立董事监督职能与监事会的职能比较。不同点在于：独立董事的权限在董事会的权限范围内，而监事会拥有独立于董事会的职权；独立董事对董事会的决策正确与否进行事前和事中监督，而监事会主要以是否违法违规等事后监督为主。

独立董事监督职能与监事会的职能的相同点在于均独立于公司管理层，但均存在被大股东控制的可能。

四、经理

（一）经理的含义

经理是指经法律、章程或者董事会授权，由董事会聘任，负责组织公司日常经营管理活动的公司常设业务执行机关。

经理泛指公司的高级管理人员，包括副经理、财务负责人，上市公司董事会秘书和公司章程规定的其他人员。

依照德、法公司治理结构模式，经理为法定必设机关。

依照我国公司治理结构模式，经理为法定非必设公司机关。

依照英美公司治理结构模式，经理的设置及其职权依公司章程自治。

（二）经理职权的来源

1. 经理是商事辅助人，由董事会代表公司委任；

2. 经理权来源于法律、章程的规定及董事会的特别授予；

3. 对经理权的特别限定采书面的契约形式，并不得对抗善意第三人。

（三）经理职权的内容

对内负责经营管理，对外代表公司。

附属于董事会，对董事会负责，辅助董事会行使公司业务执行机构的职能：主持公司的生产经营管理工作，组织实施董事会决议；组织实施公司年度经营计划和投资方案；拟订公司内部管理机构设置方案；拟订公司的基本管理制度；制定公司的具体规章；提请聘任或者解聘公司副经理、财务负责人；决定聘任或者解聘除应由董事会决定聘任或者解聘以外的负责管理人员；董事会授予的其他职权。公司章程对经理职权另有规定的，从其规定。经理列席董事会会议。

五、监事会

（一）监事会的含义

监事会是由股东会选举的监事和由公司职工民主选举的监事组成的对公司业务活动独立进行监督和检查的公司法定必设和常设机构。

监事会是法定必设和常设公司机构；独立行使公司经营活动的监督职能；由股东监事、职工监事和外部监事组成。

（二）监事会的职权

我国《公司法》规定的监事会的职权有：检查公司财务；对董事、高级管理人员执行公司职务的行为进行监督，对违反法律、行政法规、公司章程或者股东会决议的董事、高级管理人员提出罢免的建议；当董事、高级管理人员的行为损害公司的利益时，要求董事、高级管理人员予以纠正；提议召开临时股东会会议，在董事会不履行本法规定的召集和主持股东会会议职责时召集和主持股东会会议；向股东会会议提出提案；依照《公司法》第152条的规定，对董事、高级管理人员提起诉讼；公司章程规定的其他职权。

监事可以列席董事会会议，并对董事会决议事项提出质询或者建议。监事会、不设监事会的公司的监事发现公司经营情况异常，可以进行调查；必要时，可以聘请会计师事务所等协助其工作，费用由公司承担。

（三）监事会的结构

1. 人数：我国《公司法》规定，有限责任公司设监事会，其成员不得少于三人。股东人数较少或者规模较小的有限责任公司，可以设一至二名监事，不设监事会。国有独资公司监事会成员不得少于五人。股份有限公司设监事会，其成员不得少于三人。

2. 监事的资格：我国《公司法》规定，监事的积极资格和消极资格与董事相同。董事、高级管理人员不得兼任监事。

3. 监事会组成：我国《公司法》规定，监事会应当包括股东代表和适当比例的公司职工代表，其中职工代表的比例不得低于三分之一，具体比例由公司章程规定。监事会中的职工代表由公司职工通过职工代表大会、职工大会或者其他形式的民主选举产生。

4. 监事会的结构。我国《公司法》规定，监事会设主席一人，由全体监事过半数选举产生。监事会主席召集和主持监事会会议；监事会主席不能履行职务或者不履行职务的，由半数以上监事共同推举一名监事召集和主持监事会会议。监事会设主席一人，可以设副主席。监事会主席和副主席由全体监事过半数选举产生。监事会主席召集和主持监事会会议；监事会主席不能履行职务或者不履行职务的，由监事会副主席召集和主持监事会会议；监事会副主席不能履行职务或者不履行职务的，由半数以上监事共同推举一名监事召集和主持监事会会议。

（四）监事会会议和决议

依我国《公司法》规定，有限责任公司监事会每年度至少召开一次会议，股份公司监事会每六个月至少召开一次会议。监事可以提议召开临时监事会会议。监事会的议事方式和表决程序，除本法有规定的外，由公司章程规定。监事会决议应当经半数以上监事通过。监事会应当对所议事项的决定作成会议记录，出席会议的监事应当在会议记录上签名。

（五）董事、监事的任期

依我国《公司法》规定，董事任期由公司章程规定，但每届任期不得超过三年。董事任期届满，连选可以连任。监事的任期每届为三年。监事任期届满，连选可以连任。可见我国《公司法》允许公司章程在法定范围内自主决定董事的任期，而监事的任期则由法律强制规定，以保障监事能够稳定、持续、独立地履行其对董事及高级管理人员的监督职能。

第六章 合伙企业法与个人独资企业法基本原理

第一节 合伙企业法基本原理

一、合伙企业的概念及法律特征

(一) 合伙的含义

合伙是指两人以上互约出资，经营共同事业。这里的共同事业也可能是非营利性的，但是民商事领域的合伙多以营利为目的，尤以合伙企业明显。

合伙包含两方面含义：合伙人内部的合伙合同关系；合伙组织对外的团体属性。

合伙首先表现为两个以上合伙人之间依据合伙协议建立起的法律关系，这一法律关系以当事人各方共同出资、共同经营为基础，以利益共享、风险共担为特征。《法国民法典》第 1832 条规定，合伙为两人或数人约定以其财产或技艺共集一处，以便分享由其产生的利益及自经营所得利益的契约。《德国民法典》第 705 条规定，各合伙人依合伙契约互负以契约方法促进共同事业的完成，特别负履行约定的出资义务。《日本民法典》第 667 条规定，合伙契约因各当事人约定出资以经营共同事业而发生效力。

合伙的目的在于经营共同事业，在合伙机制的作用下，合伙财产的形成、管理和处分，合伙事务的决策，合伙的债务的承担等更多体现了合伙的团体性或组织性特征。

（二）合伙企业的概念及法律特征

合伙企业即合伙性质的企业。依我国《合伙企业法》的规定，合伙企业是指自然人、法人和其他组织依照本法在中国境内设立的普通合伙企业和有限合伙企业。普通合伙企业由普通合伙人组成，合伙人对合伙企业债务承担无限连带责任。《合伙企业法》对普通合伙人承担责任的形式有特别规定的，从其规定。有限合伙企业由普通合伙人和有限合伙人组成，普通合伙人对合伙企业债务承担无限连带责任，有限合伙人以其认缴的出资额为限对合伙企业债务承担责任。

合伙企业具有如下法律特征：

1．合伙企业是两个以上合伙人成立的组织。合伙企业在人格、财产、利益结构和责任承担方面具有相对独立性，体现了合伙的团体性。合伙企业经设立登记取得以自己名义开展营业的资格，合伙人出资形成的财产和合伙经营积累的财产在合伙企业存续期间属于合伙企业，合伙企业对其债务应先以其全部财产进行清偿，合伙企业的财产构成合伙企业的基本责任财产，合伙企业不能清偿到期债务的，普通合伙人才承担无限连带责任。

2．合伙企业是人合性组织。合伙成立的基础是合伙协议，合伙人形成利益和风险的共同体，普通合伙人的个人信用构成合伙的信用基础，合伙企业不能清偿到期债务时，由普通合伙人承担无限连带责任。

3．合伙企业具有民事主体地位。合伙企业是非法人团体，法律确认其相应的民事权利能力和民事行为能力，依法具有民事主体资格。合伙企业一经依法设立，就有自己的商号、银行账户和固定的经营场所，合伙人执行合伙事务时，应以合伙企业的名义与第三人进行交易活动，因此发生争议，也应以合伙企业的名义起诉、应诉。

（三）合伙企业与临时性个人合伙的比较

合伙企业与临时性个人合伙，或者说不具有企业性质的合伙组织之间的联系在于共同的合伙属性，即合伙人之间均依合伙协议形成共同出资、共同经营、共担风险的关系，两者的根本区别在于前者具有企业属性，后者不具有企业属性。

企业原是经济学和经营管理学上的概念，一般认为企业是人力和物力相组合的、有组织的经济实体。在成熟的市场经济环境中，企业自主、自治、自我管理、自我约束、自己承担风险和经营成果，是社会最重要和最基本的经济组织。德国商法学家施密特提出，企业应具备三个特征，即独立性、营利性以及经营的计划性和目的性。[①]

合伙企业与临时性个人合伙之间的区别表现在以下几个方面：

1．前者合伙协议具有法定要式性，而后者合伙协议具有任意性。申请设立合伙企业必须依法提交合伙协议书，合伙协议书应依法记载；临时性个人合伙的合伙关系则不必依书面合伙协议确立，合伙协议可以采用口头形式，内容也具有任意性，当事人之间没有书面合伙协议，但具备合伙的其他条件，有两个以上无利害关系人证明的口头合伙协议或者有其他证据证明的，可以认定为合伙关系。

2．前者的独立性特征明显，后者则不具有独立性特征。合伙企业经依法登记，取得独立的商号权，企业存续期间，皆以其商号对外开展经营活动；合伙企业拥有由合伙人出资及合伙经营、积累的财产，并基本以合伙财产独立承担合伙债务；临时性个人合伙，未经商业登记，不享有商号权，有时甚至没有合伙名义（字号），临时性合伙也没有确定的、独立的合伙财产，因为合伙人可以随时提出退伙，并请求退还其出资的财产或分割经营、积累的财产，由此也导致了临时性个人合伙不具备独立承担责任的财产基础。

3．前者的主体地位已经现行法确立，而后者则不具备主体地位。合伙企业的主体地位已经各国现行法确立，是重要的企业类型和商主体类型，而临时性个人合伙因欠缺名义、财产、责任等方面的独立性，而不具备主体地位，合伙债务由合伙人直接承担无限、

① 范健：《德国商法》，中国大百科全书出版社1993年版，第74页。

连带责任，因合伙事务与第三人发生争议，全体合伙人以个人名义同列原告或被告。

（四）合伙企业与公司的比较

公司与合伙企业均为重要的企业类型，两者具有以下共同点：

1. 两个以上的成员；

2. 成员均有出资义务，盈余分配和亏损分担的比例以出资比例为基础；

3. 具有经营属性，均开展以营利为目的的，独立的、持续的、不间断的职业性经济活动；

4. 具有独立的商业名称。

公司与合伙的根本区别在于两者的组织机制，即成员之间的财产关系和对企业的控制关系的规则不同，具体表现为以下几个方面：

1. 公司的成立基础是公司章程，合伙的成立基础是合伙协议，公司章程具有公示性，合伙协议不具有公示性；

2. 公司具有资合性质，合伙具有人合性质，公司股东原则上仅以出资为限对公司债务承担责任，合伙人一般须当合伙企业不能清偿到期债务时承担无限连带责任；

3. 公司具有法人地位，合伙不具有法人地位；

4. 公司的运作方式体现了所有权与经营权的分离，而合伙仍采用直接经营模式。

二、合伙企业的立法分类

（一）普通合伙企业和有限合伙企业

我国《合伙企业法》依合伙人的构成可以将合伙企业分为普通合伙企业和有限合伙企业。

普通合伙企业是由普通合伙人组成的合伙企业，全体合伙人对合伙企业债务承担无限连带责任。有限合伙企业是由普通合伙人和有限合伙人混合组成的合伙企业，其中，普通合伙人对合伙企业债务承担无限连带责任，有限合伙人以其认缴的出资额为限对合伙企业债务承担责任。

普通法系的英国和美国在立法上也将合伙企业划分为普通合伙企业和有限合伙企业，普通合伙企业是普遍形式，有限合伙企业是特殊形式。大陆法系的法国、德国等国民法中未规定有限合伙，而在商法典中规定与有限合伙企业性质类似的两合公司形式。

（二）显名合伙企业与隐名合伙企业

依合伙人是否均须公开其身份划分，将合伙企业划分为显名合伙企业和隐名合伙企业。大陆法系的法国、德国和日本等国家在其民法典或商法典中规定了隐名合伙企业，将隐名合伙作为公司的类型或企业的类型之一。英美法系国家，如英国则将隐名合伙作为有限合伙的一类。

显名合伙是指全体合伙人均须公开其合伙人身份的合伙，隐名合伙是指作为出名营业人的合伙人须公开合伙人身份，仅向合伙出资，却不执行合伙事务的合伙人则作为隐名合伙人不公开合伙人身份的合伙。显名合伙是普遍形式，隐名合伙是特殊形式，两者的根本区别在于合伙人与合伙之间的关系不同，具体表现为：

1. 出资的性质不同。显名合伙的合伙人因共同出资而形成本质上的财产共有关系，而在隐名合伙中，隐名合伙人通过投资的方式将财产所有权转移给出名合伙人，隐名合伙人投资的财产未形成共有财产，其转移所有权的对价类似公司中的“股权”，并以投资额为限承担损失。

2. 出资形式不同。隐名合伙人不参与合伙事务的经营管理，身份不为第三人所知，故其出资方式受到极大限制，如不能以与合伙人人身关系密切的劳务及信用出资，仅限于金钱与实物出资等，而出名合伙人之出资范围相当广泛。

3. 对合伙企业债务承担的责任不同。隐名合伙人投资的财产未形成共有财产，隐名合伙人未参与合伙事务的经营管理，第三人基于信任出名合伙人的资信而发生的权利义务关系只与出名合伙人有关，而与只存在于合伙内部的隐名合伙人无关，隐名合伙人仅以其出资为限对合伙债务承担责任，对外不承担无限连带责任。

4. 对合伙事务的执行权不同。出名合伙人比隐名合伙人享有更广泛的管理合伙事务的权利，出名合伙人代表合伙开展营业活动，而隐名合伙人没有代表合伙的权利。

我国《合伙企业法》规定，申请设立合伙企业，应当向企业登记机关提交合伙协议书、合伙人身份证明等文件，合伙协议应当载明合伙人的姓名或者名称、住所，普通合伙企业与有限合伙企业均无例外。依现行法的规定，我国并不认可隐名合伙企业。

三、合伙企业的一般规则

（一）合伙人

合伙人可以为自然人、法人或其他组织。

我国《合伙企业法》规定，国有独资公司、国有企业、上市公司以及公益性的事业单位、社会团体不得成为普通合伙人。普通合伙人为自然人的，应当具有完全民事行为能力。有限合伙企业由两个以上五十个以下合伙人设立；但是，法律另有规定的除外。有限合伙企业至少应当有一个普通合伙人。除合伙协议另有约定外，普通合伙人转变为有限合伙人，或者有限合伙人转变为普通合伙人，应当经全体合伙人一致同意。有限合伙企业仅剩有限合伙人的，应当解散；有限合伙企业仅剩普通合伙人的，转为普通合伙企业。有限合伙人转变为普通合伙人的，对其作为有限合伙人期间有限合伙企业发生的债务承担无限连带责任。普通合伙人转变为有限合伙人的，对其作为普通合伙人期间合伙企业发生的债务承担无限连带责任。

（二）合伙协议

合伙协议是指两人以上相约出资，经营共同事业，共享利益，共担风险的合同。合伙协议具有如下法律特征：

1. 合伙协议主体的同一性。合伙协议的主体是全体合伙人，且均称为合伙人。

2. 合伙协议的目的和经济利益的共同性。

3. 合伙协议的内容具有组织性。合伙协议应当包含以下内容：

合伙企业的名称和主要经营场所的地点；合伙的目的和合伙的经营范围；合伙人的出资方式、数额和缴付期限；利润分配、亏损分担方式；合伙事务的执行；入伙与退伙；争议解决办法；合伙企业的解散与清算。合伙协议如同合伙企业的组织章程，确立了合伙企业组织机制、存在目的和形式，具有鲜明的组织性特征。

4. 合伙协议具有连续性。合伙协议一旦成立，其合伙人之间的权利义务关系就连续存在，直至合伙解散。

5. 合伙协议由合伙人协商一致订立，并应依法采书面形式。

（三）合伙人共同出资

基于合伙企业的人合属性，各国合伙企业法律制度对合伙企业均没有法定最低注册资本额的要求，这是合伙企业制度比公司制度更灵活的表现。但是设立合伙企业，必须有合伙人认缴或实际缴付的出资，作为合伙企业的开展营业的物质基础。

由于有限合伙人仅以其认缴的出资额为限对合伙企业债务承担责任，所以有限合伙人的名称及认缴的出资额应依法公示。依我国《合伙企业法》规定，有限合伙企业登记事项中应当载明有限合伙人的姓名或者名称及认缴的出资数额。

同样基于合伙企业的人合属性，合伙人的出资形式较公司股东的出资形式自由。依我国《合伙企业法》规定，普通合伙人，可以用货币、实物、知识产权、土地使用权或者其他财产权出资，也可以用劳务出资。但是有限合伙人，则不得以劳务出资。

（四）合伙财产

合伙人的出资，以合伙企业的名义取得的收益和依法取得的其他财产，均为合伙企业的财产。合伙财产独立于合伙人的个人财产。我国《合伙企业法》规定的合伙财产的独立性表现在以下几个方面：

1. 普通合伙的合伙人在合伙企业清算前，不得请求分割合伙企业的财产。

2. 除合伙协议另有约定外，合伙人向合伙人以外的人转让其在合伙企业中的全部或者部分财产份额时，须经其他合伙人一致同意。合伙人之间转让在合伙企业中的全部或者部分财产份额时，应当通知其他合伙人。

3. 合伙企业对其债务，应先以其全部财产进行清偿。合伙企业不能清偿到期债务的，合伙人承担无限连带责任。

4. 合伙人的自有财产不足清偿其与合伙企业无关的债务的，该合伙人可以以其从合伙企业中分取的收益用于清偿；债权人也可以依法请求人民法院强制执行该合伙人在合伙企业中的财产份额用于清偿。人民法院强制执行合伙人的财产份额时，应当通知全体合伙人，其他合伙人有优先购买权；其他合伙人未购买，又不同意将该财产份额转让给他人的，依照我国《合伙企业法》第51条的规定为该合伙人办理退伙结算，或者办理削减该合伙人相应财产份额的结算。

5. 合伙人发生与合伙企业无关的债务，相关债权人不得以其债权抵消其对合伙企业的债务；也不得代位行使合伙人在合伙企业中的权利。

与普通合伙人对企业拥有的财产份额不同，有限合伙人在合伙企业中的财产份额，不代表对企业的管理权，仅代表资产收益权，所以仅具有财产属性。有限合伙人可以将其在有限合伙企业中的财产份额出质；但是，合伙协议另有约定的除外。有限合伙人还可以按照合伙协议的约定向合伙人以外的人转让其在有限合伙企业中的财产份额，但应当提前三十日通知其他合伙人。有限合伙人的自有财产不足清偿其与合伙企业无关的债务的，该合伙人可以用他从有限合伙企业中分取的收益用于清偿；债权人也可以依法请求人民法院强制执行该合伙人在有限合伙企业中的财产份额用于清偿。人民法院强制执行有限合伙人的财产份额时，应当通知全体合伙人。在同等条件下，其他合伙人有优先购买权。

（五）合伙事务的执行

基于合伙企业的人合属性，普通合伙的合伙人对执行合伙事务享有同等的权利，按照合伙协议的约定或者经全体合伙人决定，可以委托一个或者数个合伙人对外代表合伙企业，执行合伙事务。委托一个或者数个合伙人执行合伙事务的，其他合伙人不再执行合伙事务。不执行合伙事务的合伙人有权监督执行事务合伙人执行合伙事务的情况。

依我国《合伙企业法》规定，合伙人对合伙企业有关事项作出决议，按照合伙协议约定的表决办法办理。合伙协议未约定或者约定不明确的，实行合伙人一人一票并经全体合伙人过半数通过的表决办法。除合伙协议另有约定外，合伙企业的下列事项应当经全体合伙人一致同意：改变合伙企业的名称；改变合伙企业的经营范围、主要经营场所的地点；处分合伙企业的不动产；转让或者处分合伙企业的知识产权和其他财产权利；以合伙企业名义为他人提供担保；聘任合伙人以外的人担任合伙企业的经营管理人员。

有限合伙企业由普通合伙人执行合伙事务。执行事务合伙人可以要求在合伙协议中确定执行事务的报酬及报酬提取方式。有限合伙人不执行合伙事务，不得对外代表有限合伙企业。有限合伙人的下列行为，不视为执行合伙事务：参与决定普通合伙人入伙、退伙；对企业的经营管理提出建议；参与选择承办有限合伙企业审计业务的会计师事务所；获取经审计的有限合伙企业财务会计报告；对涉及自身利益的情况，查阅有限合伙企业财务会计账簿等财务资料；在有限合伙企业中的利益受到侵害时，向有责任的合伙人主张权利或者提起诉讼；执行事务合伙人怠于行使权利时，督促其行使权利或者为了本企业的利益以自己的名义提起诉讼；依法为本企业提供担保。

（六）合伙的债务承担

在普通合伙企业中，合伙企业对其债务，应先以其全部财产进行清偿。合伙企业不能清偿到期债务的，合伙人承担无限连带责任。

在有限合伙企业中，普通合伙人对合伙企业债务承担无限连带责任，有限合伙人以其认缴的出资额为限对合伙企业债务承担责任。

合伙企业不能清偿到期债务的，债权人可以依法向法院提出破产清算申请，也可以要求普通合伙人清偿。合伙企业依法被宣告破产的，普通合伙人对合伙企业债务仍应承担无限连带责任。

合伙企业注销后，原普通合伙人对合伙企业存续期间的债务仍应承担无限连带责任。

（七）合伙的损益分配

合伙企业的利润分配、亏损分担，按照合伙协议的约定办理；合伙协议未约定或者约定不明确的，由合伙人协商决定；协商不成的，由合伙人按照实缴出资比例分配、分担；无法确定出资比例的，由合伙人平均分配、分担。合伙协议不得约定将全部利润分配给部分合伙人或者由部分合伙人承担全部亏损。

有限合伙企业不得将全部利润分配给部分合伙人；但是，合伙协议另有约定的除外。

合伙企业财产在支付清算费用和职工工资、社会保险费用、法定补偿金以及缴纳所欠税款、清偿债务后的剩余财产，依照合伙企业法的损益分配规则进行分配。

（八）入伙

基于合伙的人合属性，新合伙人入伙，除合伙协议另有约定外，应当经全体合伙人一致同意，并依法订立书面入伙协议。

入伙的新合伙人与原合伙人享有同等权利，承担同等责任。入伙协议另有约定的，从其约定。新合伙人对入伙前合伙企业的债务承担无限连带责任。

入伙的特殊情形：合伙人死亡或者被依法宣告死亡的，对该合伙人在合伙企业中的财产份额享有合法继承权的继承人，按照合伙协议的约定或者经全体合伙人一致同意，从继承开始之日起，取得该合伙企业的合伙人资格。

有限合伙人入伙的特殊规则：有限合伙人的财产份额因出质、转让或者清偿，将引起受让人入伙。作为有限合伙人的自然人死亡、被依法宣告死亡或者作为有限合伙人的法人及其他组织终止时，其继承人或者权利承受人可以依法取得该有限合伙人在有限合伙企业中的资格。新入伙的有限合伙人对入伙前有限合伙企业的债务，以其认缴的出资额为限承担责任。

（九）退伙

依合伙的人合属性，合伙关系应当实行合伙自由，退伙自愿规则，允许合伙人声明退伙。这是民法自愿原则在合伙关系中的体现。

我国《合伙企业法》规定，合伙协议未约定合伙期限的，合伙人在不给合伙企业事务执行造成不利影响的情况下，可以退伙，但应当提前三十日通知其他合伙人。合伙协议约定合伙期限的，在合伙企业存续期间，有下列情形之一的，合伙人可以退伙：合伙协议约定的退伙事由出现；经全体合伙人一致同意；发生合伙人难以继续参加合伙的事由；其他合伙人严重违反合伙协议约定的义务。

依合伙企业的人合属性，当合伙人之间失去相互信赖的基础时，应允许其他合伙人将信用缺失的合伙人除名。我国《合伙企业法》规定，合伙人有下列情形之一的，经其他合伙人一致同意，可以决议将其除名：未履行出资义务；因故意或者重大过失给合伙企业造成损失；执行合伙事务时有不正当行为；发生合伙协议约定的事由。对合伙人的除名决议应当书面通知被除名人。被除名人接到除名通知之日，除名生效，被除名人退伙。被除名人对除名决议有异议的，可以自接到除名通知之日起三十日内，向人民法院起诉。

同样基于合伙企业的人合属性，在合伙企业存续期间，当一定事由发生时，将导致合伙人资格当然丧失。我国《合伙企业法》规定，合伙人有下列情形之一的，当然退伙：作为合伙人的自然人死亡或者被依法宣告死亡；个人丧失偿债能力；作为合伙人的法人或者其他组织依法被吊销营业执照、责令关闭、撤销，或者被宣告破产；法律规定或者合伙协议约定合伙人必须具有相关资格而丧失该资格；合伙人在合伙企业中的全部财产份额被人民法院强制执行。合伙人被依法认定为无民事行为能力人或者限制民事行为能力人的，经其他合伙人一致同意，可以依法转为有限合伙人，普通合伙企业依法转为有限合伙企业。其他合伙人未能一致同意的，该无民事行为能力或者限制民事行为能力的合伙人退伙。退伙事由实际发生之日为退伙生效日。有下列情形之一的，合伙企业应当向合伙人的继承人退还被继承合伙人的财产份额：继承人不愿意成为合伙人；法律规定或者合伙协议约定合伙人必须具有相关资格，而该继承人未取得该资格；合伙协议约定不能成为合伙人的其他情形。合伙人的继承人为无民事行为能力人或者限制民事行为能力人的，经全体合伙人一致同意，可以依法成为有限合伙人，普通合伙企业依法转为有限合伙企业。全体合伙人未能一致同意的，合伙企业应当将被继承合伙人的财产份额退还该继承人。

合伙人退伙的法律效果包括如下几个方面：合伙人资格丧失；引起退伙结算程序，依结算结果退还退伙人财产份额，退伙人对给合伙企业造成的损失负有赔偿责任的，相应扣减其应当赔偿的数额，退伙时有未了结的合伙企业事务的，待该事务了结后进行结算；合伙人退伙时，合伙企业财产少于合伙企业债务的，退伙人应当依照合伙企业法的损益分配规则分担亏损；退伙人对基于其退伙前的原因发生的合伙企业债务，承担无限连带责任。

（十）合伙的解散

在合伙存续过程中，当一定事由发生时，将导致合伙企业的解散或终止。

我国《合伙企业法》关于合伙的解散有如下规定：

1. 合伙企业有下列情形之一的，应当解散：合伙期限届满，合伙人决定不再经营；合伙协议约定的解散事由出现；全体合伙人决定解散；合伙人已不具备法定人数满三十天；合伙协议约定的合伙目的已经实现或者无法实现；依法被吊销营业执照、责令关闭或者被撤销；法律、行政法规规定的其他原因。

2. 合伙企业解散，应当由清算人进行清算。清算人由全体合伙人担任；经全体合伙人过半数同意，可以自合伙企业解散事由出现后十五日内指定一个或者数个合伙人，或者委托第三人，担任清算人。这种清算方式为自行清算。自合伙企业解散事由出现之日起十五日内未确定清算人的，合伙人或者其他利害关系人可以申请人民法院指定清算人。这种清算方式为强制清算。清算期间，合伙企业存续，但不得开展与清算无关的经营活动。合伙企业财产在支付清算费用和职工工资、社会保险费用、法定补偿金以及缴纳所欠税款、清偿债务后的剩余财产，依照合伙企业法的损益分配规则进行分配。

3. 清算结束，清算人应当编制清算报告，经全体合伙人签名、盖章后，在十五日内向企业登记机关报送清算报告，申请办理合伙企业注销登记。合伙企业注销后，原普通合伙人对合伙企业存续期间的债务仍应承担无限连带责任。

四、合伙企业的特殊规则

（一）特殊的普通合伙企业

以专业知识和专门技能为客户提供有偿服务的专业服务机构，可以设立特殊的普通合伙企业。

在特殊的普通合伙企业中，合伙人对合伙企业的特定债务承担不同性质的责任。一个合伙人或者数个合伙人在执业活动中因故意或者重大过失造成合伙企业负债的，应当承担无限责任或者无限连带责任，其他合伙人以其在合伙企业中的财产份额为限承担责任。

合伙人在执业活动中因故意或者重大过失造成的合伙企业债务，以合伙企业财产对外承担责任后，该合伙人应当按照合伙协议的约定对给合伙企业造成的损失承担赔偿责任。即合伙企业依合伙协议对具有故意或重大过失的个别合伙人享有追偿请求权。

合伙人在执业活动中非因故意或者重大过失造成的合伙企业债务以及合伙企业的其他债务，由全体合伙人承担无限连带责任。

（二）有限合伙的特殊规则

1. 特殊的损益分配规则。在普通合伙企业中，合伙协议不得约定将全部利润分配给部分合伙人或者由部分合伙人承担全部损失。而在有限合伙企业中，有限合伙企业不得将全部利润分配给部分合伙人；但是，合伙协议另有约定的除外。即有限合伙的合伙协议可以约定将全部利润分配给部分合伙人。

2．有限合伙人的特有权利。在普通合伙企业中，合伙人享有执行合伙事务的权利，为了避免合伙人在处理个人事务与执行合伙事务之间发生利害冲突，保障合伙人在执行合伙事务过程中能够做到忠实于合伙企业利益，合伙人承担竞业禁止义务，并且除合伙协议另有约定或者经全体合伙人一致同意外，合伙人不得同本合伙企业进行交易。

在普通合伙企业中，全体合伙人对合伙企业债务承担无限连带责任，所以合伙企业的人合属性要强于有限合伙企业。因此除合伙协议另有约定外，合伙人向合伙人以外的人转让其在合伙企业中的全部或者部分财产份额时，须经其他合伙人一致同意。合伙人之间转让在合伙企业中的全部或者部分财产份额时，应当通知其他合伙人。合伙人向合伙人以外的人转让其在合伙企业中的财产份额的，在同等条件下，其他合伙人有优先购买权；但是，合伙协议另有约定的除外。合伙人以其在合伙企业中的财产份额出质的，须经其他合伙人一致同意；未经其他合伙人一致同意，其行为无效，由此给善意第三人造成损失的，由行为人依法承担赔偿责任。人民法院强制执行合伙人的财产份额时，应当通知全体合伙人，其他合伙人有优先购买权；其他合伙人未购买，又不同意将该财产份额转让给他人的，依照本法第五十一条的规定为该合伙人办理退伙结算，或者办理削减该合伙人相应财产份额的结算。

而在有限合伙企业中，有限合伙人不参与合伙事务的执行，且仅以其认缴的出资额为限对合伙企业债务承担责任，所以有限合伙人依法享有特有的权利，包括：

1．有限合伙人可以同本有限合伙企业进行交易；但是，合伙协议另有约定的除外。

2．有限合伙人可以自营或者同他人合作经营与本有限合伙企业相竞争的业务；但是，合伙协议另有约定的除外。

3．有限合伙人可以将其在有限合伙企业中的财产份额出质；但是，合伙协议另有约定的除外。

4．有限合伙人可以按照合伙协议的约定向合伙人以外的人转让其在有限合伙企业中的财产份额，但应当提前通知其他合伙人。

5. 有限合伙人的自有财产不足清偿其与合伙企业无关的债务的，该合伙人可以以其从有限合伙企业中分取的收益用于清偿；债权人也可以依法请求人民法院强制执行该合伙人在有限合伙企业中的财产份额用于清偿。人民法院强制执行有限合伙人的财产份额时，应当通知全体合伙人。在同等条件下，其他合伙人有优先购买权。

第二节　个人独资企业法基本原理

一、个人独资企业的含义和法律特征

（一）含义

个人独资企业，是指由一个自然人投资，全部资产为投资人所有的营利性经济组织。依我国《个人独资企业法》规定，本法所称个人独资企业，是指依照本法在中国境内设立，由一个自然人投资，财产为投资人个人所有，投资人以其个人财产对企业债务承担无限责任的经营实体。

（二）法律特征

1. 由一个自然人投资设立。这是独资企业在投资主体上与合伙企业和公司的区别所在。合伙企业的合伙人也可以是自然人，但人数为2人以上；公司的股东通常为2人以上，而且投资人不仅包括自然人还包括法人和非法人组织。

2. 企业的全部财产为投资人个人所有。投资人是企业财产的所有者，单独享有对企业财产的经营管理权，不受任何其他人的干预。

3. 投资人以其个人财产对企业债务承担无限责任。投资人无限责任意味着：企业的债务全部由投资人承担；投资人承担企业债务的责任范围不限于出资，其责任财产包括独资企业中的全部财产和其他个人财产。

（三）个人独资企业的法律地位

个人独资企业是一种重要的企业形态，也是一种重要的商主体。

有学者认为个人独资企业是以个人为本位的自然人企业，因而企业与企业主在法律上具有同一人格，即企业人格与业主的人格是重合的，各自并不具有独立性。个人独资企业不具有独立于业主之外的主体资格，企业资格全部包含在业主人格之中。个人独资企业虽有其名称，但这种名称权仅为业主本人专有，对外使用该名称并不表明个人独资企业具有独立于业主名义之外的法律意义。所以个人独资企业本身不具有独立的法律人格，只是自然人从事商事经营活动的一种组织形式。①

但是个人独资企业具备主体的实质要素和形式要素，因而应该具有主体地位。

1. 个人独资企业具有企业名称，独立于投资人的姓名，并以企业名称对外开展业务活动。

2. 个人独资企业拥有独立的营业资产，其营业资产包括投资人申报的出资、固定的生产经营场所和必要的生产经营条件。尽管我国《个人独资企业法》规定，个人独资企业的财产为投资人个人所有，但是这里“投资人个人所有”实际上与合伙人对合伙企业的财产、股东对公司的财产一样，是一种终极所有权，即剩余财产所有权，而在企业的经营过程中，企业的营业资产还是与投资人的个人财产相分离的。个人独资企业营业资产已经申报或登记，投资人对企业营业资产的处分权并非绝对。个人独资企业在设立后应当依法设置会计账簿，进行会计核算。个人独资企业解散的，财产应当按照法定顺序清偿。

3. 个人独资企业享有一系列独立于投资人个人的商事权利，如以企业名义从事营业活动的权利，招用职工的权利，个人独资企

---

① 雷兴虎：《商事主体法基本问题研究》，中国检察出版社 2007 年版，第 35 页。

业还可以依法申请贷款、取得土地使用权，并享有法律、行政法规规定的其他权利。

4. 个人独资企业对于民事责任的承担也具有相对的独立性。依我国《个人独资企业法》的规定，个人独资企业财产不足以清偿债务的，投资人应当以其个人的其他财产予以清偿，企业财产是企业债务的基本责任财产，只有当企业财产不足以清偿债务时，投资人的其他个人财产才可以用来承担责任。

(四) 个人独资企业与个体工商户的比较

个人独资企业与个体工商户的联系在于两者的投资人均为自然人，营业资产属于投资人个人所有，投资人对营业的债务承担无限责任。

两者的区别有以下几方面：

1. 个人独资企业仅能以个人出资设立；个体工商户则可以是一个自然人设立，也可以是家庭出资设立。

2. 个人独资企业，投资人以其个人财产对企业债务承担无限责任；仅在企业设立登记时明确以其家庭共有财产作为个人出资的，才依法以家庭共有财产对企业债务承担无限责任。而根据《民法通则》第29条的规定，个体工商户的债务如属个人经营的，以个人财产承担，属家庭经营的，以家庭财产承担。

3. 依据的法律不同。个人独资企业依照《个人独资企业法》设立，个体工商户依照《民法通则》、《城镇个体工商户管理暂行条例》及其实施细则的规定设立。

4. 个人独资企业是经营实体，是一种企业组织形态，性质上属于非法人组织，具有团体人格的组织体属性。个体工商户则不采用企业形式，不具有组织体的属性。

5. 个人独资企业与个体工商户享有的经营自主权范围不同。个人独资企业享有企业名称权，个体工商户的字号则不具备企业名称的可转让性。个人独资企业享有广泛的经营自主权，包括申请贷款、取得土地使用权、外贸经营权、广告发布权、招用职工权等；个体工商户的经营权利则受到限制，如个体工商户不能取得土地使用权、不享有外贸经营资格，招用职工、发布广告的权利也受到较多限制。

6. 个人独资企业的解散，须经过清算程序，其财产分配须遵守法定清偿顺序；而个体工商户歇业时依法不必经过清算程序，只需向原登记机关办理歇业手续，缴销营业执照。

7. 营业终止后，投资人承担责任的时效期间不同。依我国《个人独资企业法》，个人独资企业解散后，原投资人对个人独资企业存续期间的债务仍应承担偿还责任，但债权人在五年内未向债务人提出偿债请求的，该责任消灭。个体工商户歇业后投资人承担责任的诉讼时效期间，因法律无特别规定，所以应适用普通时效两年。

（五）个人独资企业与一人公司的比较

一人有限责任公司，是指只有一个自然人股东或者一个法人股东的有限责任公司。个人独资企业和一人公司都是由一个投资主体出资设立的企业，但两者具有很大差别，表现在以下几方面：

1. 出资人不同。个人独资企业只能由自然人出资设立，一人公司既可以由自然人出资设立，也可以由法人出资设立，还可以由国家出资设立。

2. 主体资格不同。个人独资企业属于非法人组织，不具有法人资格，一人公司作为公司的一种，是企业法人，在公司成立时取得法人资格。

3. 责任承担不同。个人独资企业的投资人对企业的债务承担无限责任；一人公司的投资人（股东）仅以出资额为限对公司负责，即负有限责任。

4. 注册资本要求不同。对个人独资企业，法律并无最低注册资本的要求，而一人公司法律有最低注册资本的要求，依据《公司法》的规定，其最低注册资本为10万元，且需在公司成立时一次性足额缴纳。

5. 设立的法律依据不同。个人独资企业依照个人独资企业法设立；一人公司则须依照公司法设立。

二、个人独资企业的投资人

依我国《个人独资企业法》的规定，个人独资企业的投资人为一个自然人，但是法律、行政法规禁止从事营利性活动的人，不得作为投资人申请设立个人独资企业。

按照我国现行法律、行政法规的规定，禁止从事营利性活动的人员主要是国家公务员，包括行政机关公务人员和司法人员，具体有:《法官法》第30条第（十一）项规定，法官不得从事营利性的经营活动;《检察官法》第33条第（十一）项规定，检察官不得从事营利性的经营活动;《人民警察法》第22条第（十）项规定，人民警察不得从事营利性的经营活动；《公司法》第58条规定，国家公务员不得兼任公司的董事、监事、经理;《国家公务员暂行条例》第31条规定，国家公务员必须严格遵守纪律，不得有经商、办企业以及参与其他营利性的经营活动的行为。法律、行政法规禁止上述人员从事营利性活动主要是由于这些人员因承担法律职责而拥有相应的监督管理权或检察权、审判权、处罚权等，这些权力是用以维护社会经济秩序、维护国家利益和社会利益的手段，要防止这些权力被个人用来谋取私利。禁止国家公务人员从事营利性活动，有利于避免商品交换的原则侵入国家机关而影响公务活动，防止以权谋私、权钱交易等腐败现象的发生，也有利于保持国家机关的清正廉洁，保证国家公务人员公正地履行职责，维护规范的社会主义市场经济秩序。一个人投资设立个人独资企业，就是要从事生产经营活动获取利润，当然属于营利性活动，因此，投资设立个人独资企业也不得违反法律、行政法规关于有关人员禁止从事营利性活动的规定。

个人独资企业投资人对本企业的财产依法享有所有权，其有关权利可以依法进行转让或继承。受让人或继承人因此成为投资人。

三、个人独资企业的组织机制

个人独资企业尽管只有一个投资人，企业财产归投资人个人终极所有，但是作为企业的一种形态，个人独资企业仍然具备企业的组织体特征，拥有特殊的组织机制。

（一）所有权与经营权的适度分离

个人独资企业投资人可以自行管理企业事务，也可以委托或者聘用其他具有民事行为能力的人负责企业的事务管理，从而实现企业所有权与经营权的适度分离。受托人或者被聘用的人员应当履行诚信、勤勉义务，按照与投资人签订的合同负责个人独资企业的事务管理。投资人对受托人或者被聘用的人员职权的限制，不得对抗善意第三人。

（二）投资者与劳动者的分离

个人独资企业招用职工的，应当依法与职工签订劳动合同，保障职工的劳动安全，按时、足额发放职工工资。个人独资企业应当按照国家规定参加社会保险，为职工缴纳社会保险费。个人独资企业解散的，财产应当第一顺序清偿所欠职工工资和社会保险费用。

（三）企业财务管理规范化

个人独资企业应当依法设置会计账簿，进行会计核算。个人独资企业依法进行独立核算，单独计算成本和费用，以收抵支，计算盈亏，对其业务通过财务会计核算进行反映和控制，从而实现经营活动的合理与高效。

四、个人独资企业的债务承担

投资人以其个人财产对企业债务承担无限责任是个人独资企业债务承担的一般规则。

个人独资企业投资人在申请企业设立登记时明确以其家庭共有财产作为个人出资的，应当依法以家庭共有财产对企业债务承担无限责任。确定个人独资企业投资人应以其家庭共有财产承担无限责任的前提是，该投资人在向登记机关申请设立个人独资企业时明确是以其家庭共有财产作为个人出资。在这种前提下，个人独资企业投资人用以对企业债务承担无限责任的财产范围不限于是投资人的个人财产，而是投资人的家庭共有财产，在实际承担企业债务责任时，不必要也不应当将投资人的个人财产从其家庭共有财产分离出来，而应当直接以投资人的家庭共有财产清偿企业债务。

个人独资企业解散的，财产应当按照下列顺序清偿：所欠职工工资和社会保险费用；所欠税款；其他债务。

个人独资企业解散后，原投资人对个人独资企业存续期间的债务仍应承担偿还责任，但债权人在五年内未向债务人提出偿债请求的，该责任消灭。

五、个人独资企业的解散和清算

个人独资企业的解散即个人独资企业的终止。导致个人独资企业终止的事由既可能是投资人自主行使企业解散权，也可能是不受投资人意志支配的其他事由。依我国《个人独资企业法》的规定，个人独资企业有下列情形之一时，应当解散：投资人决定解散；投资人死亡或者被宣告死亡，无继承人或者继承人决定放弃继承；被依法吊销营业执照；法律、行政法规规定的其他情形。个人独资企业解散，由投资人自行清算或者由债权人申请人民法院指定清算人进行清算。投资人自行清算的，应当在清算前十五日内书面通知债权人，无法通知的，应当予以公告。债权人应当在接到通知之日起三十日内，未接到通知的应当在公告之日起六十日内，向投资人申报其债权。清算期间，个人独资企业不得开展与清算目的无关的经营活动。在按前条规定清偿债务前，投资人不得转移、隐匿财产。个人独资企业清算结束后，投资人或者人民法院指定的清算人应当编制清算报告，并于十五日内到登记机关办理注销登记。

个人独资企业解散的，财产应当按照法定的顺序清偿。个人独资企业财产不足以清偿债务的，投资人应当以其个人的其他财产予以清偿。

参考文献

1. [法] 伊夫·居荣:《法国商法》(第1卷)【M】, 罗结珍、赵海峰译, 法律出版社2004年版。

2. C. W. 卡纳里斯:《德国商法》【M】, 杨继译, 法律出版社2006年版。

3. [德] 托马斯·莱塞尔:《德国商法典的最新变革》【J】, 载《法学家》1998年第4期。

4. [日] 龙田节:《商法略说》【M】, 谢次昌译, 甘肃人民出版社1985年版。

5. [日] 美浓部达吉:《公法与私法》【M】, 黄冯明译, 中国政法大学出版社2003年版。

6. [美] 约翰·亨利·梅里曼:《大陆法系》【M】, 顾培东等译, 知识出版社1984年版。

7. [瑞士] 胜雅律:《从有限的人权概念到普遍的人权概念——人权的两个阶段》, 王长斌译, 载沈宗灵、黄楠森主编:《西方人权学说》(下)【M】, 四川人民出版社1994年版。

8. [德] 马克思、恩格斯:《马克思恩格斯选集》(第2卷)【M】, 人民出版社1974年版。

9. [德] 马克思:《资本论》(第一卷)【M】, 人民出版社1975年版。

10. [英] 施米托夫:《国际贸易法文选》【M】, 中国大百科全书出版社1993年版。

11. [美] 理查德·T. 德·乔治:《经济伦理学》(第五版)【M】, 北京大学出版社2002年中文版。

12. [孟加拉] 阿西夫·道拉、迪帕尔·巴鲁阿:《穷人的诚信》【M】，朱民等译，中信出版社 2007 年版。

13. ［美］伯尔曼：《法律与宗教》【M】，梁治平译，三联书店 1991 年版。

14. ［英］D. J. 海顿：《信托法》【M】，周翼、王昊译，法律出版社 2004 年版。

15. Vincent R. Johnson. , *Mastering Torts*【M】, Carolina Academic Press, 1995, p. 162.

16. 周枏：《罗马法原论》（下册）【M】，商务印书馆 2001 年版。

17. （清）沈家本：《历代刑法考（附寄簃文存）》（四）【M】，中华书局 1985 年版。

18. 王保树：《商法的改革与变动的经济法》【M】，法律出版社 2003 年版。

19. 叶林：《证券法》【M】，中国人民大学出版社 2000 年版。

20. 吴弘：《证券法论》【M】，世界图书出版公司 1998 年版。

21. 陈醇：《商行为程序研究》【M】，中国法制出版社 2006 年版。

22. 崔建远：《合同法》（修订本）【M】，法律出版社 2000 年版。

23. 何勤华、魏琼：《西方商法史》【M】，北京大学出版社 2007 年版。

24. 史尚宽：《债法总论》【M】，中国政法大学出版社 2000 年版。

25. 孔祥俊：《民商法新问题与判解研究》【M】，人民法院出版社 1997 年版。

26. 王利明：《民法总则研究》【M】，中国人民大学出版社 2003 年版。

27. 王利明：《民法》【M】，中国人民大学出版社 2000 年版。

28. 王利明：《民法·侵权行为法》【M】，中国人民大学出版社 1993 年版。

29. 丁勇：《论德国法中的第三人缔约过失责任》【J】，载《法律科学》2004 年第 3 期。

30. 朱岩：《风险社会下的危险责任地位及其立法模式》【J】，载《法学杂志》2009 年第 3 期。

31. 周友军：《交往安全义务理论研究》【M】，中国人民大学出版社 2008 年版。

32. 王军：《侵权法上严格责任的原理和实践》【M】，法律出版社 2006 年版。

33. 胡雪梅：《“过错”的死亡——中英侵权法宏观比较研究及思考》【M】，中国政法大学出版社 2004 年版。

34. 张淳：《信托法原论》【M】，南京大学出版社 1994 年版。

35. 张淳：《〈中华人民共和国信托法〉中的创造性规定及其评析》【J】，载《法律科学》2002 年第 2 期。

36. 成晓霞：《新法人治理结构》【M】，中国政法大学出版社 2000 年版。

37. 梁慧星：《民法总论》【M】，法律出版社 1996 年版。

38. 何宝玉：《英国信托法原理与判例》【M】，法律出版社 2001 年版。

39. 任尔昕、石旭文：《商法理论探索与制度创新》【M】，法律出版社 2005 年版。

40. 李平：《关于商行为的实践意义与理论价值的初步思考》，载李平主编：《商法基本理论问题研究》【M】，四川大学出版社 2007 年版。

41. 陈醇：《商行为程序研究》【M】，中国法制出版社 2006 年版。

42. 王保树：《商法总论》【M】，清华大学出版社 2007 年版。

43. 覃有土：《商法学》【M】，中国政法大学出版社 2007 年版。

44. 赵中孚、邢海宝：《商法总论》（第二版）【M】，中国人民大学出版社 2003 年版。

45. 吴建斌：《现代日本商法研究》【M】，人民出版社 2003 年版。

46. 于宁：《当代法哲学研究范式的转换——从阶级斗争范式到权利本位范式》，载张文显主编：《新视野 新思维 新概念——法学理论前沿论坛》【M】，吉林大学出版社 2001 年版。

47. 王利明、崔建远：《合同法新论·总则》【M】，中国政法大学出版社 1996 年版。

48. 董安生、王文钦、王艳萍：《中国商法总论》【M】，吉林人民出版社 1994 年版。

49. 范健：《商法》（第二版）【M】，高等教育出版社、北京大学出版社 2002 年版。

50. 王利明、郭明瑞、方流芳：《民法新论》（上）【M】，中国政法大学出版社 1988 年版。

51. 郑玉波：《民法总则》【M】，三民书局 1987 年版。

52. 董安生：《民事法律行为》【M】，中国人民大学出版社 2002 年版。

53. 曲相霏：《人权主体论》，载徐显明主编：《人权研究》【M】，山东人民出版社 2001 年版。

54. 孙国华：《法理学教程》【M】，中国人民大学出版社 1994 年版。

55. 施天涛：《商法学》（第三版）【M】，法律出版社 2006 年版。

56. 吕世伦、文正邦：《法哲学论》【M】，中国人民大学出版社 1999 年版。

57. 刘凯湘：《论商法的性质、依据与特征》【J】，载《现代法学》1997 年第 5 期。

58. 王保树：《中国商事法》【M】，人民法院出版社 2001 年版。

59. 徐学鹿、梁鹏：《商法中之诚实信用原则研究》【J】，载《法学评论》2002 年第 3 期。

60. 陈向聪：《信托法律制度研究》【M】，中国检察出版社2007年版。

61. 赖源河、王志诚：《现代信托法论》【M】，中国政法大学出版社2002年版。

62. 高如星、王敏祥：《美国证券法》【M】，法律出版社2000年版。

63. 郝东旭、魏淑君：《证券市场风险法律防范》【M】，法律出版社2000年版。

64. 赵万一、叶艳：《论商主体的存在价值及其法律规制》【J】，载《河南省政法管理干部学院学报》2004年第6期。

65. 曹兴权：《商主体制度的逻辑理路与规范展开》【J】，载《北方法学》2008年第2期。

66. 范健、王建文：《商法的价值、源流及本体》【M】，中国人民大学出版社2007年版。

67. 蒋大兴：《商人，抑或企业？——制定〈商法通则〉的前提性疑问》【J】，载《清华法学》2008年第4期。

68. 郑永宽：《人格权的价值与体系研究》【M】，知识产权出版社2008年版。

69. 王书江：《外国商法》【M】，中国政法大学出版社1987年版。

70. 范健：《德国商法》【M】，中国大百科全书出版社1993年版。

71. 程合红：《商事人格权论——人格权的经济利益内涵及其实现与保护》【M】，中国人民大学出版社2002年版。

72. 吴汉东：《论商誉权》【J】，载《中国法学》2001年第3期。

73. 范健：《德国商法：传统框架与新规则》【M】，法律出版社2003年版。

74. 齐树洁：《破产法研究》【M】，厦门大学出版社2004年版。

75. 史际春、温烨、邓峰：《企业和公司法》【M】，中国人民大学出版社 2001 年版。

76. 邹海林：《破产程序和破产法实体制度比较研究》【M】，法律出版社 1995 年版。

77. 王新欣、尹正友：《破产法论坛》（第一辑）【M】，法律出版社 2008 年版。

78. 李飞：《当代外国破产法》【M】，中国法制出版社 2006 年版。

79. 陈忠谦：《上市公司收购》【M】，法律出版社 2007 年版。

80. 江平：《新编公司法教程》【M】，法律出版社 1994 年版。

81. 沈四宝：《西方国家公司法原理》【M】，法律出版社 2006 年版。

82. 涂文译：《公司法》【M】，武汉大学出版社 2003 年版。

83. 施天涛：《公司法论》【M】，法律出版社 2005 年版。

图书在版编目（CIP）数据

商行为与商主体制度研究/郭晓霞著. —北京：中国人民公安大学出版社，2010. 8
ISBN 978 -7 -5653 -0175 -9

Ⅰ. ①商… Ⅱ. ①郭… Ⅲ. ①企业法—研究②公司法—研究 Ⅳ. ①D912. 29

中国版本图书馆 CIP 数据核字（2010）第 168345 号

商行为与商主体制度研究

SHANGXINGWEI YU SHANGZHUTI ZHIDU YANJIU

郭晓霞 著

出版发行：中国人民公安大学出版社
地　　址：北京市西城区木樨地南里
邮政编码：100038
经　　销：新华书店
印　　刷：北京蓝空印刷厂

版　　次：2010 年 8 月第 1 版
印　　次：2010 年 8 月第 1 次
印　　张：7. 5
开　　本：880 毫米×1230 毫米 1/32
字　　数：205 千字
印　　数：0001 ~2000 册

书　　号：ISBN 978 -7 -5653 -0175 -9/D · 0126
定　　价：25. 00 元

网　　址：www. cppsup. com. cn　www. porclub. com. cn
电子邮箱：zbs@ cppsup. com　zbs@ cppsu. edu. cn

营销中心电话：(010) 83903254
读者服务部电话（门市）：(010) 83903257
警官读者俱乐部：(010) 83903253
教材分社电话：(010) 83903259
公安图书分社电话：(010) 83905672
法律图书分社电话：(010) 83905745
公安文艺分社电话：(010) 83903973
杂志分社电话：(010) 83903239
电子音像分社电话：(010) 83905727